暗 夜 行 路

阜阳师范学院学术著作出版专项经费资助

阜阳师范学院文学院省级精品课程“中国现当代文学”
课程建设成果

翻开那些尘封的报刊、书籍，扑面而来的是五色斑斓的图案，这画片般的风景承载的是时代的追求和梦想。女性解放运动作为一个改变中国人思想和生活方式的社会思潮就在那个时候拉开了大幕。

暗夜行路

晚清至民国的女性解放与文学精神

毕新伟　著

暨南大學出版社
JINAN UNIVERSITY PRESS
中国·广州

图书在版编目（CIP）数据

暗夜行路：晚清至民国的女性解放与文学精神 / 毕新伟著 . —广州：暨南大学出版社，2010. 6

ISBN 978 - 7 - 81135 - 541 - 3

Ⅰ. ①暗…　Ⅱ. ①毕…　Ⅲ. ①妇女解放—研究—中国—近代 ②文学史—研究—中国—近代　Ⅳ. ①D442. 9 ②I209. 5

中国版本图书馆 CIP 数据核字（2010）第 107495 号

……………………………………………………………………………

暗夜行路

毕新伟著

出 版 人　徐义雄
策划编辑　杜小陆
责任编辑　杜小陆　武晓燕
责任校对　周明恩
出版发行　暨南大学出版社（广州暨南大学　邮编：510630）
网　　址　http：//www. jnupress. com　http：//press. jnu. edu. cn
电　　话　总编室（8620）85221601
　　　　　营销部（8620）85225284　85228291　85220693（邮购）
排　　版　暨南大学出版社照排中心
印　　刷　广州市怡升印刷有限公司
开　　本　890mm × 1240mm　1/32
印　　张　9. 5
字　　数　220 千
版　　次　2010 年 6 月第 1 版　2010 年 6 月第 1 次印刷
定　　价　20. 00 元

（暨大版图书如有印装质量问题，请与出版社总编室联系调换）

序：期待夜空星光灿烂

毕新伟的书稿《暗夜行路——晚清至民国的女性解放与文学精神》在我的书桌上放了半个多月了，一直没能腾出时间来阅读。最近总算把一篇棘手的文章脱手了，稍事休息之后，我要做的第一件事，便是阅读这部二十多万字的书稿并为之写一篇小序。

书稿的副标题表明其研究对象是晚清至民国的女性解放与文学精神，而这个问题又与我国女性文学的发生发展有着不可分割的联系。关于我国女性文学的发生即“开端”，毕新伟认同我在《“娜拉”言说——中国现代女作家心路纪程·前言》中的观点，把女性文学看作是在一定历史条件下出现的一个历史概念，这“一定历史条件”，具体来说就是现代反封建的民主革命过程中出现的两次社会变革——辛亥革命与五四新文化运动，具体到我国女性文学的诞生，则主要是以五四新文化思想启蒙的精神成果——人的发现与女性的发现为开端的。这样，毕新伟为自己设定的研究论题便与我国女性文学的诞生不仅在历史时段上，而且在思想与精神内涵上有较多的关联、交叉乃至重合。这对于深化与提升我们对女性文学出现的合理性以及作家作品与相关理论问题的认识具有启发意义。如在第一章“古典时期的女性及其情爱方式”中，作者把他的研究视野向前推至晚清前一千多年的古典时期，通过对《周易》、《论语》、《诗经》、《尚书》等传统经典以及两汉儒学宋明理学的爬梳整理，找到了父权制千年不变的两性秩序家庭伦理，即男阳女阴、男尊女卑、男主女从、男优女劣观念之根源。作者进而分析道：“人的自然性被赋予阴阳的含义，阳为男为刚，女为阴为柔，开启了古典伦理的运行机制。这种知识的构造方式，也使以后的知识呈现出一边倒的景观。”“社会分工决定于自然和生理，但当人们按照观察天地得来的知识建构社会秩序时，却把生理的弱势上升为社会的弱势了。”“家庭伦理成为国家伦理的基石，夫妇之道恒久，国家才会恒久。”“夫妇之道原来是天地之道的家庭呈现，天、乾、男、尊，地、坤、女、卑，天动地静，以动制静，等等。那时，人们肯定对这种高深奥妙的道理佩服得五体投地，当作社会评判的话语根据。”这“佩服得五体投地”也就是我们今天所说的包括一些女人在内的很难改变的“性别集体无意识”。这样一些发人深省的见解，正是作者从传统知识构成的源头上找到了后来女性解放要求和作为一种普遍的行为方式“娜拉”离家出走寻求独立、自主、平等的合理性，同时也是世界性的女性文学产生、发展的历史必然性所在。

毕新伟说他在进行女性解放思想研究之前，鉴于晚清至民国这一段历史时期是一个新旧交替的历史时期，传统和现代的思想共存杂糅，所以要首先做好两件事情：一是对传统中国伦理文化观念谱系的追寻与整理，二是对晚清以来传入中国的西方伦理文化观念，尤其是与女性解放有关的伦理文化观念的探寻与整理。这两件事情所带来的工作量大得惊人，可以说囊括了伦理文化观念方面上下两千年古今中外所有的典籍资料，没有足够的勇气和耐心是不敢投入这项工作的。然而毕新伟知难而上，埋下头，安下心来锲而不舍地做下去，从大量尘封的和没有尘封的古人和今人留下来的资料中爬梳整理，硬是从传统与现代、东方与西方两个方面梳理出一条有关伦理文化的清晰的线索，作为他进入自己的研究论题展开研究思路的前提。从目录上看，全书的章节编排体例，是一个按照历史顺序纵向编排而又兼顾横向影响的“点”（典例个例）“面”（相对完整的历史时期思想论题）相结合，逐步深入的编排体例。而支持这样一个编排体例得以逐步深入展开的基础，便是作者对大量古今中外资料全面翔实的占有与爬梳整理。从书后附录的参考文献来看，竟有两百多部！其中有些是我知道的也看过的，有些是我知道但没有看过的，还有一些是我既不知道也没有看过的。这是我作为河南大学文学院一名老教师，对毕新伟为此所付出的踏实的劳动感到高兴与欣慰的原因。

毕新伟是河南大学文学院1998届近现当代文学研究学科研究生，当时，我是他们那一届的文学研究指导教师之一。那时高校招收研究生还没有“扩招”到如今一届近百人的地步，他们这一届也就是七八个人，我采取了自学与讨论式教学，每周一次，地点就在我家的客厅里。毕新伟不爱说话，很少发言，发言时也总是低着头，性格内向而低调。我是从他交上来的作业和后来的硕士毕业论文看出他的勤奋好学和良好的理解能力与语言表达能力的。他的论文是写新历史小说的，好像是关于新历史小说的哲学精神，其中所显示出的他在资料上所下的工夫与读书之多，让我颇为吃惊。毕新伟毕业后到阜阳师范学院任教，我有时在《中州学刊》等学术刊物上看到过他的文章。这次这本关于女性解放的书稿，大约就是他研究生毕业后在高校一边教学一边坚持科研的成果集结吧。毕新伟所走的是一条踏踏实实的读书教书做学问的路，这是一条使人心里充实明白而又问心无愧的成长之路。我为他高兴。

毕新伟把自己这第一部学术研究著作定名为《暗夜行路》，可能是因为作为一名年轻的男性学人，在研究女性问题的道路上感到寂寞和孤单吧。他说他是通过这些年翻阅与女性有关的古代典籍和现代著作，才发现女性的问题实则并不单是女性自身的问题，也是男性的问题。这是一个重要的发现。作为人类仅有的两种性别的人——女人与男人，他们之间有很多问题是联系在一起的。女人和男人之间需要理解交流而不是对抗与分离。或许正是由于这样一个重要发现，他的书稿中才洋溢着对女人生存困境和心理压抑的许多设身处地、将心比心的理解，有些见解甚至高于女性研究者。然而他同时也是寂寞和不敢乐观的。正如他在“后记”中所说的，他感到了“女性思想解放的未完成性”和“其实是被人为放大了的”。这是一个准确的感觉和判断。联想到电视媒体上天天美女如云，处处莺歌燕舞，以及一年又一年播放的那个向周杰伦宣告“我是奶茶”的自我物化的女人以及无数认为“干得好不如嫁得好”的女人们，但愿能有更多的年轻的女学人与男学人们，走进研究女性解放的“暗夜之路”。但愿总有一天，这条路上能够星光灿烂。

刘思谦

2010年5月14日于郑州寓中

目　录

导 言

晚清至民国这一段社会交替的历史时期对我而言，充满了探看的诱惑。

翻开那些尘封的报刊、书籍，扑面而来的是五色彩斓的图景，这如画的风景承载的是时代的追求和梦想。女性解放运动作为一股改变中国人思想和生活方式的社会思潮就在那个时候拉开了大幕。

探寻这一时期的女性解放的思想源流，也许首先需要做两件事情：一是对传统中国伦理文化观念谱系的追寻与整理，看一看中国的家族礼教对女性的身体和精神究竟造成了什么样的影响，这是为了了解女性解放运动得以发生的内部原因；二是对晚清以来传入中国的西方伦理文化观念，尤其是与女性解放有关的伦理文化观念的探寻与整理，看一看究竟有哪些从西方传播过来的思想在影响着中国的女性解放运动，这是在探求女性解放运动得以发生的外部条件。晚清至民国作为一个新旧交替的特殊历史时期，传统和现代的思想共存以至杂糅，不首先弄清楚这两个问题就莽撞地扎进这个领域，显然不是明智之举。所以，首先弄清楚这两个问题是避免逞臆妄说的最恰当的方法。

只有带着对传统的认知去考察新思想在晚清至民国的传播及其影响，才能明了为何席卷社会的女性解放运动会走得那么曲折坎坷、跌跌撞撞，才能明了女性解放运动在把女性从传统的旧家庭、旧礼教中解救出来的同时也会给女性带来新的困惑和迷茫。这当然与那个时期特殊的社会状况有着密切的关系，近代以来的中国社会一直处在急剧变革的过程中，按照梁启超对社会时期的划分，正好处在政治变革和文化变革这两个阶段，每一次变革都影响着女性解放运动的走向，都在利用女性解放的思想资源做忽略女性实质上的事情。所以，女性解放运动虽然被推动得有声有色，但具体的女性生存问题并没有得到多少实质性的解决，更不用说精神和人格方面的问题了。

从纷繁复杂的历史场域中抽取出女性解放问题，单单描述这一事实就不是一件容易的事情，需要有敏锐的问题意识，找准具有代表性的事件。因此，本书选取了女性解放运动和文学精神相结合的方式，试图尽可能贴近历史真实，探寻中国女性所走过的艰难道路。全书共计八章，第一章是对中国传统伦理文化作长时段的梳理，解析传统中国女性的生存状况和她们的情感形式，揭示她们被压抑的生存境况的思想来源。晚清以降，提倡新思想、新伦理、新道德的维新派和后来的文化先知们，就是运用这样的知识以反对、批判中国的传统伦理道德的。

晚清以降对传统伦理道德的批判，与清中叶以至更早的如晚明时期对礼教的抨击，所运用的思想资源并不相同。清中叶之前对伦理道德的批判是本土自发形成的思想，是在传统礼教范围内的一种局部调整，不会也不可能从根本上颠覆礼教。而晚清以降的批判，则是借用了外来的女性解放运动和现代个人主义等的思想资源，从整体上颠覆传统的伦理制度和道德观念。那么，这些新的思想资源是怎么进入中国民众的思想观念里的呢？第二章就选取了晚清的一部具有代表性的译著来探讨这个棘手的问题。林纾翻译的《巴黎茶花女遗事》对人们的思想观念和新文学创作的影响是众所周知的，这部作品究竟包含了哪些现代的思想和精神？这些思想和精神与传统的观念是一种什么样的关系？对女性解放又起到什么样的推动作用？也许透过此章能窥一斑而见全豹吧。

进入20世纪，社会舆论开始普遍关注女性问题，其中《大公报》功劳甚大，从1902年创办开始到民国，《大公报》一直致力于女性问题类文章的刊布，成为这一时期女性解放运动中的中坚力量。第三章集中梳理了《大公报》中关于女性问题的连贯性文章，敞开了社会巨变时期国人对于女性问题的基本认识的大门，力求把历史场景鲜活地复现出来，进而慢慢地去触摸、去感知、去谛听她们的声音。

第四章述及五四时期驳杂的思想中两个重要的外来作家的思想和文学精神：日本女诗人与谢野晶子因周作人的译介而走红五四时期的中国文化界和思想界，其《贞操论》成为五四新文化运动重要的思想资源；挪威剧作家易卜生更是在五四时期享誉盛名，剧作《娜拉》（即《玩偶之家》）简直就是五四青年脱离旧家庭、寻求新生活的教科书。本章重点阐述他们的思想传播的情景，东洋和西洋的这两位作家的思想是如何被整合到五四的新思想、新文化之中的？在整合的过程中又发生了什么样的变化？也许这样的探寻更能够看到思想旅行的意义。本章还论述了《玩偶之家》和鲁迅的《伤逝》，在现代的意义上看它们思想的蕴涵，看他们对女性的认识，探寻作家的思考之于女性解放的意义。

按照刘思谦的说法，女性文学始于五四时期，一批沐浴晚清以来女性解放运动春风的女作者踏上了新文坛，成为第一代女作家。她们的文学创作蕴含了什么样的思想与情绪，提供了哪些精神方面的资源？她们的文学创作又有何变化？这是第五章探讨的主要内容。第五章深入到 1920 年代女作家的精神世界，探求她们对社会、人生、自我的认识，分析她们精神世界的流转与文学创作之间的内在联系，同时也解析了为何有一部分女作家的创作以后会发生巨大的转向。第六、七两章重点探讨五四文学和左翼文学的两个代表作家庐隐和丁玲，她们是那两个时代的代表，认识了她们也就认识了那两个时代。通过探讨她们的文学和她们自身精神世界的变化，或许就能敞开那两个时代女性历史的大门了吧。

女性文学从五四时期发生，经过不同的历史时期一路逶迤到了今天，积累下大量的文学果实，也吸引了众多的研究者投身到这个迷人的领域。第八章通过阐释刘思谦的女性文学研究对女性文学批评作出了一定的思考，她创立的女性人文主义批评尚未受到学界的普遍关注，这是笔者写作此章的原因。

结语简要叙述了本书所略去的晚明以后本土女性解放思想的发展情况，作为一个必要的补充，也许会使本书看起来更完善些。

一　古典时期的女性及其情爱方式

如果我们能达成这样的共识：社会文明的高下可以以女性的生存和精神状况来衡量，那么，古典时期的女性问题，就是一个极为重要的社会问题，它牵动着整个古典时期的知识和思想，让我们反思几千年的古典文明。

本章拟从古典时期的知识和思想入手，探讨女性在这种知识网络中的生存状况和精神状态，要论证的情形是：女性是被压抑的，是被人为地与社会隔离的，女性的情爱方式也由此偏向于自我和同性之间。

1　古典时期女性知识的起源

中国的知识和思想，起源于对自然的认识，先民凭借一些感性得来的经验，把人整合到天地的知识系统之中。我们可以把《周易》看作是一部中国知识和思想的奠基作。在那里，我们知道了先民是按照观察天地及自然现象得来的二元相对模式进行思维的，这思维以抽象知识表达出来便是阴阳，意思是天上地下，天先地后。这极可能与光源在天有关，光化育万物，自然界方能生生不息。其实，二分法没有什么大的过错，但于二分中硬要区分出高下强弱，就明显带有了农业社会男性体力强势的偏见。“大哉乾元，万物资始，乃统天。”① 阳与天配，且统率万物，人们发现了解释世界的有效途径。既然天有普照万物的本领，地也就只能“后得主而有常”② 了，坤道顺乾道，必不能有更改的余地。物如此，人也应当如此，人生于天地之间，怎能不依循天地的秩序？于是，人的自然性别被赋予阴阳的含义，阳为男为刚，阴为女为柔，“阴虽有美，含之以从王事，弗敢成也。地道也，妻道也，臣道也，地道无成而代有终也”③。由天尊地卑而男尊女卑，开启了古典伦理的运行机关。这种知识的构造方式，也使以后的知识、思想呈现出一边倒的景观。

群体的人构成社会，社会群体依照各自的方式交往。最基本的交往在家庭中，只有“女正位乎内，男正位乎外”方体现出“天地之大义”④。社会分工决定于自然和生理，本身不包含性别偏见，但当人们按照观察天地得来的知识建构社会秩序时，却把生理的弱势上升为社会的弱势了。有意思的是，为了确保秩序严明，人们在尊卑贵贱的交往图式中，又特别勾画单性之间的交通，父父、子子、兄兄、弟弟、夫夫、妇妇的交往格局，实质上反映了秩序策划者的心理恐惧及其潜意识里对血统纯洁的警惕。结果，妻子作为家中唯一的外来者，女儿作为将来的离去者，不但享受不到财产的继承权，而且也不许拥有家庭事务的决策权，

---

① 周易·乾卦。

② 周易·坤卦。

③ 周易·坤卦。

④ 周易·家人卦。

更有甚者，女性只要稍稍表露出强势的迹象，便不会受到他者的迎娶，[①] 怕日后阴胜阳冲决人伦极限。检索卦象，又发现有“六五，恒其德，贞。妇人吉，夫子凶”的说法，《易传》的解释是：“妇人贞吉，从一而终也；夫子制义，从妇凶也。”[②] 此卦象指女性应以柔顺为本，男子如果取女道则有凶险，而进一步释义，柔和顺就与夫妻关系产生了瓜葛，推导出从一而终的大道理。既是男子从妇凶，自然就不能对女子表示忠、顺，我以为媵的形成及妾制长盛不衰，实得益于这种理论的宽容。

在古人心目中，天是推理事物的源头。人们把天作为生命的起始点，不自觉地埋下了由先生后生到尊卑贵贱思想的种子。依据起源的先后，生命秩序顺排为：“有天地然后有万物，有万物然后有男女”，有男女以后事情复杂了，自然秩序逐渐向社会秩序转移，“有男女然后有夫妇，有夫妇然后有父子，有父子然后有君臣，有君臣然后有上下，有上下然后礼义有所错”[③]。家庭伦理成为国家伦理的基石，夫妇之道恒久，国家才会恒久。夫妇之道该是如何呢：

> 天尊地卑，乾坤定矣。卑高以陈，贵贱位矣。动静有常，刚柔断矣。方以类聚，物以群分，吉凶生矣。……乾道成男，坤道成女。乾知大始，坤作成物。[④]

夫妇之道原来是天地之道的家庭呈现，天、乾、男、尊，

---

① 周易·姤卦。
② 周易·恒卦。
③ 周易·序卦传。
④ 周易·系辞传。

地、坤、女、卑，天动地静，以动制静，那时，人们肯定对这种高深奥妙的道理佩服得五体投地，当作社会评判的话语依据。这一段话，我特别注意“方以类聚，物以群分，吉凶生矣”，我判断这是中国同性情义和同性恋产生的哲学背景。中国男性同性恋在古典时期，尤其是明清时期形成一种风气已众所周知，女性同性情爱因为发生于弱势群体中，古典文学理所当然不予重视。但是，不予重视并不表示男性压制女性情感的单性联络。在一个等级森严的礼教社会，不予重视反而会形成默认，使其拥有不言自明的合法性。

世界一有人就组成了社会，人与人如何交往成为判断社会性质的标准，涉及交往的自由度问题，或者说社会规范对人的管理问题，而对人的管理，不外乎两个方面，一是精神，二是身体，最终落脚到生命的物质存在方式上。《周易》时代，人们已把女性与国家兴亡、社会机体的健康与否联系在一起。幽王点烽火，只为了博得褒姒的一笑。一个朝代的沉沦，罪魁祸首竟然是惑政的女子，[①] 可见她们分明是男性的大敌，要想从中汲取经验教训，就得防微杜渐，“妇无公事，休其蚕织”[②]。“干政”是一个人社会地位、社会身份的象征，对女性群体参政权的褫夺，直接导致女性社会地位的沉落。不仅如此，在唯一能说话的家中，女人也不允许擅自发号施令，《尚书·牧誓》就引述古人之言，以“牝鸡无晨；牝鸡之晨，惟家之索”斥责纣王宠幸妲己，忘记祭礼，周武王因此获得了征伐的口实，使天变了颜色。这一用母鸡

---

① 《诗经·瞻卬》有如下诗句：“赫赫宗周，褒姒灭之。”“乱匪降自天，生自妇人。”“哲妇倾城。”

② 诗经·瞻卬。

报晓喻示家族败落的古语，武王拿它形容商朝，显然对话语所指进行了填充，事实上，古人家国并称，也往往以此制约女性在家庭中的言行。

无论如何危言耸听，那时女性并没有意识到要幽闭自己，“期我乎桑中，要我乎上宫，送我乎淇之上矣”①。追求情爱发自人的本性，置社会礼俗于不顾的情形时有发生。《氓》叙述女子宁可不要媒人牵线，不做妻只做妾，与氓私奔。很显然，这些举动，与女性被动、贞静的要求相抵牾，后人看得偏激，便把《诗》中关涉情爱的诗篇统统解释成淫奔的反面教材。其中也有正面颂扬的，《关雎》即表“后妃之德”，可以“风天下而正夫妇”②。“窈窕淑女，君子好逑”，女性只有德、色兼备，男性才会有意于她。这首诗与前两首不同的是，把追求的主动权让给了男子，只有男子为意中人辗转反侧才合乎情理。所以我们在《蝃蝀》中看到对女性自行其是的谴责：“朝隮于西，崇朝有雨。女子有行，远兄弟父母。乃如之人也，怀昏姻也。大无信也，不知命也。”

我们很容易看到男性对女性的心理恐惧，大概因为女性的美色，男性无法抵御，认为女性的情欲过于旺盛，是冲撞人伦大端的祸根。按照心理学的说法，恐惧感天然地与防范意识相伴随，而防范意识恰恰与安全感处在两个不同的极端。因此，限制女性的情欲，使其安于柔顺，就等于在心里筑起一道防波堤，潮来潮往，打不到界外的男性身上。整个古典时期，男性都在谆谆教导

① 诗经·桑中。
② 诗经·毛诗序。

自己，去从事“礼”的建设工作。

2 两汉儒学与史书的“旁逸斜出”

孔子有一句话说：“唯女子与小人为难养也，近之则不孙，远之则怨。”[①] 把女子与小人相提并论，这种理论预设当然有意识形态目的，策略的可行性以性别贬抑为基础。大约孔子出世不正，自感丧失言说女性容止的权利，所以《论语》中几乎处处回避两性关系。孟子就不同，他特别突出日常生活伦理：框定五伦，“父子有亲，君臣有义，夫妇有别，长幼有序，朋友有信”；[②] 重视家室，“男女居室，人之大伦也”；[③] 颂扬妇道，“以顺为正者，妾妇之道也”。[④] 集中勾勒出一幅男性视野中“秩序井然、温煦祥和”的生活画图。不过，孟子并不走极端：

淳于髡曰：“男女授受不亲，礼与？”孟子曰：“礼也。”曰：“嫂溺，则援之以手乎？”曰：“嫂溺不援，是豺狼也。男女授受不亲，礼也。嫂溺，援之以手者，权也。”[⑤]

这种非常时期的变通，从侧面反映了日常生活中自然情感的张力。孟子对生命的重视，使我想到承载生命的身体，因为

① 论语·阳货。
② 孟子·滕文公上。
③ 孟子·万章上。
④ 孟子·滕文公下。
⑤ 孟子·离娄上。

“身体总是由社会形成并由社会定位的”。[①] 中国古典伦理的身体话语，总被包含在礼的叙述中。荀子认为，礼起源于对人的欲望的调适，好使其不泛滥。荀子虽正视人的自然欲望但是又惧怕欲望肆虐，其理论出发点在人性恶，性情不可妄长，必须用礼仪来统御，来调节。[②] 葛兆光分析礼的来源，认为人的自然性情的表达是一个不可或缺的因素，[③] 只有使欲望适度，身体才能安静。人生来就有欲望，欲望的载体是身体，因此，养欲的具体办法当在养体，重视身体的舒适度，使眼、耳、口、鼻、身各得其所，不挑起精神的焦虑，“故人一之于礼义，则两得之矣。”[④] 荀子的自然人性论综合男、女两性的身体要求，认为所养在身，并不在性别。世人爱把韩非与荀子看作同路人，但韩非的人性论带有明显的男性偏见，就身体而言，他认为女性“曼理皓齿，说情而捐精”，[⑤] 亲近她会造成身体的衰竭，必须远离后方可使身体安静。试想，如果是皮肤堆叠、齿松发落的老妪，于情自然不能悦，也不会牵动男性的身体了。

董仲舒与韩非同样具有仇女心态。董仲舒的学说是一种实用主义哲学，他的道是天道的人化，“天为君而覆露之，地为臣而持载之；阳为夫而生之，阴为妇而助之……王道之三纲，可求于

---

① ［英］布莱恩·特纳：《身体与社会》，马海良、赵国新译，沈阳：春风文艺出版社，2000年，第124页。

② 荀子·礼论。

③ 葛兆光：《中国思想史（第一卷）——七世纪前中国的知识、思想与信仰世界》，上海：复旦大学出版社，1998年，第130～134页。

④ 荀子·礼论。

⑤ 韩非子·扬榷。

天”[1]。故“礼者，继天地、体阴阳，而慎主客、序尊卑、贵贱、大小之位，而差外内、远近、新故之级也”[2]。董仲舒对阴阳尊卑的解释确实煞费苦心，万物莫不随阳，所以“贵阳而贱阴”[3]，因此，“丈夫虽贱皆为阳，妇人虽贵皆为阴”[4]，女性显然没有了自己的主体性。

董仲舒不只让人知晓天地大义、尊卑之礼，还深刻观察到身体对秩序的骚扰，在他眼里，身体（尤其是女性的身体）更危险，如放肆肯定会冲散阳气，天地不正，人伦失序。《春秋繁露·深察名号》有一段话说：

人之诚，有贪有仁，仁贪之气，两在於身。身之名，取诸天，天两，有阴阳之施，身亦两，有贪仁之性。天有阴阳禁，身有情欲桩，与天道一也。是以阴之行不得干春夏，而月之魄常厌于日光，乍全乍伤，天之禁阴如此，安得不损其欲而辍其情以应天？天所禁而身禁之，故曰身犹天也。

其中包含两层意思，一是无性的对比的禁身体之情欲，二是有性的隐喻的禁女性之情欲，后一层由阴阳引申而来。天禁阴势，阴喻人之贪喻女，女性当时之情欲就尤其要禁。或许董仲舒的道学味太浓，其广布程度不如当时正声名鹊起的《礼记》。《礼记》把董仲舒玄奥的义理还原成日常行为规范，把身体郑重地纳入社会—家庭之中。

---

① 春秋繁露·基义。
② 春秋繁露·奉本。
③ 春秋繁露·阴阳尊卑。
④ 春秋繁露·阴阳尊卑。

《礼记》为什么不厌其烦地讲述身体，而且更改了荀子的中和思想？因为女子长大为妇，男子长大为夫，“昏礼者，将合二姓之好，上以事宗庙，而下以继后世也”①。意义重大，女性作为外来人，身体的贞顺不可等闲视之。因而，隔离女性言行，灌输为妇之道，就成为控制女性身体的最佳手段。女子不得言外，古人说得很多，已成自明之理。关于行动，曰：“男女不杂坐，不同椸枷，不同巾栉，不亲授”；②“外内不共井，不共湢浴，不通寝席，不通乞假。男女不通衣裳。”③ 这种日常生活空间的分隔，于男性尚无大碍，他们占据广大的社会空间，而且与女性共同分享家庭空间，男子甚至得以自由穿越内室，只要“不啸不指”即可。在空间的享用上，女性只拥有家庭的一半，而实际上只有自己的寝室活动才稍稍有些自由。社会空间对她们并不开放，“女子出门，必拥蔽其面”，④ 试想遮面而出，眼不见外物，怎能交往？礼还规定，男女行走时不同路途，要互传声音也是断断续续，再加上日用杂物的同性分派，尤其见出两个泾渭分明的世界。所有这些规定，其实只有一个目的，防止女性淫乱。人“在世”的方式，精神一，身体二，贞顺要求本在身体，而身体归精神指挥，男女各据其位，各行其道，内外不混言，形成一道天然屏障，阻隔两性交通。不过，身体眼可见，精神却无形，身体的冲动容易扼杀，情欲的萌生无法芟除，所以，异性的间离虽取得性别的陌生化效果，但也不期然地促成了同性间的亲密

---

① 元·陈澔：《礼记集说》，北京：中国书店，1994 年，第 499 页。
② 元·陈澔：《礼记集说》，北京：中国书店，1994 年，第 11 页。
③ 元·陈澔：《礼记集说》，北京：中国书店，1994 年，第 237 页。
④ 元·陈澔：《礼记集说》，北京：中国书店，1994 年，第 237 页。

交往。

这里我们不能不提及班固对《汉书》的编撰，在班固整纲纪的目的统率下，女性同性情爱得以进入男性意识形态视野，虽是充当反面教材，但毕竟让我们看到了真实的存在。《外戚传》中记载着这样一件事：武帝时，陈皇后因为“无子”失宠，于是“挟妇人媚道”。元光五年，皇帝查问此事，认为女巫扮男子与皇后通寝，[①] 犹如妖蛊一般，罢黜皇后于长门宫。此事因有女巫参与，同性恋被看作妖蛊，查究其事，乃起于宠衰，不得已而为之。设若陈皇后的同性恋对象不是女巫，只是一个宫女，如果不着男服，不那么看重形式，量皇帝不会大怒，以致诛三百余人。司马相如曾为陈皇后作《长门赋》，虽大肆叙写后宫冷遇，但读此文者必定会探悉罢黜的缘由，况且长门之怨后来已成为失意文人的绝好隐喻，因此，我认为“蛊惑宫闱”与金屋藏娇、罢黜长门一样刻印在古代文人的想象里，而这一点尤其见出陈皇后的女性魅力。

《外戚传》中另有一事，讲述一则宫廷秘闻，我想揣测班固记这件事时的心理。哀帝初立时，司隶解光上奏一事：听说许美人及死去的中宫史曹宫皆“御幸孝成皇帝”，（曹宫）有子，但不知去向。臣派人找知情者狱丞籍武，官婢曹晓、道房、张弃等人问讯，都说曹宫是晓的女儿，以前属于中宫，“因多识而授皇后”，道房与曹宫“对食”。元延元年，曹宫对道房说：“陛下幸宫。”数月后，母亲晓进殿，见宫腹大，宫曰：“御幸有

① 明·沈德符：《万历野获编》，北京：中华书局，1959 年，第 158 页。

身。”……此段文字出现了“对食”[①] 一词，班固在注释中引应劭的说法，“宫人自相与为夫妇名对食”。今《词源》释为：“宫人相约为夫妇。指同性恋爱。”在这个故事中，同性恋不是导致主人公后来可悲下场的原因，她的错误是不该与陛下有染，且生子（指按照当时的情形）。那么，班固为何要记述曹宫与道房互相恋爱的事情呢？我不认为班固在此自夸多识或是旁逸斜出，从他的叙述中可以看到，曹宫并没有因此而受到惩处，我不妨大胆设想一下，这很可能是招来成帝“御幸”的一个特别之处，这样解释，这则同性恋在史书中出现才较为合理。书中竟以“对食”作指称，亦反映出其当时已成为专有名词，必定是因为宫中多怨女，此类事情极易发生的缘故。民间女性虽不见经传其感情生活，但内宅与后宫情形相似，妻、妾、婢、姑嫂、姊妹之间自然也容易发生同性情爱。

女性向同性寻求情爱是男性伦理反弹的结果，我们从标志着“女学”兴起的刘向所编撰的《列女传》中抽取一例略作说明。刘向所列举的模范女性个个贤而有德，“事非礼不言，行非礼不动”，皆从一而终。“贤明传”有一则“宋鲍女宗”的故事，讲鲍苏到卫国谋职，娶了外室，女宗闻知，并未停止赡养父母，反而对他们愈加恭敬，并托人向丈夫问好，赠送外室厚礼。女宗的姐姐说，是你离开的时候了，人家已另有新欢。女宗说，妇人结婚以后就不得改嫁，如果丈夫死了只能终身守寡。妇人的职责本是“执中馈”、“休蚕织”、事奉丈夫和公婆，以贞顺处世，不以

① “对食”的含义到明代已转化为宫女与太监相与为夫妇，不再指同性恋，与明代的“菜户”相同。

专宠为善。按礼天子当有女人十二，诸侯有九，卿大夫有三，士有二。我夫为士，理应有两个女人。并且，妇人还身背“七出”的律条，其中嫉妒列第一，我怎能去做这违礼去义的事情呢?

古典时期的家庭伦理，只强调妇事夫，夫御妇，之间无情爱之说，那为人称道的举案齐眉的孟光，送饭时也要遮住眼睛，不敢正视梁鸿，更不消说日常情感的交流了。女宗的无妒，也不能说明夫妇情感的好合，丈夫娶外室，很可能是对女宗只知执守妇道的反动，而女宗之所以以德报怨，是想化解被遗弃的心理恐惧。夫妇，人伦之首；男女居室，人伦之始。在日常生活中，其功用是合二姓、事宗庙、继后世，背负的全是社会人生的责任，并且，桩桩件件无不排斥涉嫌淫乱的情爱，因此，说古典伦理扬人生抑情爱并不为过。非但如此，仅就抑情爱而言，男女两性承受的压力也有天壤之别。男性只要维系好与妻的礼宾关系，即被称作有德之士，在妻面前受阻的情爱，像鲍苏，可以从妾身上得到（这还是唐以前男性情爱的扩展方式，及至唐代妓业兴起，社会通道敞开，男性不仅可以在家中拥有三妻四妾，而且还可以在外面“游仙窟”，真可谓如鱼得水）。与社会对男性外紧内松相照应，女性情爱却受到严格管束，事实上要想使社会拥有秩序性，也只剩下管理女性这一途。所以男性特别提倡女性专贞，“一醮不改”，限制女性情爱外溢。但是，夫妇之间又无须情爱，这样，必得使女性情爱焦虑分散或转移，事亲、抚子、“养绩”、“执炊”，沉潜于日常事务，男性想当然地认为给女性们找到了情爱危机的合理解决途径。但女性执行妇道，却免不了与男性交往，交往往往是情爱发生的前提，因此，又要讲男女有别，才能有效防止违礼的情爱。费孝通在《乡土中国　生育制度》中说:

“男女之间的关系必须有一种安排，使他们之间不发生激动性的感情。那就是男女有别的原则。‘男女有别’是认定男女间不必求同，在生活上加以隔离。这隔离非但是有形的，所谓男女授受不亲，而且还是在心理上的，男女只在行为上按照一定的规则经营分工合作的经济和生育的事业，他们不向对方希望心理上的契洽。”① “男女有别的界限，使中国传统的感情定向偏向于同性方面去发展。”②

刘向之后，范晔把“女传”载入史册，开史传列女的先河。《列女传》所记班昭及《女诫》，对后世影响至深。以前论妇道，皆为男性，自曹大家（对班昭的尊称），始倡女性自诫，其后闺训层出不穷，均从班昭所言。男性劝导女性，往往事倍功半，盖男性自身行为不足以服女性；而女性自诫，且以男性标准为准，则事半功倍，盖出于男女二性共谋，使妇女绝无异端思想。班昭告诉女子，你们生下来就是卑弱的，出嫁以后，要“忍辱含垢”，“晚寝早作，勿惮夙夜”。女子瘦弱是美，修身以敬顺为好，“清静自守，无好戏笑”。班昭还教女子四行（四德），妇德、妇言、妇容、妇功。说自古男子可以再娶，女子不能二适。班昭处处讲求自我克制，女子不必聪慧灵异，能言善辩，颜色美丽，不必“工巧过人”，说到底，女子必须收束天然性情，不使外露，自我封锁、幽闭，方可赢得社会的赞许。但是，幽闭极易导致自我耽迷，所以女性诗词中多有自我哀怜的声音。

---

① 费孝通：《乡土中国　生育制度》，北京：北京大学出版社，1998 年，第 46 页。

② 费孝通：《乡土中国　生育制度》，北京：北京大学出版社，1998 年，第 47 页。

3 理学与女性同性情爱及自我幽闭

古典伦理大厦的构筑，到汉代就基本竣工了，后代或松或紧，都以汉时伦理为基准而上下波动。有宋一代，社会常动荡不安，南宋又偏安一隅，人心浮动，因此，人身防范比汉代还严，由天而理，由禁欲而灭欲，就是理学的一大特色。这种超验主义哲学认为，天之所以为天，乃因于“理”；而人之所以为人，乃出于“性”，性、理本来相通，所以“三纲五常”皆为天理，而不可废。性有二，一天命之性，一气质之性，即道心、人心（人欲）；道心正，人心危，欲不去，理不存。“人心私欲，故危殆。道心天理，故精微。灭私欲则天理明矣。”[①] 何为人欲？比如说饮食，要求美味，即人欲。身“坐如石，立如斋”，是循天理，“坐欲纵肆，立欲跛倚”，是人欲。因此“人心之危者，人欲之萌也”[②]。而“欲动情胜则不能静”[③]，太容易冲决人伦的堤坝了。

理学一直教人清心寡欲，诚心修身，朱熹说，圣人千言万语，只是教人存天理灭人欲，对女性而言，修身的途径就是贞节。往昔孟子讲男女授受不亲，但“嫂溺”时尚权可援手，到了程颐，人之生死在贞节面前已无足挂齿。有人问程颐，无依无靠的寡妇，能再嫁吗？程颐说：“只是后世怕寒饿死，故有是说。然饿死事极

---

① 二程遗书·卷二十四。
② 朱子全书·卷44·观心说。
③ 朱子语类·卷94。

小，失节事极大。”这已不是人欲与理的冲突，而是身体与理的冲突，也不是灭人欲，竟是灭身体了。程颐为了杜绝女子再嫁，还警戒男子：“若娶失节者以配身，是已失节也。”① 失节是失去一个人立身的根本，此种提法，犹雪上加霜，女性再嫁无门，唯有向同性寻求安慰，进行情爱交流。与此相应，未婚女性的贞节备受推崇，而对未婚女性的要求，不仅仅指性的交往，就是一般的两性接触，亦不允许，失洁和失贞是被同等看待的。日常生活中，女性获得异性情爱的通道完全中断，只能被迫把情爱转向自我与同性之间。

宋时有一女名薛琼枝，本湘潭人，随父居于杭州，十七岁亡故。清人乐宫谱作《蕊宫仙史》记述她的事迹说：“每当疏雨垂帘，落英飘砌，对镜自语，泣下沾襟。疾且笃，强起索笔，自写簪花小影，旋即毁去。更为仙装，倒执玉如意一柄，侍儿旁立，捧胆瓶，插未开牡丹一枝。凝视良久，一恸而绝。”② 以此验证上面的论述，确实如此。

理学一直到宋亡之前才被定为国学，但还未来得及以官方意识形态向民间大肆传播，宋朝就已经灭亡，因此其影响主要在明、清两代。明季理学大兴，可谓家喻户晓，女性在冷硬教条的压抑下，纷纷走上了“异路”。又有二例如下：

明万历人氏冯小青，二十三年（1595 年）生于扬州，三十八年嫁与杭州冯姓作妾，四十年病终。潘光旦著《冯小青——

① 《近思录》，转引自杜芳琴：《女性观念的衍变》，郑州：河南人民出版社，1988 年，第 146 页。

② ［英］霭理士：《性心理学》，潘光旦译，北京：商务印书馆，1997 年，第 191 页注 99。

一件影恋研究》[①] 引支如增《小青传》说，小青嫁后，与夫君情意甚好，但大妇极其嫉妒，无奈只好别夫闲居，“时时喜与影语：斜阳花际，烟空水清，辄临池自照，絮絮如问答；女奴窥之即止，但见眉痕惨然……”这里录其絮语两段以见当时情形：《七绝九首》（之三）新妆竟与画图争，知是昭阳第几名？瘦影自临春水照，卿须怜我我怜卿。（之七）脉脉溶溶滟滟波，芙蓉睡醒欲如何？妾映镜中花映水，不知秋思落谁多。小青曾寻找画师为她画像，数易画稿，最终形神俱得，乃“取供榻前，名香，设梨汁奠之曰，‘小青小青，此中岂有汝缘分耶?!’抚几而泣，泪与血俱，一恸而绝”。费孝通《乡土中国　生育制度》一书说：“中国传统社会中的女性感情生活并没有合理的安排也许确是事实。潘光旦先生所分析的冯小青式的自我恋，可能是一种相当普遍的心理变态。”[②] 我想，这变态，毋宁说是常态。

明前后湖南江永地方出现了女性自己的文化，即“女书”，[③]记载了诸多女性之间的交结内容。从“女书”文字为汉字变体，且有“三从四德”思想，识此书者又为汉人，本地风俗亦有缠足之事，可推测同性往来源于儒家礼教别男女的禁令。江永地方女性交结姊妹一般指少女之间与中老年女性之间的感情互动，中老年女性交结，多为排解现实生活中的忧愁，由于年龄和阅历的原因，情爱成分含量不多。少女之间，则主要是寻求情爱共鸣，

---

① 潘光旦：《潘光旦文集》（1），北京：光明日报出版社，1995 年，此处引冯小青事迹见第 4 页，引冯小青诗见第 34 ~ 35 页。

② 费孝通：《乡土中国　生育制度》，北京：北京大学出版社，1998 年，第 149 页。

③ 本段所述参见赵丽明：《女书与女书文化》，北京：新华出版社，1995 年。其中诗歌引自第 45 页。

缘情而结，在一个排斥男性及其文化束缚的世界里，构建出一方美丽的精神田园：

依要用心成双坐　　可比鸳鸯女下棋
没句乱言人曰人　　洗手二人共盆水
……　　……
好恩堂中坐　　朝朝不舍离
结交两年上三载　　睡着梦中跟你行
我的姑娘用心早　　依要两人配成双
同坐高楼绣花色

——《中国女书集成·结交·二十一》

清代广东顺德一带女性结拜“金兰会”，是一种比江永地方女性的柏拉图之恋更激进的同性情爱形式，同行同宿，抗拒婚姻，性爱色彩特别明显，可视作对男权统治的极端反抗。我想这种情形出现的原因，与清代的社会环境有关。一方面明代以来的贞节观念更趋严重，守节不守命成为女性的日常生活信仰，史传也乐于为贞妇烈女大开方便之门，官方、家族动辄修建贞节牌坊，以颂扬女节，以此光耀门庭。清姚元之《竹叶亭杂记》载一事道：

道光十一年辛卯，海口潮涌，江水因之泛滥。自江西以下，沿江州县波灾。大水时，一女子避未及，水几没腰，有一人急援手救之，女子乃呼号大哭曰：“吾乃数十年贞节，何男子污我左臂！”遂将同被灾者菜刀自断其臂，仍赴水而死。惜不知姓氏，恐天下穷且贞者似此湮没不少也。[1]

两性关系势如水火，女性幽闭情形更趋严重。另一方面，清代禁止妓女职业，导致士人嗜好“男风”，对女性情爱往同性发展也起到了客观的推动作用，当不言自明。

以上对整个古典时期的女性状况及情爱方式作了一个大致的梳理，侧重于从古典知识和思想——这个表层现象的背景处——入手，探析男性知识和思想如何牵引（或压制）女性，造成了女性正常情爱的偏离。这样说是因为古典女性并不是自愿的同性恋或自恋者，在男性话语霸权下，她们走的是一条“异路”。对于这种传统，我还想说，五四时期反封建礼教，抬高女性地位，鼓吹女性自我解放，偏偏就忽略了要致力于消除女性们的这种无意识积淀，因此，五四文学中出现颇多的女性同性情爱不单单是一种现代的声音，其中也有着本篇讨论的遥远的回声。

① 吴存存：《明清社会性爱风气》，北京：人民文学出版社，2000 年，第 34 页。

二　叩问现代的信息：林译《巴黎茶花女遗事》研究

1897年，林纾正值夫人新丧，心境郁闷，情绪低落，[①] 朋友魏瀚撮合他与王寿昌合译法国小仲马的《茶花女》，以此期许他从悲恸中走出。后来，林纾在《买陂塘 并序》中回忆："回念身客马江，与王子仁译《茶花女遗事》，时则莲叶被水，画艇接窗，临楮叹喟，犹且弗怿。"[②]《茶花女》如按几年后人们对小说类型的分类，当属于"悲情小说"。是时，虚构的悲伤与现实的悲伤同在林纾脑际萦绕，催生出令人荡气回肠的《巴黎茶花女遗事》。

① 刘琼姿于1897年2月病故，3月，有林纾与王寿昌合译事。林纾与妻子感情甚笃，林为其作的《哀辞》说："余年且五十，遗落世事，将杜门读书，资孺人以待老，乃孺人竟不终事余，天也！"见曾宪辉：《林纾》，福州：福建教育出版社，1993年，第59～60页。又，林纾：《〈离恨天〉译余剩语》云："因忆二十年前，与石孙季父王子仁译《茶花女遗事》，伤心极矣。"见陈平原、夏晓虹编：《二十世纪中国小说理论资料》（第一卷），北京：北京大学出版社，1997年，第413页。

② 哈葛德：《迦茵小传》，林纾、魏易译，北京：人民文学出版社，1981年，第2页。

小说自1899年出版后，又多次再版，[①] 读者阅后莫不为其所动，爱不释手。对林译本的评论也次第出现，据日后承担《大公报》笔政的英敛之1901年日记载："灯下阅《茶花女》事，有摧魂撼魄之情，不意西籍有如此之细腻。"[②] 丘炜萲《茶花女遗事》[③] 道："年来忽获《茶花女遗事》，如饥得食，读之数反，泪荥然凝栏杆。"严复说得更彻底："可怜一卷茶花女，断尽支那荡子肠。"[④] 这些携带了评论者真实感悟的评议，阐释着作品的情感魅力，与译者感受恰成共鸣。不仅读者洒一掬同情之泪，便是林纾本人，执笔时也"掷笔哭者三数"。[⑤] 回眸百年前的感悟式批评，我们不得不指出，它妨碍了人们对作品的学理性解读。

20世纪60年代，钱钟书《林纾的翻译》一文[⑥]使《巴黎茶花女遗事》研究真正达到了学术化水平。该文建立在作品细读的基础上，细致入微地解析林纾的翻译语言问题，认为《巴黎

---

① 计有木刻大巾箱本、素隐书屋本、玉情瑶怨馆红印本和黑印本等。见郭延礼：《近代西学与中国文学》，南昌：百花洲文艺出版社，2000年，第199～200页。又见，邹振环：《影响中国近代社会的一百种书籍》，北京：中国对外翻译出版公司，1996年，第121～122页。

② 《英敛之先生日记遗稿》，转引自邹振环：《影响中国近代社会的一百种译作》，北京：中国对外翻译出版公司，1996年，第123页。

③ 见陈平原、夏晓虹编：《二十世纪中国小说理论资料》（第一卷），北京：北京大学出版社，2009年，第45～46页。

④ 严复：《甲辰出都呈同里诸公》，《严复集》（二），北京：中华书局，1986年，第365页。

⑤ 林纾：《〈露漱格兰小传〉序》，转引自曾宪辉：《林纾》，福州：福建教育出版社，1993年，第64页。

⑥ 钱钟书《林纾的翻译》虽然不是专门研究《巴黎茶花女遗事》的文章，但其中对《巴黎茶花女遗事》的论述以及对林纾语言的考辨，已成为后来者的参照物。钱钟书：《七缀集》，北京：三联书店，2002年。

茶花女遗事》是林纾最下工夫的一个译本。这无疑是说，《巴黎茶花女遗事》是林纾所有译作中最重要的一本。可惜这个判断当时并未引起重视。可以这样说，整个 20 世纪，林译本在我国学术界都受到了冷遇。

21 世纪出现了可喜变化。马晓东的《〈茶花女〉汉译本的历时研究》①，从翻译学角度研究《茶花女》的中译本，认为林译本更符合中国传统的“美文”标准。论者如果能深入分析译本的内容，定会有更大的收获。许海燕的《〈巴黎茶花女遗事〉对清末民初小说创作的影响》②，专述林译本对近代小说的规约，根据作者的论述，我们不妨说近代出现了一类“茶花女式”的小说，但由于论题限制，未能延伸到现代，确属遗憾。杨联芬的《林纾与中国文学现代性的发生》③ 与吴微的《“小说笔法”：林纾古文与“林译小说”的共振与转换》④，均谈到林纾译作的现代性问题，杨联芬对林纾女权思想的指认与吴微的论断相得益彰：“由他的‘林译小说’而引进的个性解放、人格独立、男女平等等观念与传统文学的‘文以载道’背道而驰，引发了文学界‘开眼看世界’的态势，影响了整整一代人。”上述文章表明，《巴黎茶花女遗事》重新进入研究者的视野，且于前人的研

---

① 此文在论述《巴黎茶花女遗事》时受到钱钟书《林纾的翻译》的影响。北京大学比较文学与比较文化研究所编：《多边文化研究》（第一卷），北京：新世界出版社，2001 年。

② 徐海燕：《〈巴黎茶花女遗事〉对清末民初小说创作的影响》，《明清小说研究》，2001 年第 4 期。

③ 杨联芬：《林纾与中国文学现代性的发生》，《中国现代文学研究丛刊》，2002 年第 4 期。

④ 吴微：《“小说笔法”：林纾古文与“林译小说”的共振与转换》，《中国现代文学研究丛刊》，2002 年第 4 期。

究有所超越，揭示出林译本的出现不仅是近代文学问题，也是现代文学问题。对于中国文学的现代转型来说，更是一个绕不开的话题。综括近年来的研究，我们注意到，研究者的视角多偏重于林译本开拓了什么或影响了什么，至于怎么开拓、怎么影响的，却被忽略了。因此我们还得从一个世纪前的话题说起，即小说何以有如此大的魅力令世人叹为观止。当年丘炜萲说："中国近有译者，署名冷红生笔，以华文之典料，写欧人之性情，曲曲以赴，煞费匠心，好语穿珠，哀感顽艳，读者但见马克之花魂，亚猛之泪渍，小仲马之文心，冷红生之笔意，一时都活，为之欲叹观止。"我们须注意"以华文之典料，写欧人之性情"一句话，说明林纾是在用中国的经验译西方的小说。具体做法是，小说中出现的情景，中国文学、文化中已有的或类似的，皆以中国的方式去演绎；中国文学、文化中没有的，仍照直翻译，且附有解说。

1　痨病文化

林纾对痨病（即肺结核）并不陌生，从 19 岁至 28 岁，为其所累数十年。他曾十多次生病，并且常有咯血的时候。[①] 从《巴黎茶花女遗事》中可以看到，林纾宛如一位中国的郎中，细腻地展示着女主人公马克的发病及去世过程。自然，林纾的痨病知识，得自于中国传统的中医文化，而非西国医学。西医虽在鸦

① 王旸：《簾卷西风：林琴南别传》，北京：华夏出版社，1999 年，第 26 页。又见曾宪辉：《林纾》，福州：福建教育出版社，1993 年，第 59 页。

片战争后向中国传播，且逐渐成为中国现代化的一个重要指标，但在当时，尚未引起国人重视。直至1900年前后，方有人对中医提出异议，强调输入西医的必要。①

痨病是结核杆菌（tubercle bacillus）经由呼吸道入侵以后导致的感染性疾病，当时的中医学远未达到这样的认知水平。不过，传统医学有自己的痨病知识，大量的医论著述和本草著作表现出对痨病探究的兴致。痨病在中医学中有诸多相近的名称：尸注、鬼注、传尸、骨蒸、痨瘵等。晋代葛洪《肘后卒救方》较早论述了尸注的基本特征："使人寒热淋沥……累年积月，渐就顿滞，以至于死。死后复传之旁人，乃至灭门。"② 既概括了痨病的临床表现，又指明其传染性。痨病的生成，传统医学有两类不同的解释：一类是外感传染论，有一种"虫"在体内活动使人发病；③ 另一类是内伤体虚论，即阴阳失调，属阴虚之症。阴虚的形成有多种，一种为劳累过度，"有藜藿劳人，伤力吐血，致阴虚使然者"；一种为纵欲过度，"有膏粱逸士，酗酒恣欲，劳伤脾胃而致者"，"历观痨瘵，皆因酒色财气，损伤心血，以致虚火妄动"；再一种为忧虑过度，"抑郁成痨，多气成痨"。④

---

① 如丁福保《医学补习所讲义绪言》说："吾国医学四千年来，谬种流传，一迄今日，不能生人而适以杀人。"见陈邦贤：《中国医学史》，北京：商务印书馆，1998年影印版，第259页。

② 赵璞珊：《中国古代医学》，北京：中华书局，1997年，第70页。

③ 隋代曹元方《诸病源候论》认为，人体内因有尸虫而患尸注，人至其家，便可染上。另外有"肺虫居肺叶之内，蚀人肺系，故成擦瘵，咯血声嘶……"等说（黄自立编：《中医百家医论荟萃》，重庆：重庆出版社，1998年，第314页），并非荒诞不经。

④ 黄自立编：《中医百家医论荟萃》，重庆：重庆出版社，1998年，第315～318页。

内伤体虚论来自中国哲学的阴阳五行说，影响极为广泛。林纾叙述马克症状，依据的便是酒色、抑郁之类的中国经验。

小仲马写《茶花女》，依据的则是纯粹的西方经验（即欧洲经验），此书成于1840年，西方那时也不知道结核病是细菌感染。对肺结核的认识，有与中医学相同的，如认为忧郁、哀伤、消沉、酒色是这种疾病的病因等;①也有不同的，如理解为一种“热情病”。“结核病的发烧是身体内部燃烧的标志：结核病人是一个被热情‘消耗’的人，热情销蚀了他的身体。”因此，“从浪漫派开始，……结核病被想象成爱情病的一种变体。”②肺结核的罗曼蒂克色彩还受益于它的疾病美学特征。咳嗽与潮热交互作用使苍白脸庞的两颊处呈现胭脂色的潮红，尤其是女性，恰似一副天然娇羞的模样；加上咯血以及身体的逐渐耗损，使体态愈发苗条。“渐渐地，作为楚楚动人的柔弱和非同寻常的敏感的象征，痨病相越来越成为女性的理想外貌。”③这种“风度”，在交际花身上体现出来，就成了性感。④在小仲马的小说中，马克遇见亚猛前，她的交际圈里，除公爵外，两个伯爵以及亚猛的朋友家实瞠都仅仅欣赏她的外显之美，无人懂她的心。

欧洲浪漫主义文学激赏的病态美，与中国传统文化赋予女性的柔顺、娇弱的品性，以及强制缠足造成的弱柳般体态，在本质上是相通的。中国传统女性审美观念，从先秦的端庄美随着时间

---

① 苏珊·桑塔格：《疾病的隐喻》，上海：上海译文出版社，2003年，第21～23页。

② 苏珊·桑塔格：《疾病的隐喻》，上海：上海译文出版社，2003年，第20页。

③ 苏珊·桑塔格：《疾病的隐喻》，上海：上海译文出版社，2003年，第28～29页。

④ 苏珊·桑塔格：《疾病的隐喻》，上海：上海译文出版社，2003年，第24页。

的推移逐渐向柔弱美转化，从关注女性的上身到腰肢再下移到双足，至宋代兴起了缠足，塑造出一副纤细瘦弱、娇弱无骨的模样，令传统士人顿生怜香惜玉之情。[①] 中国文学多有这类形象，已如荣格的集体无意识，无形中左右着人们的审美观念。林纾自不例外，被翻译外国小说激起兴致的他，自己也创作了不少小说，其中的女性形象，就有合于这种审美观念的。不仅如此，中国古代文学中也有害痨病的女性，最著名的是《红楼梦》。林纾熟读《红楼梦》，尝拿其与外国小说作比较，[②] 可以说，《红楼梦》便是林纾翻译《巴黎茶花女遗事》时的潜文本，林黛玉即

---

① 《诗经·硕人》描绘卫庄公夫人："手如柔荑，肤如凝脂，领如蝤蛴，齿如瓠犀，螓首蛾眉。巧笑倩兮，美目盼兮。"而到了战国时期，楚灵王雅好纤腰，以至宫中多有饿死。汉代世风多喜装饰，《孔雀东南飞》描绘的时尚服饰已使足的纤小感凸现出来，丝履衬细步，纤纤、精妙的举止令焦郎柔肠寸断。三国两晋时，曹植《洛神赋》"凌波微步，罗袜生尘"勾起无数文人的浪漫想象。不过，那时女足并没有受到束缚，女性裸足也有清水出芙蓉的俏丽，"可怜谁家妇，缘流洗素足"（谢灵运），"方驾扬清尘，濯足洛水澜"（陆机）。齐梁时代好浮艳，《南史·齐东昏侯传》载凿地为莲事，潘妃于其上"步步生莲花"，女足的观赏功能开始强化。魏晋时对女足雅洁的想象也发生变化，"裙开见玉趾，衫薄映凝肤"（沈约《少年新婚为之咏》），已有媚惑的嫌疑。齐梁奢华之风有目共睹，各式各样的绣鞋纷至沓来，丝履、锦履、金薄履……皆以丝、绢等贵重物被面，且绣花纹，光芒四射，璀璨夺目。穿上这些装饰性的、娇巧玲珑的鞋子，行走起来，直如萧子范《罗敷行》所言，是"微步弄妖姿"了。南唐后主李煜执政期间，宫中有一个叫窅娘的妃子受命裹足，"令纤小，屈上作新月状"，后主为其造金莲高台，窅娘于上回旋起舞，有诗曰："莲中花更好，云里月常新"（周镐）。众所周知，使足受损，始自此妇。宋代成功地把女足与莲缝合在一起，尤其是宋词，特别眷顾女足，那里有稳步的红莲（米芾《满庭芳》），有试步的金莲（杨亿《南朝》），有细碎的莲步（柳永《柳腰轻》、吴文英《祝英台近》、刘辰翁《宝鼎现》），等等。到了明清时期，樱桃口、杨柳腰、三寸金莲，走路摇摇摆摆，竟成为美人的标准。

② 林纾在《〈孝儿耐女传〉序》中对《红楼梦》就有较详细的评价。见陈平原、夏晓虹编：《二十世纪中国小说理论资料》（第一卷），北京：北京大学出版社，2009 年，第 293 页。

是马克的中国原型。这一点，当时就有人指出：“林纾译法国名妓马格尼事，刻挚可埒《红楼梦》。”①

《红楼梦》第三回有林黛玉的一幅画像：“态生两靥之愁，娇袭一身之病。泪光点点，娇喘微微。闲静时如娇花照水，行动处似弱柳扶风。心较比干多一窍，病如西子胜三分。”再看林纾对马克的描绘，“长身玉立，御长裙，仙仙然描画不能肖，……修眉媚眼，脸犹朝霞，发黑如漆覆额，而仰盘于顶上，结为巨髻。耳上饰二钻，光明射目”。“余观马克清瘦，若不胜衣，然娉娉有出尘之致。……此女高操凌云，不污尘秽。……马克接人，恒傲狷落落，不甚为礼，余固知马克之贞，非可以鄙陋干也。”② 从外貌到品性，马克均已中国化。再细作比较，更有许多深意。林黛玉幼得弱症，性喜多疑，系忧虑过度染上痨病；马克则伤于酒色，不予节制致疾。林黛玉虽为宝玉病，但缺乏叛逆心，不敢与宝玉结合，结果只能被礼教吃掉。马克非因亚猛染病，但马克之死确因亚猛，她的个性是自由的。因此，对林黛玉，读者同情多；对马克，读者欣赏多。欣赏她，当然愿她有好结局，与亚猛离开闹市归园田居。但现实是残酷的，马克的身体每况愈下，终至于香消玉殒。痨病在小说中的地位可谓举足轻重。

马克遇见亚猛前已患痨病，追逐她的男性都只看重美色，而不关注她的病况，马克时常感受到喧嚣中的孤独。唯有一女友配

---

① 转引自邹振环：《影响中国近代社会的一百种译作》，北京：中国对外翻译出版公司，1996年，第123页。

② 《巴黎茶花女遗事》，冷红生、晓斋主人译，《中国近代文学大系·翻译文学集·一》第11集第26卷，上海：上海书店，1990年，第142页、第157页。

唐时时被招去夜谈，以慰长夜。“痨瘵之人，每夜辄烁肌肤，贴席为难也。”[①] 但配唐亦非知心之人，乃逐蝇头小利耳。亚猛二遇马克，正当其病发，亚猛每日问讯病情，诚挚之心，终于打动了马克，与其以心换心。痨病仿佛月老手中的红线，把他们拴在一起。

马克居风月场，“豪饮纵恣”，及遇亚猛，言谈举止渐形庄重。中西医治疗痨病均有调养说，如此，马克之病竟有痊愈至少是减轻的可能。然则爱情需要金钱支撑，亚猛为此不惜动用祖产，结果招致老父干涉。马克去情就理，远走他乡。此时，马克的伤痛比亚猛有过之而无不及，并且还要忍受亚猛的误解，这些导致她病情急转直下，马克频频咯血，临终前的日记，真令人肝肠寸断。痨病参与读者阅读想象的功绩，尽在于此。

2　伦理观念

林纾终其一生，未能超越儒家的伦理道德。在两性关系方面，儒家强调女性的贞顺，“夫有再娶之义，妇无二适之文”[②]。所谓“一醮不改”，是因为“昏礼者，将合二姓之好，上以事宗庙，而下以继后世也”[③]。为保持血统纯洁，《礼记》还主张隔离

---

① 《巴黎茶花女遗事》，冷红生、晓斋主人译，《中国近代文学大系·翻译文学集·一》第11集第26卷，上海：上海书店，1990年，第154页。

② 班昭：《女诫》，张福清编注：《女诫——女性的枷锁》，北京：中央民族大学出版社，1996年。

③ 元·陈澔：《礼记集说》，北京：中国书店，1994年，第499页。

女性言行，为其构造一道伦理的屏障，限制与男性交通。[1] 至于两性间的感情，缘于无功利的爱恋而生发的情感，完全被义务、责任所取代。汉代刘向《列女传》中记载的“举案齐眉”事，很能说明这种情况。[2] 宋代理学发达后，更是强求“存天理，灭人欲”，扭曲人性了。

儒家“防闲”的结果，竟促成中国青楼事业的繁盛，颇耐人寻味。其实儒家抑情爱，对男女两性是分而视之的，女性万万不能逾越礼教，男性则只要维系好与妻子的礼宾关系，即被称作有德之士，在妻面前受阻的情爱，可以从妾身上得到。[3] 唐代妓业兴起，社会通道敞开，男性更是如鱼得水，几已忘记家中的妻子。青楼尤为文人士子喜爱，轻歌曼舞，诗酒人生，风雅所集，以至中国文学里多见与之有关的内容。像白居易的“樱桃樊素口，杨柳小蛮腰”，对引导士人的审美观念起到了不容忽视的作用。青楼文化对儒家文化有明显的杀伤力，它的不受儒家限制、疏通情爱的途径，正好平复男性因公共（大家与小家）事务引起的心理焦虑。青楼文化虽不提倡专贞，但一有“杜十娘”之类的故事，辄颂扬之。盖青楼之人，难能可贵也。林纾翻译《茶花女》，一味推崇马克的专贞，背后隐藏的便是这些

---

① 《礼记》中有：“男女不杂坐，不同椸枷，不同巾栉，不亲授”；“外内不共井，不共湢浴，不通寝席，不通乞假。男女不通衣裳”；“女子出门，必拥蔽其面”等语。

② 梁鸿同郡孟氏的女儿，相貌丑，而德行甚好，愿找如梁鸿一般有节操的人。后嫁于梁鸿，废弃艳妆，粗衣素服，得梁鸿喜，为其取名孟光。每次送饭，皆以托盘举眉前，不敢正视，以礼待之，而受人尊敬。（事见张涛：《列女传译注》，济南：山东大学出版社，1990 年，第 337 页。）这里，丝毫不存在爱情的成分。

③ 刘向《列女传》叙“宋鲍女宗”的故事，虽是赞赏女宗贤明大义，但也可看出鲍苏从外妻那里获取情爱是得到伦理认可的。

信息。

其实，西方的伦理道德与中国相差无几，“妇无公事，休其蚕织”① 的观念在西方同样存在。只是法兰西在小仲马生活的时代已有所突破，社会风气已不像道学家的面孔一般严肃，男女之间的交往因沙龙与妓女的普遍存在且带动社会风气的开放而愈益自由。② 法兰西民族向以热情著称，喜好浪漫风雅，像“举皓腕，余即而亲之”的举动，在礼教森严的旧中国难以想象，因此林纾特说明“此西俗男女相见之礼也”③。译书时的这种停留，可看作林纾对中西礼俗的调适，是“礼”而不是“非礼”，是正常而非诲淫。让读者自然接受现代生活观念。小说写亚猛钟情于青楼女子，爱到无以复加的地步，这样的男性在西方浪漫主义文学中不算突兀，但在中国文学确属罕见。只要留意中国文人涉及青楼的文学创作，其中从未有像亚猛一样爱得如痴如狂的。我们只会看到一个青楼女子异常热烈或深情地爱上一个男人，这样的爱是单方面的输出，而非共鸣。林纾的《巴黎茶花女遗事》传达的则是平等的爱情观念，是双方为爱情付出一切。因此，林纾在转述这个缠绵悱恻的爱情故事的同时，顺便也传递了自由平等（爱情、人格）的现代信息。林纾认同女权主义，④ 同年出版的《闽中新乐府》，其中《兴女学》传达的即是女子要获得教育权

---

① 诗经·瞻卬。

② 分别见刘铮：《沙龙的解剖》，《万象》，2003 年第 10、11 期合刊；甲马：《花都青楼往事：一八三零——九三零》，《万象》，2003 年第 4 期。

③ 《巴黎茶花女遗事》，冷红生、晓斋主人译，《中国近代文学大系·翻译文学集·一》第 11 集第 26 卷，上海：上海书店，1990 年，第 156 页。

④ 杨联芬：《林纾与中国文学现代性的发生》，《中国现代文学研究丛刊》，2002 年第 4 期。

的声音。从女性解放、女性文学发展的角度看，《巴黎茶花女遗事》对二者的推动作用是巨大的。

不过，林纾对现代观念的认同有限，即不越出传统伦理的规范，或者说，以传统之礼去覆盖现代观念，简直是明修栈道，暗渡陈仓。传统与现代，就这样奇特地被林纾搅和在一起。法兰西的风花雪月场被转换成中国的青楼，马克被定位为中国夜度娘、勾栏中人，且善饮酒，会弹琴，挥金如土，有交际手段，能吸引豪门巨子，足以引发中国读者的传统想象。不仅如此，林纾还赋予马克“傲狷”的个性，与中国“名士”相仿，“高操凌云”，出污泥而不染。这充分说明马克操妓业乃不得已而为之，“吾若幽娴作好女子，吾死久矣”①。所以，当亚猛指责马克与他人交往，马克说：“我身非闺秀，而君今日方邂逅我，我何能于未识君前为君守贞？”② 于是有亚猛的心里话：“第马克身为勾栏中人，而吾之待之，实目为一至贞至洁之女子。”③ 马克果然不负亚猛之望，虽与他人交往，皆游戏之，独对亚猛，衷情款款无他图。亚猛的品行亦是高洁，当然这是守中国礼俗的亚猛。马克一次患病三礼拜之久，亚猛每日问讯，却未入见，下面一段话述及当时情况：

马克曰：“良然，尔时何以不排闼入？”余曰：“女子寝室，

---

① 《巴黎茶花女遗事》，冷红生、晓斋主人译，《中国近代文学大系·翻译文学集·一》第11集第26卷，上海：上海书店，1990年，第159页。

② 《巴黎茶花女遗事》，冷红生、晓斋主人译，《中国近代文学大系·翻译文学集·一》第11集第26卷，上海：上海书店，1990年，第161页。

③ 《巴黎茶花女遗事》，冷红生、晓斋主人译，《中国近代文学大系·翻译文学集·一》第11集第26卷，上海：上海书店，1990年，第163页。

胡得唐突。”马克曰：“若吾辈者，亦可绳之礼法乎?”余曰：“吾一生见妇人，恒以礼自律。”①

可见亚猛非寻花问柳之辈，视爱情为人生第一要义。正如亚猛时时以君子律己，马克在遇到情与理的冲突时，也能舍情而取理。亚猛父亲来巴黎游说马克，劝其与亚猛断交，勿使再入歧途。马克深明大义，“此时吾为理势所压，吾之心愿毫发莫遂。且此理所积，此势所临，吾以一女子之私愿，断不能与之相抗”②。真是问世间情为何物？直教人生死相许。

当时，小仲马在法国文学史上并非资深作家，《茶花女》也算不上是法国文学的经典作品，但经过林纾转译，《巴黎茶花女遗事》在中国反倒成了堂堂正正的经典。“具体于中国近现代翻译来说，外国文学一经翻译便脱离了原语的语境以及相应的文化背景而进入了汉语语境以及相应的中国文化背景，这样，翻译文学就不再是纯粹的外国文学，不论是在语言的性质上还是在文学的性质上以及文化的性质上都发生了根本性变化，具有汉语性和中国性或者说民族性。”③ 上面探讨的，应该就是小说的中国性或民族性，下面看林纾的翻译语言，他如何把一部西方的通俗小说转换成了中国经典的雅文本？基于语言是思想家园的观念，语言与文化的密切关系以及文本传播的角度而提出的这个问题，正

① 《巴黎茶花女遗事》，冷红生、晓斋主人译，《中国近代文学大系·翻译文学集·一》第11集第26卷，上海：上海书店，1990年，第159页。

② 《巴黎茶花女遗事》，冷红生、晓斋主人译，《中国近代文学大系·翻译文学集·一》第11集第26卷，上海：上海书店，1990年。

③ 高玉：《翻译文学：西方文学对中国现代文学影响关系的中介性》，《中国现代文学研究丛刊》，2002年第4期。

是林纾如何把两类经验书面化的关键所在。

钱钟书认为林纾译书的文体不是“古文”，“是他心目中认为较通俗、较随便、富于弹性的文言”[①]。这种语言中有较通俗的文言、白话口语和那时从日本传来的新名词，看起来好像大杂烩，不伦不类，但是在林纾古雅的叙述语气笼罩下（如“曰”的使用，对仗的频繁运用等），却显得很雅致，很自然。不仅学富五车之人，就是略通文化者也能被林纾的文笔所打动。我认为，林纾在梁启超之前已经改变着人们对小说的认识，这种潜移默化的影响，不亚于响亮的口号的影响。试问五四作家，几人未读林译小说？有人指出五四文学的主导风格是浪漫主义，[②] 我们都清楚，五四文学多情爱、多感伤，谁能肯定不是《巴黎茶花女遗事》贡献了一份浪漫的文学想象？并且，现代文学中频频出现痨病（肺结核）患者，其中一个源头也正是在这里。这些，值得进一步研究。

---

① 钱钟书：《七缀集》，北京：三联书店，2002 年，第 94 ~95 页。

② 高旭东：《五四文学与中国文学传统》，济南：山东大学出版社，2000 年。

三　晚清至民国的女性解放思潮：《大公报》研究

1　《大公报》与女性解放运动

《大公报》1902 年 6 月 17 日创办于天津，历经三个时代，总计 60 余年，其间风风雨雨、辗转迁移，在中国报刊史上留下了一道亮丽的风景。[①] 创办人英敛之（满族，天主教士）是晚清时期的君主立宪倡导者，著名的维新人士，尝以报纸为阵地议论时政，改革风俗。新记《大公报》主笔张季鸾在《大公报一万号纪念辞》中说："近代中国改革之先驱者，为报纸；大公报，其一也。中国之衰，极于甲午，至庚子而濒于亡。海内志士，用是发愤呼号，期自强以救国；其工具为日报与丛刊，其在北方最著名之日报，为大公报。盖创办人英君敛之，目击庚子之祸，痛国亡之无日，纠资办报，名以大公。发刊以来，直言谠论，倾动一时。"[②] 英敛之时期的《大公报》（1902—1912，英敛之虽迟至

① 参见王芝琛、刘自立主编：《1949 年以前的大公报》，济南：山东画报出版社，2001 年；徐铸成：《报海旧闻》，上海：上海文艺出版社，1981 年。

② 《大公报》1931 年 5 月 22 日。

1916年9月将《大公报》卖给安福系王郅隆，但早在1912年2月23日报纸改版时即引退去北京办学，此后的笔政由樊子镕、唐梦幻主持，其言论走向已与英敛之无关。)，因有资本主义帝国支持的背景（1906年前亲法，1906年后亲日），向以“敢言”（尤指政治）见称。其议论凸显为两个内容：一是以维新自强为目的宣扬保皇立宪，二是以强国保种为目的鼓励女界振兴。本节专述这一时期报纸中的女权思想，中国女性由传统向现代的身份、地位转变，英敛之时期的《大公报》当为此过渡时代的一块碑石。

1840年鸦片战争以后，魏源、郑观应等人呼吁学习西学、变革图强，朝中要员李鸿章、张之洞心思相同，清政府亦采议发起后来证明并不成功的自改革运动，是甲午一役再次震醒革新者，遂有康有为上书、光绪皇帝新政的变法之举，奈何以失败告终，康有为、梁启超只得亡走日本。不久，又经庚子之役，痛定思痛，于是举国上下为强国、为改革而努力。英敛之在《大公报》创刊号上说：“……报之宗旨，在开风气，牖民智，挹彼欧西学术启我同胞聪明。……尤望海内有道，时加训诲，匡其不逮，以光我报章，以开我民智，以化我陋俗，而入文明。……但冀风移俗易，国富民强……”①《大公报》甫创刊，就在变陋俗、开风气上大做文章，劝戒缠足、倡兴女学、张扬女权，不遗余力。盖此二事，虽然早有人理论，也有人力行，如康有为1883年组织中国第一个“不缠足会”，1844年英国“东方女子教育协

① 《大公报序》,《大公报》1902年6月17日。

进社”派传教士在宁波开办中国第一所女子学堂,[①] 但是，因为社会风气未开，女界沉闷之状依旧。今当国将无日，在强国保种意识的推动下，女界方受到特别眷顾。《大公报》值此女界幸运时代，遂做了世纪初的领头雁。

劝戒缠足

中国女子缠足的形成，根源在于传统社会审美观念的转变。在记述周秦时代生活的《诗经》中，社会审美观念在女性身上的体现非常有趣地限制在上半身，或者说，仅仅描绘女性上半身的自然美就足够展示她们的美貌与品性了。举卫庄公夫人为例："手如柔荑，肤如凝脂，领如蝤蛴，齿如瓠犀，螓首蛾眉。巧笑倩兮，美目盼兮。"[②] 确未见对其下半身的描述。那时人们对女性下半身的认识，其实没有和美联系起来，而是与性紧紧缠绕着。《周易·咸卦》就把抚摸女子的脚当作最初的性信息,[③] 女足与性粘连，乃由于古人相信足能受孕，且生子的缘故。[④] 《诗

---

① 史革新主编:《中国文化通史》(第9卷)《晚清卷》，北京：中共中央党校出版社，2000年，第585页、第700页。

② 诗经·卫风·硕人。

③ 《周易·咸卦》秩序井然地讲解男子如何对女子进行性表达，先是抚摸脚趾，继而上升到小腿，然后是大腿、腰部……足最为关键，如果男子得以抚摸女子的足，说明她接受了最初的性信息，至于其后或许会遮羞、推拒，只是此过程的一些小程序，大局已定。

④ 《诗经·大雅·生民》记载有姜嫄踩帝迹而孕，十月怀胎生下后稷的事。传说中还有华胥于雷泽履大迹生宓牺事，均应看作是原始母系社会思维方式的遗留。

经》里也有关涉女性下半身的内容，即有明显的性意味。[1] 下及战国，在产生了屈宋“香草美人”的楚地，还兴起一种偏离周秦的审美趣味，楚灵王雅好纤腰，以至宫中人多有饿死。纤腰标志了对女性美的认识由上半身下移，而一旦下移开始，讲述女性美就不只是赞扬，而且有了极大的观赏意味。女性美的下移，到吴王夫差为西施建造响屧廊时告成，女性之足终于赢得了男性的趣味性关注。后来“步步生莲花”的潘妃也好，“琼钩窄窄”的杨贵妃也好，甚至那个受南唐后主李煜的指令奉命缠足“令纤小，屈上作新月状”的窅娘也好，她们的行为都是转变后的审美意识合乎规律的发展。不过，女足被纳入到传统伦理中的时间较晚，直至宋代出现了理学，为防止女性淫乱，想到了以此束缚女性的身体自由，于是，缠足在南宋逐渐兴盛，至明清时尤烈。

由于缠足对女性身体伤害的不人道性，有清一代，一直有人予以驳斥。20 世纪初，中国连遭重创，人们猛然间意识到国家衰弱的原因出在女子缠足上，因而理所当然地要批判这种陋俗。《大公报》第一天首发此议论，[2] 痛诉缠足的害处：“第一件伤身体……缠了足，血脉便不流通，行走不便，日久便生成肝郁的毛病；第二件操作不便，女子出嫁后要管理家务，一缠足，路走不稳，便生出种种麻烦；第三件妨害生育，缠足女子受胎之后，会有难产的危险，小孩生下来，也单弱不强壮。”这种从中医学和伦理学角度剖析缠足之害的方法，在当时颇具科学性，自有一股

---

① 《诗经·齐风·东方之日》说：“在我室兮，履我即兮”；“在我闼兮，履我发兮”。足的运动最耐人寻味，白天踩的是外屋的席子，到晚上，踩着卧室的席子，表示留宿了。

② 《戒缠足说》，《大公报》1902 年 6 月 17 日。

令人信服的力量。文章还提到一件振奋人心的大事："如今好了，有了皇太后的圣旨了，是去年（指1901年）十二月二十三日降下来的"，明令要求废止缠足。降圣旨一事可以说是社会舆论关注缠足的现实动力，以后发表的许多文章多会提到降旨的事。作者最后特意附上放足的方法，如慢放多走，按揉和擦油等，都是具体可行的。还有个署名"抱愧生"的作者，运用自己给女儿缠足的事例，倾诉缠足带来的苦恼，不缠吧，怕让人见笑，女儿长大嫁不出去；缠吧，等于是戕害女儿的身体，所以奉劝大家，快快废掉这个恶习。①

1902年最重要的文章是《北京启蒙画馆来稿》，② 谈到了"男降女不降"的问题。清军入关后，推行薙发放足政策，明朝遗民中男子被迫剃发留辫，女子却没有因此令解去缠惯的脚布。有趣的是，20世纪初"排满"呼声正高，反清人士拿当年女子抗拒放足为其政治革命张本，1903年章士钊的《读〈革命军〉》就以女子的这种"民族大义"去鼓吹革命。③ 这篇来稿是受到"抱愧生"的启发而作的。大批一通缠足后说："请问大家，大清国是满洲人，满洲妇女，并无此败坏风俗。男子的头上，既有了辫子，女人的足下，为什么不从国俗呢？难道有心相抗？藉女人的两足，以作代表么？国家的定鼎，将近三百年了，二万万妇女，仍旧是前朝的打扮。不改陋俗，环球列邦，不知要怎样的讪笑哪！"很明显，作者知道有人以革命的名义赞扬缠足（这里不谈"排满"的意义，只说这种利用客观上造成了放足的艰难。），

---

① 抱愧生稿：《说戒缠脚事》，《大公报》1902年11月23日。
② 《大公报》1902年12月7号。
③ 夏晓虹：《历史记忆的重构》，《读书》，2001年第4期。

所以发出了疑问。按照作者的意思，当年明令放足，正该移风易俗，结果政令不行，延续至今。作者把缠足称作陋俗，实际上消解了被“排满”利用的女足神话，告诉读者这只是人们的集体无意识在作怪罢了。

接下来的一年（1903 年），劝戒缠足运动紧锣密鼓地开展起来。元月初天津某茂才提请袁宫保（袁世凯）严禁缠足，[①]“当此变法图强之际，……故不变新法则已，如变一切新法，请自严断缠足始”。其所列一条惩治的款项读后不禁令人哑然失笑：“可权定一严苛之例宣示通衢，凡光绪二十二年以后所生之女，如缠足者，将来不准请诰封，不准请旌表，不准乘坐四人肩舆。涉讼到堂，缠足者跪，不缠足者立，缠足者理屈则押禁，不缠足者理虽屈亦不押禁。”我们现在已经很难条分缕析地透视晚清人士的心态，亦新亦旧乎？否，虽新实旧也。从女性解放的角度看，这种人身解放包含着深深的悲哀。正如排满人士巧妙地转换了缠足的意义一样，解足同样被提倡者偷换了解足的意义。无论是为变旧俗而提倡，还是为强国保种而提倡，都透射着浓重的男性和民族的气息，真正为女性自我、女性个性的觉醒作出的呼喊尚未见端倪。

可能报馆有争鸣的意思，或者不拘来稿如何，“江南悲悯生”进一步剥离了附着在缠足上的神话。[②]

所谓国家积弱，及生子女不坚实等，盖与缠足无关。“推其

---

① 《天津某茂才拟请袁宫保严禁缠足禀》，《大公报》1903 年 1 月 4 日。

② 江南悲悯生稿：《阅天津某茂才拟请袁宫保严禁缠足禀书后》，《大公报》1903 年 1 月 14 日。

原委，用以饰美观者半，借以肃闺范者亦半。”中国缠足与西洋女子束腰相同，今不见欧美各国自强由禁妇女束纤腰始，何来吾国自强必自禁缠足始？变法当前，还应权其轻重，当务之急不在此。作者反某茂才之道而行，虽然同样矫枉过正，但无疑指出了缠足的社会根源，如前面提到的，缠足束缚在审美和闺训两条绳索上。其实，要想在以传统文化、伦理为社会指导原则的国度废止缠足，实在是很艰难。

那一年人们对官府的期望特别高，继某茂才拟请之后，又连续敦促官家严惩不贷。[1] 报馆觅得四川总督劝戒缠足的示谕，[2]便急为刊登，并恳诚希望各报馆转载刊布，以便广为宣传。考虑到市民大众文化程度尚差，示谕特用白话写成，上来便谈缠足的祸端，要紧处甚或妨害到国家。缠足如何关系国家呢？因为缠足女子做母亲后，生养的国民身体也会孱弱，国家自然也软弱不强，这又转回到老路上了。试想，在承平时代，女子照缠不误，那时倒没有影响国家的发展，何以现今国家一衰弱，就认准了是缠足惹的祸，其实，晚清社会一直避重就轻，顾左右而言他。晚清政府一直不愿彻底变革（多被祖宗旧制所缚），因此在文明腾于众人之口时，以此转移民众的变革诉求，造成群情激昂的气氛，来显示当局的英明，所以晚清培养了众多的君主立宪者。国家虽然没有因废止缠足强大起来（当然是由于历史的众多积弊造成），但对于中国女性来说，这种被利用的、被动的局面毕竟

① 参见医隐稿：《劝政府宜勒令不许缠足议》，《大公报》1903 年 3 月 28 号；《劝戒妇女缠足必须官为提倡说》，《大公报》1903 年 7 月 29 日。

② 《四川总督岑制军劝戒缠足示谕》，《大公报》1903 年 4 月 2 日、3 日、4 日、5 日。

比明朝鼓励缠足好得多，因为多走一步，离女性们自由解放的天地就近一步。

众声喧哗中，我们还会听到探入历史的声音。只有弄清楚缠足的历史，才能正确对待这件事。朱莲鸳女士考证甚详，[①] 周秦时人们并不以足小为贵，唐时才见束足，但非如后世之缠法。南唐宫内遍缠足而宋承其弊，元明以降沿袭本朝。因为是女性言说自己的历史，所以朱女士要唤醒同胞“千年不醒之沉梦”，呼唤“女界革命军”打破千年不变之僵局。看来报馆很为采用此文得意，后附一小议发挥：“欲强中国，必平男女之权；欲平男女之权，必先强女权；欲强女权，必兴女学；欲兴女学，必先戒缠足。”这种由果推因的议论手法，比比皆是。不可小看这一段话，十年间《大公报》提倡女权，主旨尽在此。劝戒缠足，用心良苦。1904 年新春伊始，报馆接到一封信，劝说不必管这等闲事，有精力不如想想国家大事。报馆驳斥道：“报馆为国民之向导，既然知道这个风俗不好，我们就当劝人改了。说一次人家听着不动心，故此须常常地说。”立场非常坚定。并且说：“近来我们的报，一天比一天销得多，外间被感化不再缠足的，也一天比一天多了。”[②] 应该说，《大公报》的这种导向，在客观实际上促进了解足运动。因而这两年（1904—1905）报纸不改其勇，

① 朱莲鸳女士稿：《妇女缠足之历史》，《大公报》1903 年 4 月 14 日；另见郭恩泽稿：《妇女缠足之历史》，《大公报》1903 年 7 月 4 日。

② 《奉答来函》，《大公报》1904 年 1 月 13 日。

如连箭急发一般，直陈其弊。[1] 当然，言论不外扫除恶习强国保种，这是那个时代特有的逻辑。不过，把缠足与女学相提并论，显然是1903年所希见的。有一篇文章说道："今日外国为何那样强盛？因他女学修明，女的和男的一样，都读书都明理，都有下马读书上马杀贼的本领。人家男子不爱小脚，女子也不缠足，……人家女子都明白道理。"[2] 自己女学不修，自己女子缠足，国家不贫弱才怪呢！缠足与女学这样绞在了一起。晚清人做事情，不是矫枉过正，便是本末倒置，皆与国家被动受挫、急于成为文明强国有关。于是，又有人发表言论，[3] 现今抉发缠足之弊，虽罄竹难书，但"独于女学之关系则言之不详"，其实缠足与女学的关系不在行走上学的不便，而在缠足的意识（"精神"或"内容"）妨害了女学的开展。何以如此呢？因为缠足不过饰美观，养成女子贡媚之性，以柔顺和服从行事，直如奴隶也。女学乃文明产物，与此贡媚思想不可以道里计，所以"为今之爱国保种计，而欲强国力，先宏教育；欲宏教育，先兴女学；欲兴女学，先禁缠足。盖教育者，强国之母也；女学者，教育之基也；缠足者，破坏女学之洪水猛兽也"。说实在的，缠足与女学

---

① 这两年刊发劝戒缠足的文章虽多，但内容与前谈论的相同，仅列主要文章，以供参考。彭寿臣：《劝戒缠足说》，《大公报》1904年1月25日、26日；《妇女缠足于德育智育体育全有妨害》，《大公报》1904年10月30日、11月2日、5日；《通州绅民公议天足社劝世浅说》，《大公报》1904年12月18日；《缠足的妇女请听》，《大公报》1905年3月31日；《有女孩儿的请听》，《大公报》1905年4月3日；《公益天足社刘孟扬敬告众社友》，《大公报》1905年5月31日；苏州放足会诸女士刊布：《演说放脚的法子》，《大公报》1905年8月3日、4日、5日。

② 《庆云毕君绶珊劝戒缠足浅说》，《大公报》1905年4月17日、18日、19日、20日、21日、22日、23日。

③ 《论缠足与女学之关系》，《大公报》1905年11月19日。

确有关系，不过，不是这个说法，要想废止缠足，必须先兴女学。文章作者也说两者有形式与内容的关系，认识不能说不深刻，知道缠足难废与传统伦理密切相关，但是，他的药方用错了药，或者说治错了地方，没有治里反而治起了表。再者，在男尊女卑尚未打破的社会里，女学即使兴了，又能兴到哪儿去？

1905 年以后，谈缠足的文章逐渐减少，虽有几篇，[①] 但已不能造成声势，牵动人们的神经了。《大公报》的解足运动，虽轰轰烈烈始，冷冷清清终，但是，历史却不会忘记，因为它努力过，尽管方法较幼稚。

倡兴女学

如果按照晚清时期的女学模式衡量这之前的中国女子教育（前面说过，晚清最早的女子学堂由欧洲传教士创办，所收学生来自不同的家庭，具有统一的管理机制和较为封闭的场所。），两千年来，中国便没有出现过女学。但是这不能说明传统女性不受教育，只是教育的方式不同。也许可以把女教称作那时的女学，在一个家庭或家族中请业师指导女子的学习，教她们知书达礼，谨遵闺训。女教作为一种知识形成于汉代，刘向撰《列女传》，赞扬贞节、端庄、温顺、明义的女性，把男性的注意力转向自己的另一半。之后，班固首开史传列女的先河，从此，历代修史者都不会忘记去统计前朝出了多少列女。传统男性对女性的

---

① 1905 年以后发表的文章仅列三篇供参考。《论妇女缠足与现在时势之关系》，《大公报》1907 年 11 月 10 日、11 日；刘桐轩：《哭缠脚》，《大公报》1910 年 10 月 13 日、14 日、15 日；《这就是中国该当败亡的一条》，《大公报》1910 年 10 月 16 日。

认识，由于有女人祸国，女人是祸水的先定观念，便拒绝女子参与公事，限制其在家庭中，[1] 因而家庭伦理就成为传统伦理的主要内容。家庭伦理的核心是女性无时无刻不被管束，为了管好女性，特地制订出一系列的条规，如“女四书”等，制约其精神和行为。这里还应提一下被称为“曹大家”的班昭，《汉书》收录了她的《女诫》。以往谈论妇道的都是男性，女性只是被动者、被引导者；自班昭才开始提倡女性自我约束。女性中的一部分精英以男性标准为准则，也成了主动者、引导者，对同性实施教诲。这对于女教的普及来说，意义非常重大，因为由男性劝导女性，其自身的行为并不足以使女性信服，往往事倍功半；而这一部分精英从女性群体中分化出来之后，形成两性共谋，合力提倡女教，就会收到事半功倍的效果。自然，女性的沉沦也就开始了。

那么，晚清兴起的创办女学热潮，是不是就此打破了女性沉沦的局面，给女性一片自己的天空呢？让我们先看《大公报》发表的第一篇关于女学的文章，[2] 起首说：“现在中国许多人，也都明白学堂是立国的根本”，这好像一个总纲，在有意无意引导着晚清的社会兴趣。现在女学堂的建制少得可怜，理应引起重视。妇人自古是内助的角色，丈夫在外头做事，家务全凭妇人照料，柴米油盐酱醋茶，看帖子、记账目、写家信，认得几个字多

---

① 《诗经·大雅·瞻卬》说周幽王败国缘于褒姒，“乱匪降自天，生自妇人”，得出“哲妇倾城”的结论，因而“妇无公事”，只能“休其蚕织”了。《尚书·牧誓》以“牝鸡无晨；牝鸡之晨，惟家之索”斥责纣王宠幸妲己，忘记祭礼，周武王因此获得了征伐的口实，使天变了颜色。

② 《讲女学堂是大有关系的》，《大公报》1902年6月24日。

方便！再说教育儿女也离不开母亲，母亲要是读书识字，儿女从小便受熏陶，长大自然对社会有用。又说："我们中国……常说女子无才便是德，这话真真的没理。"这个变化特别有趣，从此，男性鼓励女性自强，常显得矛盾和暧昧。因是强国的需要，女性必须文明化，然而又要有一定的限度，于是只强调贤妻良母，过去无才的女子是好母亲、好妻子，现在有才的才是好母亲、好妻子。相夫教子的精神未变，变的是相夫教子的方法现代化了。不仅女性职责在转折关头没有改变，就是男女大防的伦理观念也同样沿袭了下来。既然办女学，那"学堂中管事人等，一概用女人，男人不准随便进去"。欧美、日本近代化的时候，开女学也是这种封闭式管理，其实，东西方男女两性的遭遇基本相同，女学堂成为女性自我解放的必经之途。开女学，证明男性对女性作出了让步，而一旦女学大开，旧伦理、旧道德就要被新伦理新道德冲决，这是那些男性提倡者始料不及的。不过，完全封闭式的女学，在培养出一部分新的精英的同时，也容易滋生事端。女学近似于一个同性大家庭，女性之间的交往必定愈加亲密，同性情爱作为一个古老的现象又会以新的面目出现，当然，这个时期人们不会注意到它，直到五四时期，社会焦点转移，同性情爱问题才被提出来，而文学作品中也就有了女性同性情爱的声音。

女学必开，仿佛是人们达成的共识，"以公理论，天赋人权；以性灵论，大小脑筋，有生同具"。但是"历代以来，帝王圣贤创制兴学，独不为妇女立教育之科……务使女子不读一书，不明一理，蓄之如奴婢，玩之如花草，使数千载聪明灵秀之才束缚于蠢然七尺之下……”[1] 虽不清楚作者鸳水董寿的性别，但可以肯定，这是一位较为激进的女权主义者。与劝戒缠足的兴起相同，兴女学也是朝廷下的明诏，这女学也不能不与强国联系起来。女学不兴的原因，有人找着了，[2] “有四个病原，守旧与维新的，各占两个”。守旧的病原一是事事因循，得过且过，不想开这个头；二是“女子无才便是德”的旧观念深厚。维新的病原一是事事浮嚣，筹划不慎重；二是过于相信西学。西学虽好，但不合我国国情，也不实用，像男女平权，学讲洋文，读天文地理等，统统要不得。女学要开，女子要学，那么学什么呢？课本的宗旨只能是“妇德妇言妇功”了。时代确实在变，妇女为男子的修饰打扮（妇容）一项，即被弃置不论。俗话说，覆巢之下无完卵，大乱之下安有余暇顾及此耶？

回望20世纪初的兴女学，它呈现出如此的不统一，最文明的外表装着最传统的内容。我一直在说晚清女性是被利用的，被各种政治势力所利用，她们就在这些夹缝中艰难地蜕变，一层一层脱去压在身上的僵硬外壳。

1902年《大公报》开场亮了一嗓子，语惊四邻，新的旧的一股脑儿全震了出来。1903年热力稍减，仿佛进入酝酿期，[3] 果然，从1904年至1908年，《大公报》再次领风骚于报界。

1904年，仍有人认为兴女学是破坏礼教，吕碧城女史特意

---

① 鸳水董寿撰：《兴女学议》，《大公报》1902年8月12日。

② 《就中国现势筹画女学初起办法》，《大公报》1902年10月12日、14日、16日、17日。

③ 1903年发表的与女学有关的文章仅列两篇供参考。胡仲协：《说女学》，《大公报》1903年6月9日；陈秀琼：《女子义务》，《大公报》1903年7月1日。

阐述女学的性质在于爱国，使男女平等自由，结为群体，以保全疆土。“自强之道，须以开女智，兴女权为根本。”开女智则以“母教”为基，还苦口婆心地解释：“女学之兴，有协力合群之效，有强国强种之益，有助于国家，无损于男子，故近世豁达之士每发其爱力，倾其热情，以提倡之。”① 那种小心翼翼开拓女界疆域的艰难情势跃然纸上。企新子苦于女学不振，运用新兴的进化论为女学张本。时当列强环峙，国家危急，只有进化才能强国保种。然进化艰难，实因女学未讲之缘故。因为国家进化的快慢，以国民程度高低为准则，而女子为国民之母，女子不强，不进化，国家难强盛矣！② 不兴女学的害处，大方面不说，小方面也害处多多。“女子不智不识，日久愚昧充塞其脑，安于柔媚顺从而不知自己为何物，与西洋文明女子相比，真如强颜欢笑之奴隶也。”③

就像解足兴国，女学这时也成了兴国的根本。有人以古代社会为例说，汉代刘向采百家言撰《列女传》，社会遂清平，“晋代风俗之荡，治化之丧，皆归其弊于女教之废”。可见女学之重要，是“中国所以转弱为强之道也”。④ 于是 1905 年底至 1906 年，人们又把希望寄托于官府，希望自上而下地兴办，以为只要官家明白不兴女学的坏处及兴女学的好处，问题就会迎刃而解。清扬女士（即吕碧城）说：“试观五洲之国，女学昌，其国昌；

---

① 碧城女史吕兰清稿：《论提倡女学之宗旨》，《大公报》1904 年 5 月 20 日、21 日。

② 企新子稿：《论进化宜兴女学》，《大公报》1904 年 6 月 19 日。

③ 《说中国不讲究女学的害处》，《大公报》1905 年 3 月 17 日；企新子稿：《论女学不兴之弊》，《大公报》1905 年 8 月 16 日。

④ 《论女学所以兴国》，《大公报》1905 年 10 月 13 日。

女学衰，其国衰；女学无，终必灭之。”如今一说兴女学，便有多方阻拦，“锄之刈之，若似莠草之害嘉木”，其大谬耳。奉旨兴学数年而不办理，国家将败亡矣。①

1906年，吕碧城推出长文《兴女学议》，② 详尽解说兴办女学的诸多事宜（1904年，吕碧城创办“天津女学堂”，此当为她总结经验之作）。女子教育，因为是创举，必难开风气。但是，处在新旧递嬗的时代，教育必须随时代进化。我国女子娇柔含蓄，循规蹈矩，皆数千年政教风俗养成这等第二天性，且看欧美女子教育，一切道德智识的学习均与男子同，“故其思想之发达，亦与男子齐驱竞进，是由个人主义而进为国家主义”（一说“五四”发现了“个人”，看此文似有不确，“个人主义”乃欧洲文艺复兴出现的名词，强调个性的自由发展，在社会上以独立的个体存在。）。晚清“个人”的发现，就女性群体来说，无疑为其走向自我解放跨出了关键的一步。从废止缠足、兴办女学到维新自强，在民族主义的旋律下，又跳动着从废止缠足、兴办女学到发现（女性）个人的小小乐章。事实是，女学办起来了，女性也要觉醒了，这是一股潜流，最终要冲出历史地表，虽然前路漫漫。

当社会注意力固着于某一个问题时，当政者必定要作出反应。1907年，清政府下令开办女学堂。学部在给皇太后、皇上的奏章中说：“倘使女教不立，妇德不修，则是有妻而不能相

---

① 清扬女士稿：《书端中丞奏兴女学事》，《大公报》1905年11月30日。

② 吕碧城：《兴女学议》，《大公报》1906年2月18日、19日、20日、21日、23日、24日、26日、27日。

夫，有母而不能训子，……教育所关实非浅鲜。”[①] 普天同庆之时，也会有反潮流而行的人，翠微居士说：“读某举人禁女学禀，其冥顽之性，井蛙之见，无足深责，窃叹我国风气不开至于此极。”[②] 其实，那某举人不必胆战心惊，晚清兴女学，除了形式上的新（有学堂）之外，所望培养的学生只是以后的贤妻良母（母仪、母教、妻贤、妻顺是这一时期的基本主题，不再征引。[③]），于国家不但无碍，反而大有好处呢。

1908 年之后，《大公报》提倡女学的兴致逐渐减弱，可能光绪、慈禧下世，对英敛之影响甚大，故此意兴阑珊，也就放手了。其实，到 20 世纪初，中国的女学堂不仅有外国人办的，也有中国人自办的，[④] 只是影响甚微，未能开启女界的智识。应该说，女学兴盛，是借了要亡我的西风，在民族主义的情绪下，仓促间作出的反应。它的西体中用，让我们看到了华洋混杂的奇特景观。再说一点，女学虽然如此，但还是比废止缠足成绩大，缠足是废了缠，缠了又废，波折连连；女学则不同，中国的女学经过这一番运动，以后又逐渐改良，入了轨道，进了民国，但那是另外一回事了。

---

① 《学部议覆女学堂章程原奏》，《大公报》1907 年 3 月 23 日。

② 翠微居士：《论某举人请都察院代奏禁女学感言》，《大公报》1907 年 8 月 14 日。

③ 这一时期主要文章如下：《女子教育平议》，《大公报》1907 年 7 月 4 日、5 日、6 日、7 日、8 日；新安徐立三：《速兴女学培植国民之母》，《大公报》1907 年 8 月 3 日；《女师范学堂的关系》，《大公报》1908 年 3 月 23 日；黄子康：《兴女学议》，《大公报》1908 年 4 月 4 日；直隶省视学陈恩荣稿：《对于遵化州女子初级小学堂演说》，《大公报》1908 年 12 月 17 日。

④ 夏晓虹：《彭寄云女史小考》，《中国现代文学研究丛刊》，2001 年第 3 期。

鸡鸣早看天

有清一代，直到晚清（尤其是最后十年）才出现（也是历史上少有的）畅所欲言的局面，这和慈禧、光绪为强国广开言论有关，晚清女性成为社会的兴奋点，亦与此相关。其实，那时对女性的关注，并不仅仅限于废止缠足和兴办女学，晚清作为中国女权的第一个高涨期，涉及的问题方方面面，容择要叙述。

在谈到上面两个问题时，作者们已触及传统伦理坚硬的壁垒，是它挡住了女性前行的道路。1903 年至 1905 年，陆续有人出来要推倒这堵无形的墙，给女界输入一些新鲜空气。《大公报》的一篇来稿①说道，中国的五伦三纲是有分别的，原初只有五伦，即君臣、父子、兄弟、夫妇、朋友，究其含义，不过是“君礼臣忠，父慈子孝，兄友弟恭，夫和妻柔，朋友贵信”，与泰西自由之权、共和之政没有分别。后人不明斯义，篡改为“君为臣纲，父为子纲，夫为妻纲”的三纲，废五伦二而全其三。那三纲中“夫为妻纲”最无人道，如男子妻死，便可续娶，且再三再四不为怪，倘若妇人改嫁，“则为家族所耻辱，举世所诟病，几若终身之玷”。男子肆意玩弄女子于股掌之中，以其为废物，为玩具，致使妇人“沦坠于黑暗地狱，堕落于无边苦海”。如若不废三纲复五伦，中国前途尚有望耶?

这里应说一下晚清才女吕碧城，1904 年是吕碧城张女权、兴女学（前已述之），如鲜花般绽放的一年。吕碧城（光绪九年

---

① 《五伦三纲分别说》，《大公报》1903 年 1 月 8 日；另见《释妇》，《大公报》1903 年 2 月 9 日。

出生，安徽旌德人，又名兰清）与秋瑾齐名，甚或声气略高一筹。[①] 吕少年遭家庭与情感变故，为她日后进入《大公报》提倡女权奠定了生活基础。[②] 吕碧城与秋瑾不同，秋瑾持政治革命的观点，属激进派；吕碧城持文化变革的观点，属改良派。她认为[③]，男女平权呈确定不移之势，虽然有人把公理视为悖逆，但我们不能受其蛊惑，“若我有自立之性质，彼虽有极强之压力，适足以激吾自立之志气，增吾自立之进步”。外间鼓动虽多，终须我们自己下决心痛除恶习，咸与维新，使人人都有独立思想，自主能力，恰如鲁迅所言，“沙聚之邦，由是转为人国”。

思想是行动的先导，日益高涨的男女平权呼声，推动着人们去从事实际建设。“中国妇女启明社”、“中国妇人会”等陆续建立，[④] 这些团体在女性谋求解放的道路上探索前行，破旧俗，易新风，起到了表率的作用。她们的行动，常常能够像扇面一样向外扩散，影响波及民间的角角落落。女学堂的创办如雨后春笋，“天津女学堂”、“女子师范学堂”以及众多的女校，[⑤] 在开启女

---

① 吕碧城《欧美漫游录（鸿雪因缘）·予之宗教观》记载：（1904 年 5 月，秋瑾访吕碧城）都中来访者甚众，秋瑾其一焉。据云彼亦号“碧城”，都人士见予著作谓出彼手，彼故来津探访。相见之下竟慨然取消其号，因予名已大著，故让避也。参见刘纳编著：《吕碧城：评传·作品选》，北京：中国文史出版社，1998 年。

② 李保民：《吕碧城年谱》，李保民笺注：《吕碧城词笺注》，上海：上海古籍出版社，2001 年；另见刘纳编著：《吕碧城：评传·作品选》，北京：中国文史出版社，1998 年。

③ 下引见吕碧城：《兴女权贵有坚忍之志》，《大公报》1904 年 6 月 13 日；另可参见吕碧城：《敬告中国女同胞》，《大公报》1904 年 5 月 24 日。

④ 《中国妇女启明社开办简章》，《大公报》1904 年 3 月 11 日；《为中国妇人会作意见书》，《大公报》1906 年 7 月 3 日。

⑤ 《天津女学堂创办简章》，《大公报》1904 年 10 月 3 日；《女子师范学堂章程》，《大公报》1907 年 3 月 27 日、31 日，4 月 8 日、14 日。

界民智、培养个性独立精神方面（尽管是间接的）影响深远，为五四新女性的出现奠定了坚实的社会基础。

女学开办后，受到剪辫易服说的影响，女学生的服饰一时成了问题，从1906年直至进入民国，关于女学生该穿什么样的衣服的问题，闹得沸沸扬扬，不一而足。[①] 服饰的变化是社会文明（进化）的标尺，因此，女学生的服饰要变，已确定无疑，而且，除去无用的装饰，也一锤定音。至于服装，往哪个方向变，变到什么程度，却是公说公有理，婆说婆有理。如果一个说效仿西法，另一个就会说仿制本朝满洲的服装；一个说保留服装的等级，另一个就说废除服装等级，争着争着就争到了民国。其实，晚清时期的许多问题，本该办好的却没有办好，本该改变的也未能改变，所以王德威说，晚清的现代性是被压抑的。不过，尽管被压抑，它还是像暗夜里的曙光一般，照亮了前行的道路。

1912年，共和实现，不久，袁世凯执政（英敛之一向反袁的专制），英敛之的君主立宪梦遂告破灭。[②] 10年来，《大公报》在提倡女权上披荆斩棘，汗水和辛苦英敛之付出最多。他是一个对女界沉闷之状不满的报人，赞成男女平权，开民智，易风俗，广收言论。但是，作为一个君主立宪倡导者，他自身思想的局限也导致了《大公报》提倡女权的不彻底，不过，这是过渡时代

---

① 刘仲元：《女学生服制议》，《大公报》1906年9月7日、8日、9日、10日、11日；于天泽：《中国女学生服制议》，《大公报》1906年9月23日、24日、25日、27日、28日；王浮生：《世界服制以满洲为最适而女子服制尤为得男女平等之意拟请旨饬下学部厘定女学堂服制即以满洲服制为标准以为文明各国之先导议》，《大公报》1910年4月29日。

② 《大公报》1912年2月13日登一启事："本管总理英敛之外出，凡赐信者俟归时再行答覆。"从此英敛之不再过问《大公报》笔政。

特有的情形，后人无足深责。

2 吕碧城与晚清女性启蒙

中国女性由蒙昧到觉醒、由柔顺屈从到自我抗争、由无主体状态到确立鲜明的女性意识，这是中国自有文明以来，女性所走过的清晰可见的历史道路。然而，受线性历史观及一定的政治思维的影响，人们在谈论女性解放的时候，往往大而化之，以至于把女性解放途中至关重要的一站——近代女性启蒙——给化掉了，看似连续的历史，实际上出现了人为的断裂。如果认为中国女性在五四时期获得了独立自主的女性意识，那么前五四时期（即晚清）正是一个中国女性思想由传统向现代的嬗变期，而在这个嬗变时期，女性人文主义思想业已初步确立。所谓女性人文主义，按照刘思谦的说法，[①] 是女性对自己作为人的价值的追求和探索，它“和人性的宽容、个性的解放，和民主、自由、平等、文明、进步、和平、发展这些人类共同珍惜的价值观念同命运”。这种对人的主体性的探索，“大体上经历了‘人（和男人一样的）—女人（和男人不一样的）—个人（以独立的提升了的千差万别的具体的个人将做人与做女人统一起来）’这样一个曲折艰难的过程”。女性人文主义的探索过程，其实就是女性启蒙的过程。而20世纪初的女性启蒙，由于其生成语境（即国家、国民语境）的限制，在把女性塑造成“人”的时候，又呈现出几多的艰辛与复杂。

---

① 刘思谦：《中国女性文学的现代性》，《文艺研究》，1998年第1期。

何为女性启蒙？它是从通常说的启蒙中分离出来的一种人文话语，它关注被启蒙话语（亦即男性话语）有意无意遮蔽的女性生存，它又和启蒙话语一道特别张扬女性的主体意识，促使女性由蒙昧状态而达到觉醒的澄明。女性启蒙可以分为两种：一种是男性先觉者对女性群体的启蒙（虽然我们从性别立场上看到这种话语的偏颇性及一定的霸权色彩，但不可否认，它确实营造或建构了一个较传统更适合现代女性意识生长的公共舆论空间）；一种是女性先觉者对女性群体的启蒙（这是真正意义上的女性启蒙，那些女性先觉者既对中国女性的生存状况极为熟悉，又对西方女性的生存状况知之甚详，两种生存观的碰撞，使得她们产生了去旧向新的启蒙意识）。从历史上看，男性先觉者早于女性先觉者在社会上出现，明清时期非议儒学的如李贽、戴震等已朦胧关注到女性，而近代以降尤其是维新派，在政治、思想启蒙的浪潮中展开了对女性的启蒙。这个大的启蒙环境，首先培养了一部分女性先觉者，并且，这一部分先觉醒的女性，在对女性群体进行启蒙的同时，又把女性启蒙纳入到了那个大的政治、思想的启蒙语境。这也正是女性启蒙的复杂所在。

女性启蒙话语的生成与近代以来清政府面对列强时的被动受挫有关。19、20 世纪之交，经历过洋务运动（或称“自改革运动”）的破产、维新变法的破灭以及庚子之变的失败，人们空前认识到中国的积弱，于是，以强国强种（保种）为目的，后维新志士意气高昂地加速了对西方国家学说的宣扬。“国者何，积民而成也；国政者何，民自治其事也；爱国者何，民自爱其身也。"[1] 这种国家观念把个人与国家紧紧连在一起，所谓"国家兴亡，匹夫有责"，国家兴亡再也不是皇帝老子一个人的事了。因此，民就不再是"不可使知之"的群氓，而是守疆保土，使国家富强的国民。不妨再引述梁启超的两段话以作参照：

> 国民者，以国为人民公产之称也……以一国之民，治一国之事，定一国之法，谋一国之利，捍一国之患，其民不可得而侮，其国不可得而亡，是之谓国民。[2]

> 我今要替我们中国四万万同胞汉种，定一个名号，叫做"国民"。……人民本来没有一定的地方，到后来大家据着一个国土，聚了许多同种族的，都在这一国内居住，国家的规模个人都晓得去整顿，地方的团体个人都晓得去联络，人人都有精神，人人都有力量，人人都有知识，能够把自己的国土守得牢牢固固，能够把国内的政事弄得完完全全，这便不愧为一国之民了，所以这般人民，就称他做"国民"。[3]

国民本是具有国家意识的人民，但我们看到，这里又流露出民族主义的思想，因此，对国民的呼唤以及国民的改造呈现了二水分流之势，一为激进派（或革命派），以排满为旨归；一为改良派，以新民为要义。有趣的是，20 世纪初的两个女性先觉者——秋瑾与吕碧城，便分别走上了这两条不同的人生之路。

晚清对国民的倡扬，已经先于五四注意到了"国民性"的改造问题，"世纪初的'国民'转换理路是以国民性批判开始

① 哀时客：《爱国论·三·论民权》，《清议报》第 22 册。
② 《论近世国民竞争之大势及中国之前途》，《清议报》第 30 册。
③ 《国民意见书·序论》，《中国白话报》，1904 年第 5 ~ 8 期。

的，'新民'路径的持有者在西方新思潮的启迪下反思自我民族的劣根性，并开始了以此为突破口的国民启蒙选择"[①]。西方新思潮包含的男女平等思想，恰似映照中国女性生存境况的一面镜子，它照亮了两千年女性沉沦的历史处境，照亮了女性争取做女国民的道路，还依稀照亮了女性个体独立的远景。

谈女性启蒙，要先谈女性先觉者；谈女性先觉者，要先谈其何以获得女性的觉醒。吕碧城作为20世纪初饮誉京津的女性先觉者，其自身的经历及时代的风潮共同催迫她为女性而呐喊。

吕碧城生于诗礼之家，自幼聪颖好学，为她日后成为"近代女词人第一"（钱仲联语）奠定了深厚的文学基础。但很不幸，十三岁时父亲谢世，改变了她深居简出的大小姐生活。刘纳在谈到吕碧城的人生经历时，特意拿同时期鲁迅的遭际作比较，[②] 认为吕碧城彼时正看见"世人的真面目"。但我想，吕碧城所看与鲁迅所看相比又有特别的地方，她在"小康人家"的没落外，更体验到作为女性的不公。由于吕家无男嗣，其父尸骨未寒，"族人争继嗣，霸占家产，以至将碧城母女幽禁。曩于碧城定亲之汪某，见此变故，藉词退婚"[③]。后被迫离家，先"就食来安外家"，继之辗转到塘沽舅家，方得到新式教育。二十岁时，母亲"为恶戚所厄"，几于自尽，幸得樊增祥援兵相救，方免此一劫。遽遭家变的吕碧城，在这种悲凉的体悟中，不久便做

① 张宝明：《自由神话的终结——20世纪启蒙阙失探解》，上海：三联书店，2002年，第17页。

② 刘纳编著：《吕碧城：评传·作品选》，北京：中国文史出版社，1998年，第5页。

③ 李保民：《吕碧城年谱》，李保民笺注：《吕碧城词笺注》，上海：上海古籍出版社，2001年。

了五四前的“娜拉”（从舅家出走）。

1904年，吕碧城只身来到天津，进入《大公报》馆，走进那个启蒙呼声甚嚣尘上的风雨飘摇的社会：

风雨关山杜宇哀，神州回首尽尘埃。惊闻白祸心先碎，生作红颜志未灰。忧国漫抛儿女泪，济时端赖栋梁才。愿君手挽银河水，好把兵戈涤一回。——《和铁花馆主见赠韵》①

世纪之交的尚武精神蕴含着救国的热情，吕碧城其实是把一己的伤痛融入到了社会的阵痛之中，但她毕竟与秋瑾不同，由于自身的创伤，她的志向还在于为喑哑的女同胞发言：

眼看沧海竟成尘，寂锁荒陬百感频。流俗待看除旧弊，深闺有愿作新民。江湖以外留余兴，脂粉丛中惜此身。谁起平权倡独立？普天尺蠖待同伸。——《书怀》②

1904年6月，秋瑾访吕碧城于天津。“彼密劝同渡扶桑为革命运动，予持世界主义，同情于政体改革而无满汉之见。交谈结果彼独进行，予任文字之役。”③从中可以了解到，吕碧城之尚武实为激发民众的爱国精神，是以抵御外侮为目的的。其实，仅仅兵戈相见并不能拯救国家于危急之中，仍逃不脱被动挨打的局面。最要紧的还是自立自强，而要想自立自强，就必得造就新国民，占四万万同胞之半数的中国女性，尤为需要思想的

---

① 《大公报》1904年5月25日。

② 刘纳编著：《吕碧城：评传·作品选》，北京：中国文史出版社，1998年，第108页。

③ 吕碧城：《欧美漫游录（鸿雪因缘）·予之宗教观》，刘纳编者：《吕碧城：评传·作品选》，北京：中国文史出版社，1998年。

启蒙：

晦黯神州，欣曙光，一线遥射。问何人，女权高唱，若安达克？雪浪千寻悲业海，风潮廿纪看亚东。听青闺，挥泪发狂言，君休讶。——《满江红·感怀》①

《大公报》第二天发表的读后感谈到吕碧城的志向：“尝悲中国之衰弱，而思有以救之……并闻女史尝对其女友云，吾中国古亦多才女，而惟以吟风弄月，消耗其岁月者，盖上无提倡实学之举，故皆以有用精神耗于无用之地。今国家如提倡女学，将来女界之人才，当必可观，此所谓时势造英雄也。”②

中国自办的女学堂最早由经元善等人于1898年创立（至1900年停办），延至20世纪初，不特女学甚少，入学女生也寥若晨星，布不成阵。况且清政府迟至1907年才下令开办女学堂，这之间，正给吕碧城提倡女性教育留下了足够的时间及活动的空间。

前已述及，如若按照晚清女学的模式衡量这之前的中国女子教育，两千年来，中国便没有出现过女学。但是，这不能说明传统女性不受教育，只是教育的方式和内容不同。也许可以把女教称作那时的女学，在一个家庭或家族中请业师指导女子的学习，教她们知书达礼，谨遵闺训。女教作为一种知识形成于汉代，刘向撰《列女传》，赞扬贞节、端庄、温顺、明义的女性，把男性的注意力转向自己的另一半。之后，班固首开史传列女的先河，从此，历代修史者都不会忘记去统计前朝出了多少列女。传统男性对女性的认识，由于有女人祸国，女人是祸水的先定观念，便

① 《大公报》1904年5月10日。

② 《读碧城女史诗词有感》，《大公报》1904年5月11日。

拒绝女子参与公事，限制其在家庭中，因而家庭伦理就成为传统伦理的主要内容。[①] 家庭伦理的核心是女性无时无刻不被管束，为了管好女性，特地制订出一系列的条规，如“女四书”等，制约其精神和行为，置其于沉沦之地，过着奴隶般的失语的生活。

应该说，是维新派打破了这种僵硬的伦理模式，乘着强国必须强种的时代意识，引进西方的“男女平权”学说，遂使一部分女性先觉者获得了为女性群体言说的话语权。且看吕碧城的言论：“夫国之本在家，家之本在女，本（疑为女）之本谓何？女学是已。试观五洲之国，女学昌，其国昌；女学衰，其国衰；女学无，终必灭之。此皆有历史可征，非过言也。”[②] 把兴女学提到关系国家兴亡的高度，是晚清女权运动的特色（不仅如此，废止缠足也循着这一思路）。这一错位的嫁接，体现出提倡者巧妙的言说策略，以此冲击积淀千年的“女子无才便是德”的陈腐观念。正因为兴女学于国家有利，才可以堵住保守男性认为兴女学破坏纲常礼教、致使天下大乱的奇谈怪论。这也是女权运动两千年来在中国不出现而在晚清兴起的原因，它为自己找到了一个可以堂而皇之地谈论的理由。反过来说，兴起女权运动，恰恰证明了社会上男女观念的不平等，对此，吕碧城的言论真可谓用心良苦：“殊不知女权之兴，归宿爱国，非释放于礼法之范围。实欲释放其幽囚束缚之虐权，且非欲其势力胜过男子。实欲使平

---

① 《诗经·大雅·瞻卬》说周幽王败国缘于褒姒，“乱匪降自天，生自妇人”，得出“哲妇倾城”的结论，因而“妇无公事”，只能“休其蚕织”了。《尚书·牧誓》以“牝鸡无晨；牝鸡之晨，惟家之索”斥责纣王宠幸妲己，忘记祭礼，周武王因此获得了征伐的口实，使天变了颜色。

② 清扬女士稿：《书端中丞奏兴女学事》，《大公报》1905 年 11 月 30 日。

等自由，得与男子同趋于文明教化之途，同习有用之学，同具强毅之气。”① 这显然是在打消男性的顾虑，使其以为危害不到他们。其实，兴女权的目的正是要抑制男性在农业社会习得的特权，批判男性对女性的压制。“乃中国之民同生于公众之世界，同具个人之形体，忽严化为两界，男子得享人类之权利，女子则否，只为男子附庸，抑之、制之，为玩弄之具、为奴隶之用。……造其驯伏之性，夺其自主之权。”“吾二万万同胞诚可谓身未亡而心已死亡之人也。”② 在那个新民的语境中，这当然是一个严重的问题，因此，吕碧城归结道：“自强之道，须以开女智、兴女权为根本。”女学必兴，已成迫在眉睫之势。

1904 年 5 月，吕碧城与梁士诒、傅增湘、方药雨、英敛之、徐星叔等人商办女学，6 月，直隶总督袁世凯、天津海关道唐绍仪应允拨款，11 月“天津女学堂”开学，吕碧城主持校务。1906 年 2 月，吕碧城总结两年来的经验，发表长文《兴女学议》，③ 从中既可看到其政治上的改良主义思想，又可隐约感到她在提倡女权上的激进主义色彩。先说政治倾向，我们通常说改良派为君主立宪派，指其政治上的目的为“虚君共和”，其政治策略为有别于法国的英、日式“不流血的革命”，使愚弱、涣散的民众自立自强、团结一致而众志成城。因之需要启蒙，需要兴办新式教育。就女学来说，其落脚点自然而然定在了“母教”

① 碧城女史吕兰清稿：《论提倡女学之宗旨》，《大公报》1904 年 5 月 20 日、21 日。

② 碧城女史吕兰清稿：《论提倡女学之宗旨》，《大公报》1904 年 5 月 20 日、21 日。

③ 《大公报》1906 年 2 月 18 日、19 日、20 日、21 日、23 日、24 日、26 日、27 日。

上，“女子为国民之母，对国家有传种改良之义务”，晚清兴女学的理由全包含在这“贤妻良母主义”之中。事实证明，这最后一搏不但没有挽清政府于即倒，对于女性解放也不是一条坦途。我们说过，兴女学与强国紧紧绑在一起，因是强国的需要，女性才必须文明化，但文明又是有一定限度的，于是只强调贤妻良母，传统无才的女性是好母亲、好妻子，现在有才的才是好母亲、好妻子。相夫教子的精神未变，变的只是相夫教子的方式现代化了。不仅女性职责在转折关头没有改变，就是男女之大防的伦理观念同样沿袭下来（晚清兴办的女学堂，由于教职员一律聘用女性，结果造成女性之间的情爱、性爱意识空前活跃，而迟至“五四”才有人予以理论的清理。），充分证明了时代的吊诡。

尽管如此，我们还是能从吕碧城的思想中剔抉出她早已发现至今仍困扰现代女性的基本生存问题。“察吾国女子之特性，固猥琐陋劣，汶汶汩汩，无一长之可取，其思想之锢蔽，气量之狭隘，才力之短绌，行为之贪鄙，几无一点可以副个人之天职，其灵敏、坚忍、勤劳、慈爱诸美德，皆汩没而不彰。呜呼！世或谓女子之特性固如是乎？殆数千年之政教风俗有以致之，而养成此第二天性耳。”这一段话与法国女权主义者西蒙·波伏娃的《第二性》的观点何其相似！“女人不是天生的，女人是被变成的”，被社会塑造成男性的“他者”。这真正显示出女性启蒙的意义，透射出了女性解放的缕缕曙光。

20 世纪初女性启蒙的理路虽然是把“个人主义”融入“国家主义”之中，以“小我”进入“大我”，最终达到“无我”的境界，虽然其“个人主义”在以西方“个人主义”为参照时呈现出躲闪游移的面目，虽然其对欧洲文艺复兴以来的“个人主义”主张（强调个性的自由发展，在社会上以独立的个体存在）有所修订，但毕竟形成了对传统伦理道德的第一轮冲击波，动摇了古代伦理大厦的根基。

针对女性群体“第二天性”的生成，吕碧城认为：“若我有自立之性质，彼虽有极强之压力，适足以激吾自立之志气，增吾自立之进步。”等待鲁迅般的“超人”并不切实际，“终须我女子痛除旧习，各自维新，人人有独立之思想，人人有自主之魄力，然后可以众志成城。”① 基于中国女性事实上的不平等，晚清女性启蒙者发起了激烈程度毫不次于五四的对男权思想的颠覆运动。“传曰：惟女子与小人为难养也。乃竟侪女子于小人矣。孟子曰：必敬必戒，毋违夫子；以顺为正者，妾妇之道也。诗曰：乃生女子，载寝之地。因而有夫纲之说，因而有三从之义。设种种之范围，置层层之束缚……遂使我二万万之女子永永沉沦，万劫不复矣！”② 此正体现出破旧立新、自由平等的意义。恢复个人之权，使自立于人群，亦如鲁迅所言：“沙聚之邦，由是转为人国。”

晚清女性启蒙与国民启蒙纠结缠绕在一起，致使人们在谈论晚清思想的近代性（或曰现代性）时，往往忽略了女性启蒙在理论上和事实上对女性自我解放的深远影响，我们不妨套用王德威论及晚清文学现代性的观点“没有晚清，何来‘五四’？”来佐证晚清女性启蒙的重要性，或许可以这样说，没有晚清的女性启蒙，何来五四的女性解放？

---

① 吕碧城：《兴女权贵有坚忍之志》，《大公报》1904年6月13日。

② 吕碧城：《敬告中国女同胞》，《大公报》1904年5月24日。

四　五四时期东洋与西洋碰撞下的文学精神

1　与谢野晶子与易卜生女性主义思想在中国的调适

1918年胡适在《易卜生主义》一文中谈到救世良药时说："适用于日本的药，未必完全适用于中国；适用于德国的药，未必适用于美国。"① 这话说得颇耐人寻味，基于国家民族的差异，思想在国际旅行的过程中必然会有所增删，然后才能在接受方立足。五四时期的中国，传入大量域外的思想和文化，在其传播过程中产生了这样那样的变化。如本节要讨论的与谢野晶子与易卜生的女性主义思想在中国的传播过程中，便发生了有意味的碰撞与整合，促成了思想文化层面的女性解放运动。我们把这种传播状况称为思想的调适，以期追问其中有着何等的关联，以及对接受方来说又产生了什么样的影响。

---

① 胡适：《易卜生主义》，《新青年》第4卷第6号，1918年6月15日。

一个敏感话题的传入

日本女诗人与谢野晶子于明治后期，以充满大胆热烈的性爱意识的和歌集《乱发》而一举成名，四座皆惊；又在大正初的女性主义运动中致力于社会文化批评，为新女性的浮出披荆斩棘。周作人 1918 年 4 月翻译其《贞操论》（即《貞操は道徳以上に尊貴である》，通译为《贞操贵于道德》）时，晶子在日本已久负盛名。

大正初年（1912 年），日本民主主义运动兴起，《青踏》、《太阳》等杂志以新女性为主题，广泛探讨恋爱、婚姻、家庭问题，其中贞操问题作为女性解放的核心引起极大关注。与谢野晶子相继写下《我的贞操观》、《女子的独立自主》、《贞操贵于道德》等文章，传播女性主义思想。作为浪漫主义诗人，与谢野晶子其实在《乱发》中已然对日本传统的贞操观予以批判，张扬自由的性爱意识了。1900 年与谢野晶子结识与谢野铁干，并坠入爱河，成为她人生的转折点。这场恋爱因与谢野铁干的已婚身份，在当时被传得沸沸扬扬，与谢野晶子抵挡住外界的流言蜚语，两人后来终于走到了一起。1901 年，包含了她自己恋爱心境的和歌集《乱发》出版，虽然遭到多人的诋毁，甚至被污为专记述“猥行丑态”，于人心有害，于教化有毒，但却不能掩盖其中热烈的反叛精神，反而是愈抵制愈显示出其精神的可贵。现不妨摘引如下几首：

这柔嫩的肌肤，灼热的血液，你不来抚触，讲经传道的人呀！难道不觉得寂寞吗？

和服袖子三尺长，还没有用紫色带子系上，要是你敢，就拉开它！

青春年少的人，难道你们不魂牵梦萦，渴求着爱吗？这鲜艳的嘴唇，你们竟视而不见？[①]

要冲决男权传统的樊篱，正视女性的生命欲望，就得把性爱主动权从男性手中夺取过来，从传统伦理最隐秘的地方釜底抽薪。性为什么只是男人的权利，女人就没有性的自主权吗？难道说表达人性的欲望就是大逆不道，就是一个"坏女人"吗？青春官能的解放难道不是作为一个女人的正常表现吗？被周作人翻译过来的与谢野晶子的文章《贞操贵于道德》，延续的即是这种性爱自由的思想。即使是有爱情的双方，"爱情相合，结了协同关系；爱情分裂，只索离散"。"我对于贞操，不当他是道德；只是一种趣味，一种信仰，一种洁癖。……既然是趣味信仰洁癖，所以没有强迫他人的性质。"[②] 周作人说："我确信这篇文中，纯是健全的思想。"[③]

周作人是否完全服膺与谢野晶子的论断呢？

不是的。周作人在"译记"中说："与谢野夫人的歌，是不能译他的。"[④] 为何不能译呢？这里的"歌"，显然指的是《乱发》。在周作人的思想中，纵欲和禁欲都表达着人性，欢乐与节制应该是并存的，偏于任何一极都会造成人性的偏差。他的

---

① 鳳昌（ママ）子（与谢野晶子）：『みだれ髪』，東京新詩社伊藤文友館，明治卅四年（1901 年）八月。

② 与谢野晶子：《贞操论》，周作人译，《新青年》第 4 卷第 5 号，1918 年 5 月 15 日。

③ 周作人：《〈贞操论〉译记》，《新青年》第 4 卷第 5 号，1918 年 5 月 15 日。

④ 周作人：《〈贞操论〉译记》，《新青年》第 4 卷第 5 号，1918 年 5 月 15 日。

"生活之艺术"就是禁欲与纵欲的调和。一向讲究中庸、节制的周作人，在有意识地规避与谢野晶子和歌中存在的大胆自由的性爱意识，这就截断了《贞操论》与《乱发》之间的内在联系。要形成现代性爱意识，必定得批判传统的贞操伦理观念，打破女性从一而终的守节思想，争取性爱的独立自主。周作人的规避，实际上删削了与谢野晶子的女性主义思想，证之以后中国女性的文学创作，在中国本土未产生现代自由性爱意识而又错过这一次本该点燃的机会的情况下，五四时期女作家对性爱问题普遍采取了回避的态度。这自然是引以为憾的。但有失必有得，我们因此看到，被周作人删削后的与谢野晶子的贞操观，在中国掀起了热烈争论，不仅催促着现代贞操观的形成，而且也丰富了现代个人主义或个性主义的内涵。

"易卜生主义"的传入

"易卜生主义"的传入是五四时期中国的一个重大的思想文化事件。胡适早在美国留学的时候已经遍读易卜生著作，1914年撰写过英文稿《易卜生主义》，1918年6月发表于《新青年》的《易卜生主义》即是英文的增订稿。"'易卜生主义'本是西方人的概括，胡适的《易卜生主义》显然接受了西方的影响，但也糅进了个人的体悟，在一定程度上代表了新文化阵营的易卜生观。"①

挪威剧作家易卜生的思想丰富而复杂，从胡适所征引易卜生

① 秦弓：《易卜生热——五四时期翻译文学研究之二》，《中国社会科学院研究生院学报》，2003年第4期。

的剧本及书信看，大致有伦理道德、个人自由、社会、法律、宗教等多重主题，但这些问题在胡适的文章里占据的分量并不一样，说明胡适是有侧重地介绍易卜生的思想的。我们可以发现个人自由成为胡适关注的重点，“个人若没有自由权，又不负责任，便和做奴隶一样，所以无论怎样好玩，无论怎样高兴，到底没有真正乐趣，到底不能发展个人的人格”①。家庭、社会、国家都应该尊重个人的自由，必须充分发展个人的个性，个性发展构成“铸成器”的前提。个人首先要对自己负责，然后才能对社会负责，个性解放思想于是脱颖而出。

《玩偶之家》中的海尔茂在胡适的阐释中是一个极端的个性压制者，把娜拉当作玩偶看待，当作他的一个忠实的奴隶，不许她有思想和意志，更不许有稍许逾越的行为。以夫为天的依附思想让娜拉做了多年的玩偶，最终，娜拉看透了丈夫的自私和夫妻间的不平等，不再甘心做丈夫的玩偶，愤然出走，从此冲破男权传统的樊篱。恩格斯曾指出，娜拉是有自由意志与独立精神的“挪威的小资产阶级妇女”的代表。娜拉思想的前后转变正说明个人自由之宝贵。当娜拉说出“现在我只信，首先我是一个人，跟你一样的一个人——至少我要学做一个人”② 时，她的个人意识觉醒了，明白以前的自己从来没有过上人的生活，家庭、婚姻、男权意识完全异化了她的精神。

《玩偶之家》早在1914年已有人介绍，1915年署名“若水”的一篇文章《娇妻 A Doll’s House》，对其评价道：“此剧主义，

---

① 胡适：《易卜生主义》，《新青年》第4卷第6号，1918年6月15日。

② 潘家洵译：《易卜生戏剧四种》，北京：人民文学出版社，1978年，第199页。

可分两层：一、大凡女子，自有女子之意见行为，世人但当鉴其苦衷，而将护之，未可以丈夫之道，求全责备；二、夫妇之间，甚难处也，应委曲求全，未可乖戾而脱辐。”① 此文在传统伦理道德的框架中论说《玩偶之家》，指责娜拉的叛逆行为，与剧本主题简直南辕北辙。可以说，正是经由胡适这个评价作中介，《玩偶之家》才在中国以一种新的面目被国人所认识。

胡适总结的“易卜生主义”，我们必须在个人自由的层面上解读。“易卜生把家庭社会的实在情形都写了出来，叫人看了动心，叫人看了觉得我们的家庭社会原来是如此黑暗腐败，叫人看了晓得家庭社会真正不得不维新改革——这就是易卜生主义。”② 胡适的“维新革命”归根结底是创造真正的个人，谋求个人的幸福生活。从思想层面上说，对自由意志的呼唤强有力地冲击了旨在培养顺民的天道伦理观念，为现代个人的形成扫清障碍。如果没有胡适通过易卜生思想对个人自由的极力推崇，我们几乎不能想象个人自由这个对每个人来说最本己的要求如何能够迅速地在中国广泛传播。“娜拉”不仅成为新女性、离家出走的代名词，而且也成为个性自由的代名词迅疾播撒，完成了中国女性从礼教人向现代人转变的艰巨任务。

东洋与西洋的碰撞

来自于东洋的与谢野晶子与来自于西洋的易卜生在中国的五四时期不期而遇，发生了纠葛。那么，他们的思想是如何被关联

① 乐水：《娇妻 A Doll’s House》，《小说月报》，1915 年第 6 卷第 6 期。
② 胡适：《易卜生主义》，《新青年》第 4 卷第 6 号，1918 年 6 月 15 日。

的呢？众所周知，新文化运动是继近代以来器物变革、制度变革之后思想文化层面的重大变革，民主和科学观念得以发扬光大。但这只是抽象的概念，无法落到实处，必须与具体问题相结合方能被人们所认知和认同。因此，我很看重陈独秀撰写的《吾人最后之觉悟》这篇文章，他准确地寻找到在反叛传统礼教中传播民主和科学理念这样一个恰当的关节点。“伦理思想，影响于政治。各国皆然，吾华尤甚。儒者三纲之说，为吾伦理政治之大原，共贯同条，莫可偏废。三纲之根本义，阶级制度是也。所谓名教所谓礼教，皆以拥护此别尊卑明贵贱制度者也。”① 中国上千年历史传承的家族伦理制度已经到了烂熟的地步，其维系伦理道德的功能已然被宋明理学严重异化，三纲五常、三从四德、贞操节烈，这些涉及个人全面生活的信条，一经现代民主自由思想的烛照，便显露出可怕的非人性。陈独秀于是下了断言：“伦理的觉悟，为吾人最后觉悟之最后觉悟。”② 伦理觉悟从性别的角度说，受不合理制度压制最深的当属女性，1917 年《新青年》特意征集关于“女子问题”的议论，正切中传统伦理道德的要害。

不过意图虽好，应者寥寥，到 1918 年“却寂然无声了”。设若不是一向关注女性问题的周作人翻译《贞操论》，伦理的觉悟恐怕难以达成。周作人说：“女子问题，终竟是件重大事情，须得切实研究。”③ 周作人女性观的核心内容为性的问题，他受英国埃里斯《性心理学》影响甚深，提倡性的解放。“相信在文

① 陈独秀：《吾人最后之觉悟》，《新青年》第 1 卷第 6 号，1916 年 2 月 15 日。
② 陈独秀：《吾人最后之觉悟》，《新青年》第 1 卷第 6 号，1916 年 2 月 15 日。
③ 周作人：《〈贞操论〉译记》，《新青年》第 4 卷第 5 号，1918 年 5 月 15 日。

明世界里这性的解放实是必要，……社会文化愈高，性道德愈宽大，性生活也愈健全。”[1] 周作人认为传统伦理文化制造了诸多性的迷信，必须从科学角度予以揭破。对于周作人来说，性的解放并非性的放纵，人的生活中应该有性的内容但不是唯性是从，从而跌入性迷狂的深渊。

周作人对不能翻译与谢也晶子和歌的认识便隐含着这样的成分。我们如把《乱发》称作法国女性主义者埃莱娜·西苏语义中的“身体写作”并不为过，西苏认为，女性受到的最根本的宰制是身体的被压制。一旦身体被男权宰制，她的呼吸和言论也就被抑制了，女性要以写身体的方式夺取话语权，发出自己的声音，维护做独立女性的权利。“妇女必须通过她的身体来写作，”“她通过身体将自己的思想物质化了；她用自己的肉体表达自己的思想”[2]。因为与谢也晶子和歌中随处可见官能性描述和众多柔软的肢体语言，而被人唤为“玉肌晶子”。我们对《乱发》中被称为“官能性”描写的那些内容，其实应作如是观。与谢也晶子正视女性的生命欲望，把性爱主动权从男性手中夺取过来。问题不仅于此，和歌中散乱的黑发还昭示一种迷乱的风情，一种对于男性来说充满性诱惑的热情，虽然客观上挑战着传统伦理道德，但在周作人眼中也许矫枉过正，于新的性道德的建设无益。

也许因为响应“女子问题”者寥寥，1918 年 4 卷 4 号的《新青年》刊登出“特别启事”，预告 4 卷 6 号推出“易卜生

---

① 周作人：《北沟沿通信》，周作人：《知堂文集》，上海：天马书店，1933 年，第 55 页。

② 埃莱娜·西苏：《美杜莎的笑声》，张京媛编：《当代女性主义文学批评》，北京：北京大学出版社，1992 年。

号”；4 卷 5 号中列出专号的目录，4 卷 6 号作为“易卜生号”出版。这个情况说明与谢也晶子与易卜生在中国出现的共时性，性爱自由与个人自由必然互相吸纳，互相借助。

中国传统社会以家族为本位的伦理道德不重视个人幸福，也不培养个人的自由意志，造就出唯命是从的奴隶性格，把人禁锢在“铁屋子”里昏睡欲死。鲁迅痛感传统之积弊，大呼：“是故将生存两间，角逐列国是务，其首在立人，人立而后凡事举；若其道术，乃必尊个性而张精神。”① 在《摩罗诗力说》中，鲁迅甚为欣赏易卜生《国民公敌》中的斯铎曼医生，以为“地球上至强之人，至独立者也！”② 胡适对斯铎曼医生的特立独行同样持认同欣赏的态度。我们知道，个人主义与易卜生主义并非同义语，但二者又确实有很大关联。胡适谈易卜生思想中个人与社会的问题时，把社会比喻成一个大火炉，摧折人的个性，压制人的独立自由精神。社会的专制性质导致社会自身不能进步发展，停滞不前，失去活力和生机。要想推动社会机器往前进，唯有重视具有叛逆性的个人。“易卜生有一本戏叫做《国民公敌》，里面写的就是这个道理。”“要想社会上生出无数永不知足，永不满意，敢说老实话攻击社会腐败情形的‘国民公敌’”，就得承认斯铎曼医生的宣言：“世界上强有力的人就是那个最孤立的人！”③ 有自由意志，有独立人格，或曰有个性，才有能力创造

---

① 鲁迅：《文化偏至论》，《鲁迅全集》（一），北京：人民文学出版社，1981 年，第 50 页。

② 鲁迅：《摩罗诗力说》，《鲁迅全集》（一），北京：人民文学出版社，1981 年，第 79 页。

③ 胡适：《易卜生主义》，《新青年》第 4 卷第 6 号，1918 年 6 月 15 日。

新社会。

论证过个人与社会的关系后，再看个人与家庭的关系。胡适罗列出易卜生所写家庭的四大恶德，根本上是专制与自由的尖锐对立。中国传统的婚姻家庭只有两个功能：上以事宗庙，下以继后世。加上父母之命、媒妁之言的婚姻构成方式，里面根本没有个人幸福的因子。为了维持家庭的完整，甚至强行压制个人的幸福追求。《玩偶之家》所写家庭婚姻的情形，恰好映衬出家庭的专制性质。海尔茂在家中是高高在上的主人，娜拉屈从为没有自我的奴隶，海尔茂以温和的外表掩盖其蛮横的实质，娜拉被迷惑从而丧失分辨问题的能力，甘愿做丈夫的“玩意儿”。海尔茂把娜拉当作自己的私有财产，颐指气使地教导训斥她，使得家庭关系最后势如水火。连做一个人的权利都没有得到的娜拉，最后终于醒悟过来，冲出“玩偶之家”。胡适还谈到了贞节问题，引用《群鬼》说明贞节的不人道性，只有妻子需要守节，丈夫却没有责任，家庭的虚伪和蛮横专制暴露无遗。

至此，我们寻觅到性爱自由与个人自由在贞节问题上的对应，经过易卜生个人自由思想的洗礼，新文化提倡者实际上从这两个方面入手阐释了贞操问题。中国传统的伦理道德一开始便具有禁欲色彩，《礼记》不厌其烦地讲述对身体的规约，男女无论家内家外都不互相交通，各行其是。并且，在《尚书》中我们已然隐约发现视女性为“祸水”的思想，因此，这禁欲就主要是针对女性而言了。《韩非子》讲得很到位，女性“曼理皓齿，说情而捐精”，不仅会耗损男人的身体，更重要的是会扰乱朝纲的安宁。至宋明理学兴，由禁欲而走向灭欲。朱熹说，圣人千言万语，只是教人存天理灭人欲，在女性而言即是持守贞节。于是，有了程颐对寡妇的说法：饿死事极小，失节事极大。失去贞节等于失去一个人立身的根本，失去其存在的意义和价值。

胡适无疑是极力反对传统女性的守节和殉烈的，他主张男女凭自由意志，经由高尚的恋爱订立婚约。只要有爱情维系，即使一方不幸死去，剩下的不再婚嫁，也是合情合理的事情。贞操对双方共同形成约束，“夫妇之间爱情深了，恩谊厚了，无论谁生谁死，无论生时死后，都不忍把这爱情移于别人，这便是贞操，夫妇之间若没有爱情恩意，即没有贞操可说”[①]。贞操作为爱情的一种表现形式，主要基于个人的自律，岂能诉诸条律强加干涉？蓝志先却不这样认为，爱情在他的理解中“盲目而极易变化”，所以“须有一种强迫的制裁力”，只有依靠贞操道德的牵制，才能尊崇双方的人格，确保夫妻关系的稳固。[②] 蓝志先强调两性关系中的他律作用，这就与出于自由意志的自律作用不可同日而语。自律性占了上风，胡适和周作人均认为，爱本身携带有排他的因素，不需要外在的道德来管束。有了爱自然就能互相保证贞操的实行，无爱的贞操是非人道、戕害人性的，对健全人格的培养贻害无穷。

《新青年》重点推荐《玩偶之家》，把娜拉作为女性解放和个性解放的典范。虽然胡适也不遗余力地阐释《国民公敌》中的斯铎曼医生，但客观上说，斯铎曼式的孤独个人并未获得国人的热烈响应。这一问题，鲁迅当年在日本留学时已经深切认识到，做拜伦、易卜生、尼采式的超绝个人，即使振臂一呼，也只

---

① 胡适：《贞操问题》，《新青年》第 5 卷第 1 号，1918 年 7 月 15 日。

② 蓝志先：《贞操问题》，《新青年》第 5 卷第 4 号，1919 年 4 月 15 日。

能聆听到自己的回声。那么，娜拉为何能够赢得国人的青睐呢？

陈独秀把国人最终的觉悟放在伦理层面，传统伦理对女性的压制尤甚于男性，女性最无民主和自由可言，“女子问题”在新文化运动中不仅是女性这一群体的问题，同时也是男性群体面临的重要问题。共和之后，资产阶级代议制度不能保证把女性从礼教中解脱出来，自由的恋爱婚姻和文明的现代家庭也不具有可行性，难以真正实现。在这种现实焦虑下，娜拉的离家出走，宣示了对依附性婚姻的弃绝。胡适说：“当娜拉之宣布独立，脱离此玩偶之家庭；开女界广大之生机；为革命之天使，为社会之警钟。……易氏此剧真是为现代社会之当头棒，为将来社会之先导也。”[①] 娜拉的离家，既反叛了传统以夫为天的贞操观，又申明了个人意志自由的正当性，做一名娜拉成为新女性的普遍选择。

陈独秀“伦理觉悟”的呼声如风乍起，掀翻了千年的沉疴，撼动了传统的贞操观念和伦理道德。人们从这个缺口挣扎出来，呼吸到现代新鲜的空气，然后以人的资格反观社会、家庭的伦理道德，这样的场域，孕育出了新文学。

郁达夫有一个著名判断：“五四运动的最大的成功，第一要算‘个人’的发现。从前的人，是为君而存在，为道而存在，为父母而存在，现在的人，才晓得为自我而存在了。”[②] 这成功周作人力莫大焉，《人的文学》不啻是一篇人的宣言。在中国，“人的问题，从来未经解决，女人小儿更不必说了”。现在“从

---

① 胡适：《〈易卜生传〉编者按语》，《新青年》第4卷第6号，1918年6月15日。

② 郁达夫：《现代散文导论》（下），蔡元培等著：《中国新文学大系导论集》，上海：上海良友图书公司，1940年，第205页。

新要发见‘人’，去‘辟人荒’”。[1] 打破礼教束缚，从人的角度确证自我，是为“人的觉醒”。争取独立人格与幸福人生的娜拉，一时成为五四青年男女崇拜的偶像。胡适《终身大事》中冲出家庭争取爱情自由的田亚梅女士，遂做了首个中国的娜拉。鲁迅《伤逝》中的子君，在捍卫个人权利的同时，以决绝的姿态与家庭脱离，性爱自由与个人自由在离家的举动中达成了攻守同盟的协议。

冲出家庭争取自由在女作家冯沅君的小说中似大幕拉动，开启了女性自我的新的人生，女主人公隽华为了爱情自由竟然有了赴死的勇气，把爱情神圣化，浇灌了无数读者饥渴的心灵。然而，当离家出走定格在五四的天空中，人们似乎忽略了爱的自由中原本包含的性的内容，性的不自由仍然存在着，甚至被有意识地遮蔽。错过异域营养的输入，与谢野晶子彻底的身体反叛在五四文学中终究缺席了。虽然有创造社的青年男作家们纷纷涉入性的领域，但我们分明感觉到小说中男女两性在性关系上存在着严重的不平等，女性总是会被男性的性思维和性行为所异化，失去健全的人格。而女作家如庐隐、冰心、冯沅君等，或者回避，或者在性的边缘轻轻滑过，根本无力摧毁由男权传统造成的性的宰制，只能留给下一代如丁玲等去冲锋陷阵。真是“文章千古事，得失寸心知”。

① 周作人:《人的文学》,《新青年》第5卷第6号，1918年12月15日。

2　反资本主义伦理：《玩偶之家》的现代性

挪威剧作家易卜生的《玩偶之家》（A Doll's House，中译名还有《娇妻》、《娜拉》等）自1897年发表以来，一直作为社会问题剧在全世界广泛传播，此剧被公认在反映家庭问题时涉及了伦理道德、个人自由、社会、法律、宗教、性别等多个问题。然而，学界对这些问题多是分而论之，对其中某个或某几个问题的探讨深入细致，对这些问题之间的联系以及把这些问题统而观之的却不多，以至形成只见树木，不见森林的状况，这其实妨碍了对剧作进行整体的开掘。而现代中国的研究者自1914年介绍、传播《玩偶之家》起，多是将其作为家庭问题剧为封建家庭或反封建家庭张目，虽说从五四开始，阐述娜拉出走在反封建的意义上获得了绝对的话语权，为中国新文学的发展奠定了话语基础，但也客观上遮蔽了或者毋宁说是误读了真实的《玩偶之家》。透过枝节看整体，透过现象看本质，笔者认为《玩偶之家》中存在的这些问题都指向一个根本的问题——对资本主义伦理而不是对封建主义伦理的揭示与反叛，这显示了《玩偶之家》的现代性。

王忠祥指出易卜生所生活的时代特征："尽管当时西欧先进国家的资本主义正在走下坡路，挪威却出现了资本主义蓬勃向上的精神状态。……当时的挪威社会在资本主义兴起的繁荣景象之中，也不可避免地出现资产阶级现存秩序的悖理性。”① 作为上升时期的资本主义，其道德伦理是充分为其服务并切实推进了资本主义的繁荣，这有它的历史合理性，是不容否认的。但是，资本主义伦理在服务于资本主义经济发展的同时，也不免对人性、对人的生命意志以及两性关系等人的自由发展造成了阻碍，带来了人的偏执和异化。萧伯纳说：“易卜生所坚持的原则就是：没有永恒不变的原则；一切行为都应该以其对人的生命所产生的影响，而不是以其是否符合某种原则或理想来证明其对错。……当旧有的条件不再适合其当前的现实，这鲜活的生命自然要求重新行使旧日新教徒在行为问题上对抗一切体制束缚的权利，其中包括新教教会自身的束缚。”② 萧伯纳的话启发了我们对剧作与新教伦理关系的理解，《玩偶之家》所要冲击的就是发源于新教伦理的资本主义伦理。

资本主义伦理与海尔茂的人生哲学

马克斯·韦伯探讨西方资本主义起源的问题时，发现基督教的新教伦理渗透进了资本主义的伦理行为和经济行为之中，促进了资本主义理性精神的形成。这是一种崇尚自由劳动且讲求节制的伦理精神，它在资本主义秩序出现之前就已经形成。韦伯认为，西方的资本主义就是在这种精神的推动下发展起来的。

---

① 王忠祥：《关于易卜生主义的再思考》，聂珍钊、陈智平主编：《易卜生戏剧的自由观念——中国第三届易卜生国际学术研讨会论文集》，上海：外语教育与教学出版社，2007 年。

② Shaw, George Bernard. *The Quintessence of Ibsenism.* New York: Hill and Wang, 1957. p. 156.

具有新教气质的资本主义精神在韦伯看来具有如下特性：诚实、信用、守时、勤奋、节俭作为美德得到提倡；合法地追求财富具有正当性。这是从新教禁欲主义思想发展而来的，“强调固定职业的禁欲主义为近代的专业化劳动分工提供了道德依据；同样，以神意来解释追逐利润也为实业家们的行动提供了正当理由。对禁欲主义来说，贵族的穷奢极欲与新贵的大肆挥霍同样令人厌恶。在另一方面，它对中产阶级类型的节制有度、自我奋斗却给予了极高的道德评价”[①]。资本主义精神直接影响到资本主义的生活方式：尽最大可能地追求利益，在合理的前提下支配自己的财产，反对非实用性消费；做奉公守法的市民，以合法的形式为自己创造舒适的生活。所有这一切体现的是一种禁欲主义的生活样式，这不仅塑造着资产阶级的人格，更重要的是禁欲主义的节俭导致了资本的积累。也就是说，资产阶级只有在禁欲主义的伦理原则指导下才能使财富不断地积聚起来，从而实现自己的人生价值。

如果我们把资本主义精神在个人身上的具体体现称为资本主义气质，那么，《玩偶之家》中的海尔茂就是一个具有典型的资本主义气质的资产阶级，他的所作所为完全符合处在发生与上升时期的资本主义的伦理精神。这个事业型、有进取精神的已婚男性，不仅自己以身作则处处表现出“优越的中产阶级道德”,[②]而且监督指导娜拉也必须这样严格要求自己。

---

① 马克斯·韦伯：《新教伦理与资本主义精神》，北京：三联书店，1987 年，第 128 页。

② 马克斯·韦伯：《新教伦理与资本主义精神》，北京：三联书店，1987 年，第 141 页。

海尔茂在做律师期间，信守秉公办案，反对投机取巧的工作原则，为改善自己及家庭的生活状况，他拼命工作，终至于因劳累过度生了一场危及生命的大病。娜拉对这样正直与努力的海尔茂是欣赏且钦佩的，这是她敢于冒险以伪造签字的方式来搭救海尔茂的根本原因。海尔茂进入银行以后，凭着自己的工作能力与人格操守一步步实现着享受中产阶级舒适生活的美好目标，当上了合资股份银行的经理。这说明社会也欢迎海尔茂这样的人，给了他相应的回报。与海尔茂形成对照的是柯洛克斯泰的遭遇，由于他利用职务之便伪造签字，结果受到了惩罚，而且还失去了信用，于是便自暴自弃、破罐子破摔了。对于这样的人，海尔茂当然是不会让其留任的，因为他危害的不仅是资本主义的经济秩序，而且还有道德伦理。在他不改变之前，社会是不会让他站稳脚跟的。

海尔茂身上的资本主义气质在他的生活观念上也清楚地表现出来，这就是以节俭为总指导方针的生活作风。“你知道在钱财上头，我有我的主张：不欠债！不借钱！一借钱，一欠债，家庭生活马上就会不自由，不美满。”① 并且有了钱不能随便乱花，要节省。针对娜拉理财能力的欠缺，他常常教导娜拉不能做“败家精”。对于娜拉吃零食如杏仁甜饼干他也反对，认为是不必要的浪费。这些确实可以作为美德来体认。他的良好作风还体现在把工作与家庭、公共事务与私人事务严格区分开来，避免把工作的事情带进家庭从而影响家庭生活的和谐。海尔茂把自己称

① 易卜生著，潘家洵译：《易卜生戏剧四种》，北京：人民文学出版社，1958年，第117页。

作没有缺点的人，遵循着他的这种人生哲学有计划地经营着自己的事业与家庭，努力创造着幸福，稳步向美满的境地迈进。按理说娜拉应该知足，更加喜欢他才对，然而，在这路途中她却发现了可怕的令她震惊的问题，她在这样的幸福生活中迷失了。那么，是什么导致了她的迷失？她曾经认同的幸福到底掩藏着什么严重的问题？

论者认为，娜拉通过签字事件明白了资本主义伦理是在性别不平等的基础上构建起来的，并且资本主义伦理是在创造幸福的前提下鼓励男性发展自己从而让女性在男性创造的幸福中迷失了自我，因此，娜拉的反抗就不只是对海尔茂个人的反抗，更重要的是对整个资本主义伦理的反抗。所以，我们需要分析资本主义伦理在哪里出现了问题，这显示出易卜生诊断资本主义问题的敏锐性和超前性。

资本主义伦理制造的“家庭主妇的神话”

之所以说易卜生具有敏锐和超前的眼光，是因为直到 20 世纪 60 年代，美国的女权主义者贝蒂·弗里丹才通过自己的生活和广泛的调查发现了资本主义的这个秘密，从而掀起了反对男权、走出家庭的第二次女性运动浪潮。贝蒂·弗里丹 1963 年出版的 *The Feminine Mystique* 分析了美国社会弥漫的一股保守主义思潮，它主要是通过对贤妻良母型的女性气质的塑造来召唤女性回到家中，做一个幸福的主妇。弗里丹认为这是资本主义社会制造的“家庭主妇的神话”，“女性只有从生育子女和照顾家庭中才能获得满足并实现其价值；要成为一个真正的女性，就必须与男性建立家庭，发生关系并生育子女”①。弗里丹说：“女性的最高价值和唯一义务就是实现她们本身的女性气质。”②

资本主义对女性气质的推崇是自身社会发展的需要，20世纪的美国早已完成了自身的资本积累，进入了消费主义时代，为了刺激消费以维持资本主义的正常发展，“30年代以后美国的消费主义竭力把妇女的注意力引向家庭，鼓励妇女从家务中获得自我价值和自身的幸福，并通过高消费经营一个现代化、科学化的家庭，这一观念迅速成为当时占社会主导地位的女性观”③。弗里丹认为，大量回到家庭的主妇陷于无休止的家务之中，过着空虚的幸福生活，看不到前途，找不到社会价值，这种自我的迷失其实是很痛苦的，女性成了资本主义发展的牺牲品。

弗里丹揭示的女性气质的神话难道仅仅是资本主义到了消费时代才会制造出来的吗？显然不是的，易卜生在挪威资本主义兴起的时候就洞悉了女性气质的神话是伴随着资本主义的兴起而开始出现的，只是表现形式有所不同罢了。资本主义社会或曰现代社会本质上是一个男权社会，韦伯所阐述的资本主义精神实质上是一种男性气质的神话，它鼓励男性勇于创造以实现男性自身的社会价值和人生价值，所谓的美德也只是男性的美德，女性与之

---

① 引文见庞琴、戴杜玉《书名翻译：忠实性与连贯性——以The Feminine Mystique的中文翻译为例》，《广东外语外贸大学学报》第18卷第3期，2007年5月。庞琴、戴杜玉认为The Feminine Mystique应该翻译为“家庭主妇的神话”，并对这一“神话”的内涵作了探讨。

② Friedan, Betty. *The Feminine Mystique.* New York: W. W. Norton & Company, Inc., 2001. p. 43.

③ 罗慧兰：《贝蒂·弗里丹与〈女性的奥秘〉》，《中华女子学院学报》第18卷第2期，2006年4月。罗慧兰在文章中还从职业分工上谈到了这个问题。

无缘。资本主义在兴起的时候就制造着关于两性气质的不同神话，男性在事业上要做成功人士，女性则要经营好家庭，使男性免于家庭的负累并无后顾之忧，从而以全副精力投身于事业，去创造更多的财富。这种男主外女主内的社会结构模式必然要求女性做新式的贤妻良母，成为男性的附庸。这是资本主义精神得以发扬的秘密，资本主义伦理很好地把这个秘密隐藏了起来，而且越是在发生期，隐藏得越隐秘，因为按照资本主义伦理，创造舒适的中产阶级生活是具有正当性的追求。在这一神圣的理由下，男性即使对女性实施直接的控制也被视为理所当然的事情，不会招致女性的非议，反而会被看作男性的美德和对女性的关爱，女性自然也就不会反抗了。久而久之，女性也就迷失了自我，丧失了反抗的能力。

娜拉就是一个这样的女性，她认为自己的本职工作是做一个称职的家庭主妇，她从自己的工作中体验到无上的乐趣，乐意付出自己的热忱，甚至甘愿为成全海尔茂和家庭而付出生命。她做这一切完全出于自己的意愿，并从中感知到了自己的存在价值，为中产阶级舒适的家庭生活竭尽心力。不可否认，娜拉的努力是有成绩的，她把家庭经营成了一座精致的雅舍。“一间屋子，布置得很舒服雅致，可是并不奢华。……墙上挂着许多版画。一只什锦架上摆着瓷器和小古玩。一只小书橱里放满了精装书籍。地上铺着地毯。炉子里生着火。”① 这是一个按照中产阶级的品位布置出来的充满了温馨气氛且有艺术格调的家，它能够源源不断

---

① 易卜生著，潘家洵译：《易卜生戏剧四种》，北京：人民文学出版社，1958年，第115页。

地创造出快乐和幸福，堪称娜拉的得意之作。但娜拉认为这一切都是通过海尔茂挣来的金钱而实现的，没有他的财富就不会有家庭的幸福，所以对海尔茂言听计从。她并不知道或不愿意去思考即使海尔茂有足够多的财富而没有她全身心地付出是否就能创造出一个幸福的家庭，只是一味认定这个家庭是海尔茂为了给她幸福才辛辛苦苦一手创造出来的，她被海尔茂的爱所感动，于是心甘情愿地做海尔茂所喜欢的“小鸟儿”，去回报或主动讨得他的欢喜。

当海尔茂叫她“小鸟儿”、“小松鼠”的时候，她并不清楚自己实际上是被当作玩具看待，反而以为是海尔茂宠爱她的表现。她觉得海尔茂在痴心地爱着她，对海尔茂说的要把她“独占在手里”① 表现出发自内心的喜悦，甚至为拥有这样的爱而自豪。对于自己因被看作没有计划地乱花钱、吃零食等生活细节问题而受到海尔茂的规训，她也一概领受，当作是对自己负责的爱的行为。在娜拉眼里，海尔茂值得信赖且可以倾心相托，他永远是正确的，只要照着他的吩咐做就可以了。“把家里的一切事情完全按照托伐的意思安排得妥妥当当的。……活在世上过快活日子多有意思！”②

正因为她觉得海尔茂优秀、正直，她就倾注全力去协助他、帮助他，于是才有了伪造签字的事情，她认为这样做是理所当然的。她对林丹太太解释原因：“他拼命地工作，忙得要死。你知

---

① 易卜生著，潘家洵译：《易卜生戏剧四种》，北京：人民文学出版社，1958年，第153页。

② 易卜生著，潘家洵译：《易卜生戏剧四种》，北京：人民文学出版社，1958年，第131页。

道，为了要多点收入，各种各样的额外工作他都得做，起早熬夜地不休息。日子长了他支持不住，害起重病来了。”① 挽救海尔茂的性命对娜拉来说是义不容辞的责任，而当时娜拉诸事缠身，不得已才伪造签字，为了避免让海尔茂担忧，她把这件事情隐瞒了起来，自己一个人去承担。娜拉没有收入但又不得不独自还债，除了打零工以外，只能依靠撒娇的方式顶着乱花钱的帽子向海尔茂要钱，然后精打细算地过日子。如果说海尔茂对借债一无所知情有可原，那么，他常年没发现娜拉其实不是挥霍浪费型的女性却是于理不通了，这只能说明海尔茂没有把娜拉当作和自己一样的人看待，并没有真正用心去关心娜拉，如果他稍微留意，仅仅从娜拉的服饰上便能看得出来娜拉的节俭。

娜拉认为自己做了一件有意义的可以为之自豪的大事情，为成全家庭可以说近于忍辱负重。当柯洛克斯泰以此作交换条件，并威胁娜拉只有合作一条路的时候，娜拉想到自杀可使海尔茂免于受连累，遂决意赴死。事情恰恰在这个关键的时候发生了娜拉意料不到的逆转，海尔茂的痛斥以及前后截然相反的态度终于让娜拉醒悟过来，原来海尔茂从来没有把她当作一个人来看待过。“一语惊醒梦中人”，自己倾心相爱甘愿为其赴死的人竟然不能与自己一样同等相待，反差竟有天壤之别，娜拉受到的震惊确实是巨大的。娜拉随即以出走的方式揭开了资本主义伦理的秘密，戳穿了女性气质的神话。

---

① 易卜生著，潘家洵译：《易卜生戏剧四种》，北京：人民文学出版社，1958年，第124页。

对资本主义伦理的反叛

我们说《玩偶之家》是对资本主义伦理的全面反叛，并非无中生有，而是基于对作品的细致解读得出来的。剧本的核心是因一件家庭事务引发出来的社会事件，它发生于家庭，却指向了社会。那么，我们就先来看看剧本展现的是什么样的社会。

这是一个按照资本主义经济模式运转的社会。以新教禁欲主义为内核的经济主义必然要求与其相配套的社会意识形态与政治、法律机制，来保证经济事务的正常实施，推动社会的发展。娜拉伪造签字触及的首先是法律问题，柯洛克斯泰也是以此来胁迫娜拉：

柯洛克斯泰：海尔茂太太，你好像还不知道自己犯了什么罪。老实告诉你，从前我犯的正是那一椿罪，那椿罪弄得我身败名裂，在社会上到处难站脚。

娜拉：你？难道你也冒险救过你老婆的性命？

柯洛克斯泰：法律不考虑动机。

娜拉：那么一定是笨法律。

柯洛克斯泰：笨也罢，不笨也罢，要是我拿这张借据到法院去告你，他们就可以按照法律惩办你。

娜拉：我不信。难道法律不许女儿想法子让病得快死的父亲少受些烦恼吗？难道法律不许老婆搭救丈夫的性命吗？……①

这段对话显示出法律与人性的冲突，资本主义的法律必须为

---

① 易卜生著，潘家洵译：《易卜生戏剧四种》，北京：人民文学出版社，1958年，第144页。

其经济和伦理事务框定合法的范围，确定正常的秩序。在资本主义兴起的时候，其法律尤其要保障经济事务的正常运行，以促进经济的繁荣。当然这体现的是经济行为的公正和公平，而在事实上对于经济行为中的人性因素却造成了挤压和忽视。资本主义对其法律的不断调整也能够说明这个问题。法律的边界也就是社会伦理道德的边界，海尔茂在得知真相后既把娜拉称作犯罪的人，也称作伪君子和说谎的人，更甚者称其为下贱的女人，这很能说明问题。而正是海尔茂自以为义正词严的呵斥而不是同情和分忧让娜拉看清了自己的家庭地位，也看清了社会的真面目。所以她要离开玩偶之家，一定要弄清楚，究竟是社会正确还是她正确。阮克大夫说社会变成了一所大医院，实际上是指社会压抑、异化了人性。社会对一个人的辨认，伦理道德对人的行为的宽容程度，都是在漠视人性的经济基础上进行评判的，假如没有人道主义的关怀、没有亲情友爱的支持，即使再富有的人生也是苍白的人生。纵使一个人偶尔失足，如果给予足够的关怀而不是无情的打击，人性也许很快就会复苏，柯洛克斯泰不就是在林丹太太的感化下痛改前非，答应不予起诉而化解了这场危机的吗？这说明金钱伦理轻易地就能抹去人性，造成人的普遍异化。娜拉对于人性的追求，她的人道主义关怀就是对冷冰冰的社会伦理的反叛。

签字事件还牵涉到伦理问题的最根本之处：两性之间的伦理关系。资本主义许诺的美满舒适的中产阶级家庭生活实际上是以女性主体意识的丧失为代价来实现的，女性作为一个性别群体在男权社会是没有主体性的，她们没有自己的声音、没有自己的自由，也不能创造价值，只能依附于男性，为男性创造幸福的家庭。资本主义男主外、女主内的社会分工与传统社会并无本质的差异，所不同的仅仅是男性价值目标由追求与神有关的公共价值转化到了以追求财富为目标的个人价值，男性拥有的家庭权利并没有变化，他们仍然凌驾于家庭之上，把家庭看作自己的私有物并行使着男性家长的意志。海尔茂在危机过去后以居高临下的姿态对娜拉说："要是男人饶恕了他老婆——真正饶恕了她，从心坎儿里饶恕了她——他心里会有一股没法子形容的好滋味。从此以后他老婆越发是他私有的财产。做老婆的就像重新投了胎，不但是她丈夫的老婆，并且还是她丈夫的孩子。……你的事情都有我作主，都有我指点。"① 其实海尔茂一直都把娜拉看作他私有的财产，表面上他时常关心娜拉，而实际上他的关心目的只是对娜拉进行控制，以爱的名义实施的控制最容易使当事人迷惑，娜拉也是常年置身在虚幻的甜蜜中而不自知。从她的自我反省中，我们了解到幸福的虚幻性："跟你在一块儿，事情都归你安排。你爱什么我也爱什么，或者假装爱什么——我不知道是真还是假——也许有时候真，有时候假。现在我回头想一想，这些年我在这儿简直像个要饭的叫化子，要一口，吃一口。托伐，我靠着给你要把戏过日子。"② 如果娜拉不是一直以"小鸟儿"的依附姿态与海尔茂生活，海尔茂早就不会喜欢娜拉了。把女性作为高级的玩品，把爱当做高等的消遣，把女性像物品一样转来转去，这就是娜拉站在人的立场上看到的可悲现实，她怎么还能够再去做"泥娃娃女儿"和"泥娃娃老婆"呢？没有自由的人生确实

---

① 易卜生著，潘家洵译：《易卜生戏剧四种》，北京：人民文学出版社，1958年，第195页。

② 易卜生著，潘家洵译：《易卜生戏剧四种》，北京：人民文学出版社，1958年，第197页。

是可悲的人生，人一旦醒悟过来，是不愿意再走回头路的。即使海尔茂搬出宗教戒律也无济于事。

我们已经知道了宗教和资本主义之间的密切关系，宗教对待男性和对待女性的态度并不一样。其实，资本主义伦理构设的两性关系就是在基督教两性关系的基础上形成的，基督新教虽然改变了西方的人与世界的关系，但并没有改变基督教旧有的两性关系模式，这种模式仍然沿袭下来而进入到资本主义的伦理结构之中。所以海尔茂试图用宗教阻止娜拉的时候，已然起不到任何权威作用了，娜拉对宗教也表示了不信任：

海尔茂：难道你不明白你在自己家庭的地位？难道在这些问题上没有颠扑不破的道理指导你？难道你不信仰宗教？

娜拉：托伐，不瞒你说，我真不知道宗教是什么。

海尔茂：你这话怎么讲？

娜拉：除了行坚信礼的时候牧师对我说的那套话，我什么都不知道。牧师告诉过我，宗教是这个，宗教是那个。等我离开这儿一个人过日子的时候我也要把宗教问题想一想。我要仔细想一想牧师告诉我的话究竟对不对，对我合用不合用。①

海尔茂所说的宗教规定的女性神圣责任，其实就是女性对家庭的责任，即顺从丈夫的意志照管好家庭，女性背叛丈夫、放弃家庭是宗教所不允许的，一旦违背了就成了一个坏女人。宗教刻板地把女性划分为两种类型：天使和妖女，这是对女性人性丰富性的抽空，无论哪个极端都是对女性精神的异化。这种性别偏见

---

① 易卜生著，潘家洵译：《易卜生戏剧四种》，北京：人民文学出版社，1958年，第195页。

假以神的名义而传布，实则表达的是男性的集体意志，西方的资本主义社会取代传统神教社会尽管是一种韦伯意义上的“合理化”的社会行为，但这种合理化从性别角度来说也仅是男性的合理化，与女性无缘。娜拉要把宗教问题仔细想一想，说明她已经模糊地感觉到宗教在性别上的认识是不合理的了。

既然宗教不能使娜拉安于家庭，海尔茂又启用道德观念来制止娜拉，这好比搬起石头砸自己的脚，将资本主义伦理所标榜的道德、人格的虚伪以及性别的不平等暴露无遗。虽说海尔茂在个人事业上的表现可以作为楷模，但是事业上的忘我精神却不期然把他变成了经济的动物、金钱的奴隶，并造成了他双重的人格和极端自私的道德理念。有论者认为《玩偶之家》揭示了自我主义伦理的冲突：“一是‘道德完美’的家庭理想与现行伦理秩序的矛盾，一是自我主义伦理的利他性与极端利己主义的对立。”[①]这种判断是有道理的。因为海尔茂实行的是双重道德，对外与对内有着泾渭分明的区别。在外他努力让自己做道德完美的人，对家庭和妻子则表现出极端的利己主义，更严重的是他以道德完美的人格掩盖了他对内的极端自私，人格的不能统一暴露出他虚伪的面目。所以娜拉说：“你不了解我，我也到今天晚上才了解你。”[②] 她了解了海尔茂所谓的爱的实质，与其说海尔茂爱娜拉，不如说海尔茂爱的是他自己。他被自己的完美人格所异化了，他

---

① 李定清阐述了《玩偶之家》中存在的自我主义伦理，认为这是易卜生的自我主义在实践层面上的表现。见李定清：《自我主义伦理视域中的〈玩偶之家〉诠释》，聂珍钊、陈智平主编：《易卜生戏剧的自由观念——中国第三届易卜生国际学术研讨会论文集》。

② 易卜生著，潘家洵译：《易卜生戏剧四种》，北京：人民文学出版社，1958年，第199页。

需要娜拉的钦佩和崇拜来膨胀他的完美人格，他需要娜拉的顺从和依附来显示他的高尚，他需要娜拉一心一意经营舒适的家庭来佐证他的功绩，而所有这一切，在他看来都能证明他的荣誉，都能够给他带来好名声。所有的一切都是他一手创造出来的，就连娜拉也是在他的管教下才成为合格的家庭主妇的，如果他疏于教导，他会认为娜拉是没有能力去经营家庭的。

海尔茂人格的分裂除了因金钱抽空了他的精神世界之外，还有就是资本主义社会的男权观念扭曲了他对两性关系的正常理解。按照资本主义生产方式构建的现代契约家庭，在其理论构设上家庭关系是平等的，夫妻之间各司其职，成员拥有自由权和选择权。这样的理论构设很好，但是由于资本主义伦理的实质是经济主义基础上的男权理念，就不能够保证真正的两性平等，在社会上如此，在家庭中照样如此。海尔茂称娜拉为“小鸟儿”、“小松鼠”，尽管在爱的意义上合情合理，但却不是真爱，也并非在两性平等的基础上表达他对娜拉的呵护和关爱，而是任意驰骋他的男权意识，直截了当地用爱来对娜拉进行全面的掌控，表面上对娜拉呵护有加，实质上是严密控制。因此，娜拉在家庭中只是一个玩偶，没有自己的自由，也不能有自己的意志，只是海尔茂男权消费的高等消费品。马克思深入探讨过资本主义社会人的物化的状况，表达了丰富的精神被抽空的悲哀，而落实到两性问题上，女性被物化的情况更为严重，像剧本所指出的，海尔茂从来没有把娜拉当作一个人来看待过。所以才有了娜拉宣言式的表白：“现在我只信，首先我是一个人，跟你一样的一个人——

至少我要学做一个人。”① 娜拉在人的意义上的觉醒，为她以后寻找真正的人生奠定了可行性基础。

综上所述，把《玩偶之家》看作是对资本主义伦理的揭示与反叛，是能够证明剧作的现代性内涵的。易卜生虽然不是一个自觉的女权主义者，但是他关注社会和人生最根本问题的入世精神，促使他思考挪威新兴的资本主义问题，从性别的角度考察了资本主义伦理以及资本主义制度的诸多问题，显示出他对现代个人的深切关怀，张扬了现代个人主义的反叛精神。

3 爱与善的两难：论《伤逝》

对于一篇具有多重意蕴的文学作品，通常需要先弄明白它的基本义，然后再去探究它的衍生义，从事“灵魂在杰作中的冒险”（法朗士语）。如果忽略了作品的基本意义或者并未弄清楚基本意义就对作品操刀舞剑，很难说会有什么令人信服的真知灼见，甚至会有过度阐释之嫌。在论者看来，对于鲁迅小说《伤逝》的研究，似乎就存在着这样的状况。从叙述内容看，《伤逝》是一篇围绕爱情和婚姻展开的小说叙事，称之为婚恋小说是符合实际的。又因为这篇小说的时空架构于现代的社会场域之中，所以更确切的定位当是现代婚恋小说。恋爱结婚是从五四开始兴起的现代性事件，它改变了中国民众在生活中的思想和行为，使得幸福和快乐有可能降临到每一个自由个体身上。恋爱结

① 易卜生著，潘家洵译：《易卜生戏剧四种》，北京：人民文学出版社，1958年，第199页。

婚暗含着幸福快乐的生活前景，自然会得到广泛的赞同和期许。众所周知，新文化运动的一项重要内容便是对恋爱结婚的推崇。然而，恋爱结婚并不等同于幸福快乐，这可不是一个自明的推论。恋爱结婚实际上有多种可能性，既能导向幸福也能导向不幸，既能给人快乐也能给人痛苦。对这个复杂的问题，鲁迅看得相当清楚，他并不盲目地附和大多数人的意见，而是提出自己的看法：在认同恋爱结婚的前提下揭示恋爱结婚可能存在的矛盾和危机，从而给过度兴奋的恋爱结婚注入一针非常必要的清醒剂。这是鲁迅通过《伤逝》这篇小说传达给我们的，他清醒地描述了恋爱结婚中爱与善的两难困境。

关于爱

爱确定无疑地能够使每一个人在心中画上属于自己的图景，这是基于个体生活情景的差异而形成的。爱感图景尽管丰富多彩，却有着共同的理性基准。这个基准是爱要以“给予价值”而存在，“在人们相爱的过程中，彼此之间所给予的价值高于他们的个体或客体价值。当每个参与者得到别人给予的价值，同时也给予他人以价值时，就存在着爱的这种相互关系”①。给予价值就是增大每个人自身的存在价值，在爱的交往关系中，个体不断获得生命存在的意义，使自己逐渐迈向成熟的人生境地。在这个意义上，费尔巴哈说“爱就是成为一个人”② 是很有见地的。

---

① 欧文·辛格：《爱的本性（第一卷）——从柏拉图到路德》，昆明：云南人民出版社，1992 年，第 4 页。

② 转引自瓦西列夫：《情爱论·引言》，北京：三联书店，1997 年，第 4 页。

爱能给人以幸福感，即便爱的过程出现了矛盾、误解甚至痛苦——其实由于双方要增加了解、互相对话，总会遭遇到一些不和谐的因素——在爱的发展中也应该会促使其达成和解，感到幸福。在《伤逝》回溯部分的开始，也就是爱情发生的时候，无论如何挑剔涓生和子君之间引导与被引导、启蒙与被启蒙甚或男导师与女学生的复杂关系，都不能否认他们因为彼此的存在而获得了幸福感，这是无须赘言的。涓生和子君确实是在恋爱，甚至涓生的激动要远远大于子君。然而这又说明二人遭遇爱情时的表现颇不一致，涓生偏重于激情，子君偏重于沉静。也许这是容易引发读者产生“子君被涓生如何如何”型论断的原因，但在这上面大做文章是不足取的。

涓生的激动情绪在爱情阶段表现得相当充分：①等待子君的时候心情焦灼难耐，胡思乱想，心中充满各种不祥的揣测。②与子君相处时，尽情尽兴地高谈阔论，展现自我。“默默地相视片时之后，破屋里便渐渐充满了我的语声，谈家庭专制，谈打破旧习惯，谈男女平等，谈易孛生，谈泰戈尔，谈雪莱……”① ③听到子君允诺要作出自我选择时，心中有“说不出的狂喜”，且浮想联翩。④对求爱的迫切的不成熟的考虑，致使“纯真热烈的爱”竟然近于“倏忽即逝”。这一切无疑告诉我们，涓生是一个冲动易感的、欲望型的年轻人；而子君与其恰好相反，她对爱情有审慎的认识，不轻易委爱、委身于人：①当涓生侃侃而谈，并且话语直接指向爱情的时候，“她总是微笑点头”。子君确实对

① 引文出自鲁迅：《伤逝——涓生的手记》，见《彷徨》，北京：北新书局，1926 年。

涓生作出了明确的回应，不过，微笑式的赞许只是表明具有了选择的倾向，还不等于去选择。英国伦理学家理查德·麦尔文·黑尔恰当地分析了赞许的语言内涵，它是对各种可能性选择的“引导”。[①] 也就是说，子君在对现代爱情理念的体认中，开始对其产生了心理上的认同。然而，由心理认同到决定付诸行动，有时候并不能一步跨越过去，这就是②，子君用了半年的时间。“我是我自己的，他们谁也没有干涉我的权利!”[②] 这句涓生期待已久的话，是子君“分明地、坚决地、沉静地”说出来的。向涓生表明心迹证明子君有了爱的付出（即“给予”）的决心，对自己要怎么做有了成熟的打算。但她始终不能确定涓生是否和她一样，于是有了③，在涓生做求爱的表白时喜忧参半的复杂感受。“但也还仿佛记得她脸色变成青白，后来又渐渐转作绯红——没有见过，也没有再见的绯红；孩子似的眼里射出悲喜，但是夹着惊疑的光，虽然力避我的视线，张皇地似乎要破窗飞去。然而我知道她已经允许我了，没有知道她怎么说或是没有说。”[③] 子君的隐忧告诉我们她并非盲目地看待即将到来的二人结合的生活，这样的审慎或许可以看作是对自己和涓生负责的朦胧的理性意识。结合小说后面的叙事，我们就会清楚子君的隐忧不无道理，因为“不过三星期”，在涓生“读”完了子君所有的一切后，他的激情就涣散了。

---

① 理查德·麦尔文·黑尔：《道德语言》，北京：商务印书馆，1999 年，第 121 页。

② 引文出自鲁迅：《伤逝——涓生的手记》，见《彷徨》，北京：北新书局，1926 年。

③ 引文出自鲁迅：《伤逝——涓生的手记》，见《彷徨》，北京：北新书局，1926 年。

如何来认识这场爱情呢？前述爱的本质在于互相给予，精神心灵随之互相成长，爱因而具备了启蒙的性质。康德说："启蒙就是人类脱离自我招致的不成熟。"[①] 启蒙属于人迈向成熟时的一个必经的成长过程，而爱在爱的过程中就会使双方脱离自己的不成熟状态，达至成熟，这就是爱的意义。只有互相给予才能互相成熟，假如只有一方给予的话，是不能使双方都脱离自我的幼稚和蒙昧的。很不幸的是，涓生和子君之间的爱便是这种不平衡的爱。在小说中，涓生一直在召唤着子君的爱，却看不出他自己对爱有什么付出。希求得到子君这个人是涓生爱情阶段最大的心理欲求，当然有这种欲求可以理解，但他却没有想过自己是否能承担起子君的爱。他的思维一直停留在爱的初始阶段，以为只要激励起子君爱的勇气就万事大吉了。所以当子君说出"我是我自己的，他们谁也没有干涉我的权利！"时很是"震动"了涓生的灵魂，"此后很多天还在耳中发响，而且说不出的狂喜，知道中国的女性，并不如厌世家所说那样的无法可施，在不远的将来，便要看见辉煌的曙色的"[②]。这句话的潜台词是：听到这样的决断，在不远的将来，便要看见子君的行动了，也就是说子君要为他所有了。从后面逐渐矛盾丛生的叙事可以看出，涓生并不是出于爱的付出而是出于爱的获得才与子君构筑家庭的。爱首先是要给对方幸福，然后才在对方的幸福里体验到自己的幸福，涓

---

① 伊曼纽尔·康德：《对这个问题的一个回答：什么是启蒙?》，詹姆斯·施密特编：《启蒙运动与现代性——18世纪与20世纪的对话》，上海：上海人民出版社，2005年，第61页。

② 引文出自鲁迅：《伤逝——涓生的手记》，见《彷徨》，北京：北新书局，1926年。

生对此恐怕不是很了解，只是一味地索取，爱的倾斜就越来越大。从涓生一方来看，应该说这是一场尚未成熟的恋爱。他没有类似于子君从外到内的实质性改变，透过激情的外衣他对所爱之人的理性承担——给予子君幸福——是苍白的，因为成熟的恋爱是激情与理性的完美结合，而缺少合理的理性思考的爱情必然是脆弱不堪的。

关于婚姻

婚姻理应是两性之间幸福生活的保障，它以组织家庭的形式来巩固爱情。当然，婚姻中的爱情与恋爱中的爱情是不同的，它增添了由婚姻这种组合形式带来的法律上的责任意识。组建一个家庭以后，原本各自独立的生活方式被打破，在此基础上进行新的家庭组合，从而形成一个新的共同体，而维持这个共同体的感情资源便是双方的爱与责任。如果感情中的任何一种成分发生了变化，婚姻继续存在的意义就会遭到质疑。我们说这是现代婚姻理念，它的构形始于五四新文化运动。然则这种理念的完形并非一蹴而就，而是经过了艰难的探索。如果从新文化运动提倡者鼓励女性冲出旧家庭、走向社会做一个独立的人说起的话，在传统伦理道德仍然能够左右人们思维的时候，以一个独立个体的女性身份在社会上寻求自由却是困难重重的。这样，把女性推向社会，尽管体现出女性的解放，即从旧家庭中挣脱出来，但是社会却不能很好地安置女性，在庐隐所概括的女性被当做“花瓶”的女性解放时代，女性是难以实现自我价值的。更进一步说，由于女性被推向社会，结婚成家就会被看作回到传统，这岂不是造成了一个左右为难的尴尬境地？五四女作家作品中常常流露出迷茫彷徨、无所适从的人生感叹，原因即在于此吧。

如何才能跨越两难的困境，探寻实现自我人生价值的女性之路呢？对这个问题，冰心率先作出了可贵的探索。《两个家庭》以努力建设新家庭的“贤妻良母”亚茜的人生追求，规划了女性可能——也许是可以——实现的蓝图。冰心强调了“女性的家庭与男性的社会”的角色配置，“表面上看小说似乎重复宣扬‘男主外、女主内’的传统观念，但这一看似熟悉的‘家庭’事实上是全新而陌生的空间。首先，冰心所展示的‘家庭’用全新的‘家庭/社会’二元结构解体了个人 < 家庭 < 国家 < 世界的传统同心圆结构。同心圆结构中无所不在的男性权威被缩小和限定在‘社会’之内，而‘家庭’则被重构为女性得以发挥自主性的领域。由此，女性被提升为与男性地位同等的主体。在‘家庭/社会’的二元结构中，‘家庭’就是为女性争取现代主体地位而设计的想象空间”。“亚茜所履行的多种主妇角色不仅包括负责私人领域的再生产，而且包括教育、启蒙、翻译等能够实现民族现代生活的现代化事业。冰心通过强调家庭的私人功能对社会建设的重要性，不仅刻画了家庭对公共领域的贡献，同时也将家庭本身划归为公共领域的一部分。”① 如果从家庭是社会必需的一个单元的认识出发，冰心的家庭构想确乎是有意义的。不过，这种家庭的理想化色彩偏重，至少在那个时代尚不能推广开来。且不说“红袖添香对译书”是否可以不受生活条件的限制，

① 任佑卿：《现代家庭的设计与女性/民族的发现：从冰心〈两个家庭〉的悖论说起》，《中国现代文学研究丛刊》，2008 年第 3 期。

单是“雇用一个下人，于经济上没有什么出入”[1] 也不是每个家庭都能做到的。而日常生活琐事又是家庭的主要内容，设若连家庭的“粗活”也要亚茜处理的话，这个家庭的优雅度是否要打折扣呢？在这个意义上，鲁迅对女性经济基础的关注是有道理的。但鲁迅不是唯经济论者，说《伤逝》的悲剧由经济而导致是不切实际的。经济只是加速了家庭的崩溃，在经济破产之前，这个家庭赖以存在的爱的基础就已经摇摇欲坠了。

《伤逝》中爱的基础的动摇开始得相当早。“我也渐渐清醒地读遍了她的身体，她的灵魂，不过三星期，揭去了许多先前以为了解而现在看来却是隔膜，即所谓真的隔膜了。”[2] 在涓生的眼里，子君是一步步脱离优雅，沉入庸俗的世俗生活之中的。子君的精神追求确实发生了变化，在营造家庭的努力中，子君发现了自我的存在价值。这恰恰为涓生所不满，他认为子君应该有更高的追求。但涓生不明白的是，在他不去经营家庭的时候，还要让子君发展超越家庭的更高追求，那么这个家庭就会疏于照管而难以为继。这个家庭同样以“女性的家庭与男性的社会”的角色配置来运转，子君对自己身份的定位是准确的。因为爱涓生，所以希望给涓生创造一个幸福的家，而她自己也在操劳中获得实现自我价值的幸福。

涓生对于这样的子君抱有不满，实际上显示了他对子君的不重视，他仿佛是以一个局外人的身份在审视子君，却没有想到如

---

① 冰心：《两个家庭》，《冰心选集》（第一卷），成都：四川人民出版社，1983 年。

② 引文出自鲁迅：《伤逝——涓生的手记》，见《彷徨》，北京：北新书局，1926 年。

果没有子君的操劳，他怎么可能有闲暇思考爱情的更新问题？而实际上随着婚姻的成立，爱情已经在更新了，添加了新的内容在里面。在婚姻中，爱情必须经受新的现实生活的考验，当高蹈的爱情遭遇世俗生活时，最好的结果是让世俗生活显示出爱的光辉。而要实现这种生活图景，理解和宽容是必不可少的。并且爱之于生活的渗透，需要二人合力促成，双方都负有不可推卸的责任。但我们看不出涓生对于爱的建设付出了什么具体的努力，相反他只是在喋喋不休地埋怨子君的庸俗，好像子君拥有了自己亲手创建的家庭是一个错误。

当然，子君达不到亚茜饱读诗书的水平，她对把家庭打扮得充满高雅的文化气息也不在行。而涓生对子君的期望其实就是希望她做亚茜一样的家庭主妇，学会侍弄花草，能够与他“红袖添香对译书”，享受高贵的精神生活。但是子君不像亚茜那么幸运地读了大学，受过中西文明的熏陶，像“打破旧习惯”、“男女平等”这样已经众所周知的思想，在涓生告诉她之前，她是从未知晓的。她把家庭的物质生活作为幸福的主要内容一心一意去经营，只能说明她对精神生活非不为，实乃不知其重要性，认识尚处在混沌状态之中，对于如何让生活更有意义缺少必要的思考。但这不是子君的过错，是不能苛责的。

在这种情况下，即二人对生活的认识发生分歧、互相不能理解的时候，爱的持续就很危险了。秉持精神化生活的涓生对家庭的物质化生活产生了疲倦以至于厌烦的感觉，进而对竟然“胖了起来”、两只手“粗糙起来”的子君还能拥有“红活”的脸色表示了诧异。而子君在内心里其实渴望涓生对她的付出报以热情，至少给以赞许或理解的同情，结果是仅仅得到涓生的不屑一顾，神色当然要“凄然”了。当初激动了二人心灵的爱恋，已经被“川流不息”的吃饭的“功业”磨损得所剩无几了。在新的打击到来之前，婚姻生活不能够因为爱而巩固起来，只靠责任在维系着，怎么可能去经受风雨呢？一旦吃饭的事情不能一如既往，婚姻可能就难以为继了。

稳定的衣食来源的丧失尽管可以使生活质量陡然下降，但并不必然会导致因爱而生成的婚姻关系的解体，如果真是这样，只能说明双方的爱出现了问题。涓生被辞退后，他对子君的不满从对其行为的不满上升到了对其性格的不满，“她近来似乎也较为怯弱了”，“她近来实在变得很怯弱了”。然而究竟是谁怯弱了呢？“我一个人，是容易生活的，……然而只要能远走高飞，生路还宽广得很。现在忍受着这生活压迫的苦痛，大半倒是为她，……但子君的识见却似乎只是浅薄起来，竟至于连这一点也想不到了。”[①] 如果把逃避看作怯弱的一种表现方式，涓生的行为就实在不那么好看，也不很大方了。本来子君在勉力支撑，正是需要涓生的协助共度难关，然而涓生当初的激情早已不在，已不想和她携手，而是独自留恋在无人认得出他的图书馆，去思考人生的要义了。“待到孤身枯坐，回忆从前，这才觉得大半年来，只为了爱——盲目的爱——而将别的人生的要义全盘疏忽了。第一，便是生活，人必生活着，爱才有所附丽。”[②] 涓生所谓“盲目的爱”也许是指他想以自己的影响提升子君的品格而

① 引文出自鲁迅：《伤逝——涓生的手记》，见《彷徨》，北京：北新书局，1926年。

② 引文出自鲁迅：《伤逝——涓生的手记》，见《彷徨》，北京：北新书局，1926年。

终于发现不可能，以至于疏忽了别的人生要义。如果这样来思考，涓生确凿是生活在别处了。等他发现生活的时候，那“宁静而幸福的夜”已经不能重来了。于是，涓生需要重新开启新的生活、新的生路，但他遇到了难题：子君努力想挽回渐行渐远的、飘散的爱。

如果说子君一点儿不懂得什么是精神生活，恐怕不符合实际。她眼中的精神生活不是高雅不高雅的问题，而是在世俗生活中如何散发出爱的光辉的问题。毋庸讳言，子君在同居之初切实感受到了精神生活和世俗生活的双重幸福，一并也使涓生受到了幸福的感染，尽管涓生对这样的幸福颇不以为然。子君在涓生被辞退并发觉涓生予她以冷漠后，试图以爱缓解涓生的生存压力，重新激活涓生爱的热情，“她从此又开始了往事的温习和新的考验”。这说明子君一如既往地在内心里爱着涓生，只是她的示爱方式在涓生看来太笨拙且缺乏诗意，以至引起涓生的反感，反而使涓生产生了分离的念头。这个由自由恋爱而构筑的新家庭到此已经名存实亡了，其中的是是非非、曲曲直直，自不难分辨。

爱与善的两难

没有人能够否认作家鲁迅直面人生的洞见，他仔细辨析了子君和涓生从恋爱到结婚两个不同阶段感情的起起伏伏，对恋爱可能达至的生活世界作出深入剖析；尤其可贵的是，在爱情被消耗之后，鲁迅没有轻易地以他们的分离作结，而是从善的角度进一步探讨现代婚姻的优长与处在其中个体的道德伦理承担，这无疑显示出鲁迅的卓越与深邃，在五四堪称独步。

鲁迅不把恋爱结婚看作爱情的完成，也不以为结婚后就能从此过上幸福生活，诚如小说中所说："爱情必须时时更新，生长，创造。"设若不能更新、生长，又能怎样呢？在鲁迅看来，这是涓生面临的最大问题。而在涓生看来，爱情不能更新，是由于子君沉入到庸俗之中，饲养油鸡、阿随，与官太太暗中争斗，为吃饭而昼夜不息地忙碌，这些表现与同居之前的子君已经大不相同；尤有甚者，在失业的打击面前，子君先前的勇敢也消退了。这些事情表明，子君不再是他志同道合的伴侣，他也就不再认为和子君的生活会有意义。他对于子君神情的冷漠以及不愿回到家中而在外逡巡的行为，无一不透露出他要一个人单独生活的心思。但是，涓生总是欲言又止，"我要明告她。但我还没有敢，当决心要说的时候，看见她孩子一般的眼色，就使我只得暂且改作勉强的欢容。但是这又即刻来冷嘲我，并使我失却那冷漠的镇静"。很明显，涓生陷入到了爱与善的两难困境之中。"我在苦恼中常常想，说真实自然须有极大的勇气的；假如没有这勇气，而苟安于虚伪，那也便是不能开辟新的生路的人。不独不是这个，连这人也未尝有！"①

想要与子君分离却又怕与子君分离，这不是爱在牵绊着涓生，而是善的道德理性在起着作用。在伦理学中，能够给予人幸福和喜悦的心理和行为是善的，相反予人以痛苦和不快的心理和行为则是恶的。涓生对这个基本的价值伦理原则是心中有数的，他实际上一直囿于这样的理念无法说出心里的"真实"。然而这种普遍的善恶原则与实际的善恶表现、道德生活常常互相冲突，

① 引文出自鲁迅：《伤逝——涓生的手记》，见《彷徨》，北京：北新书局，1926 年。

因此，需要区分实际生活中道德伦理行为的正当与不正当。“当一种可能的行为被视作具有两种特性，借由其一，它成为显见地正当的行为，借由另一特性，它成为显见地不当的行为，这时（我认为）我们就非常清楚，我们不知道该还是不该从事这一行为了；不管我们是否从事这一行为，我们都在冒一种道德上的风险。”① 这是令涓生左右为难的根本原因。而实际上对于行为正当性的问题还有待具体分析，一种正当的行为之所以能与不当的行为区分，是因为“行动者在那样的环境下所有可能的行为中，它们所具有的显见的正当性（在那些使它们显见地正当的方面）超出它们的显见的不当（在那些使它们显见地不当的方面）的值最大”②。这才是指导行为者选择的可行性依据。

鲁迅用了一半以上篇幅逐步深入到涓生的内心世界，呈现婚姻之内道德选择的痛苦。从涓生心的离去到身的离去，涓生以婚姻的破碎维护了现代婚姻的自由，这是他的认识高于子君的地方。现代婚姻不同于传统婚姻的根本之处就在于它是以双方意志和感情的自由为结合点和离散点，如果爱已远走仍然还要去维持的话，就会蜕变为不道德的婚姻，与个性解放相违背。在涓生发现爱正在凝固的时候，他其实也做了激活的努力，并不忍心遽然与子君分离，他那些看似高蹈实则必要的对子君的规劝也确实出自于真诚。惟其真诚地规劝了，然而并不见起色，才会促使涓生想到放弃，“我觉得新的希望就只在我们的分离”。

---

① 戴维·罗斯著，菲利普·斯特拉顿·莱克编：《正当与善》，上海：上海译文出版社，2008 年，第 86 ~ 87 页。

② 戴维·罗斯著，菲利普·斯特拉顿·莱克编：《正当与善》，上海：上海译文出版社，2008 年，第 98 页。

不能说涓生完全无情无义、虚伪自私，因为长此以往，他预感到的将是“一同死亡”。分离虽然痛苦，但总比闷死在新的“铁屋子”里面好。在这种情况下，说分离的正当性的值已经超出了其不当的值，具备了理性伦理的可行性是可以的。那么涓生的选择委实不足为怪。饶是如此，涓生却也没有匆忙抛出真实的想法，而是处心积虑地唤醒子君勇往直前的勇气，这其中夹杂的复杂的情感，是不容忽视的。

每当涓生要正面摊牌的时候，总是有一股相反的力量拉扯着他。这力量来自于对子君能否独立生活的担心和意识到抛弃子君而自感的不义。所以涓生常常在自责中勉励子君要坚强，而同时自感的“虚伪”也不断地被积聚起来，加重说谎的不义，涓生于是走到了只有说出真话才可以免除道义折磨的境地。然而，等到子君真的离他而去，尤其是得知子君回到了父亲的家中，他的反应又相当激烈：“这似乎又不是意料中的事，我便如脑后受了一击，无言地站着。”他根本没有预料到子君会回到已经与之决裂的父亲的家。“我以为将真实说给子君，她便可以毫无顾虑，坚决地毅然前行，一如我们将要同居时那样。但这恐怕是我错了。”涓生因而意识到了子君可能的坏处境，期望子君“有一天，将要出乎意表地访我，像住在会馆时似的”[①]。假如子君如涓生所希望回来的话，也许涓生会重新发现作为妻子的子君的可敬可爱之处，使爱真正地生出光辉。

这样说并非无中生有的臆断，自从子君拥有了新思想后她就

---

① 引文出自鲁迅：《伤逝——涓生的手记》，见《彷徨》，北京：北新书局，1926 年。

不再是一个传统的女性，她走的每一步都不是盲目的，无论决定与涓生携手，之后努力营造温馨舒适的家，还是最终独自悄然离去，都有明确针对涓生的爱的指向性。这些主要显示的也是子君的现代品格。子君走时尽管没有留下只言片语，她实际上已无话可说，但是通过辣椒、白菜和几十枚铜元传达了她对涓生的珍视，和她不善于表达的爱。在这样珍视对方的前提下，油鸡和阿随的事情又算得了什么呢！如果非得算成什么事情的话，那也许说明子君在家庭中是被涓生忽视、不被珍视的，用这些来判定子君的传统是没有说服力的。至于子君回到父亲的家，似乎也不能轻易断定是女性的依附性作祟，毕竟社会并没有能够为女性妥善安排立身的位置，况且失爱又失家的子君首先面临的是生存的问题，回到父亲的家是虽不合理但合情的选择。子君之死，恐怕不单是父亲催逼的，更多的倒是源于爱的打击。“她的命运，已经决定她在我所给与的真实——无爱的人间死灭了！”

涓生的这种心理使他产生对自我行为的悔恨，“悔恨往往是对本应该、本可以做到、做好而未果的事情的检讨和自我谴责。涓生的悔意愈深愈发表明，涓生和子君之间的交往理性是本可以、本应该维系下去的”①。为反省自己的重大过失，涓生在痛悔的过程中也重审了与子君的婚姻生活：“经过许多回的思量和比较，也还只有会馆时还能相容的地方。依然是这样的破屋，这样的板床，这样的半枯的槐树和紫藤，但那时使我希望，欢欣，爱，生活的，却全都逝去了，只有一个虚空，我用真实换来的虚

① 张春泉：《交往理性的“伤逝”——〈伤逝〉的主体交互性解读》，《哈尔滨工业大学学报》第9卷第1期，2007年1月。

空存在。”“我将在孽风和毒焰中拥抱子君，乞她宽容，或者使她快意……”[①] 爱与善在涓生心中此起彼伏，荡涤着他的灵魂，在付出巨大的代价之后，促使他跨进“新的生路”。涓生的求真意志尽管给他带来了发源于善的痛苦，但我们理应认识到，在善客观上已成为束缚的时候，它的道德上的价值就转化成负面的了，维持一个无爱的也即不道德的婚姻并不比打破这样的婚姻更高尚。涓生的行为也并非盲目，我们甚至因此看到涓生正走向他的“成熟”，尽管代价太惨重；而惟其代价惨重，痛彻心扉，涓生才会对自己进行深刻反省：第一步，为了子君和自己，真诚地写下“悔恨和悲哀”；第二步，在埋葬旧我的前提下，“向着新的生路跨进第一步去”。

现在可以跳出小说了。论者虽然使用“当现实中的善以不当的方式起作用的时候，冲破它的包围是可行的”这样的伦理推理，论证涓生行为的合理性，但是，话还得说回来，凡事有经有权，这样的合理性如果违背了普遍的善的话，又该如何看待呢？事实上，恰恰是涓生的合理性选择导致了子君的死，涓生对此心里清楚，即便事中和事后作出深重的忏悔也无济于事。在涓生冲动性的爱恋退潮之后，现代性昭示的真实与自由摆在了他的面前，最终他让真实与自由伦理战胜了责任伦理，这就让我们看到爱的真实与自由竟然也能“杀人”，这不能不说是鲁迅先生的洞见，显示出其对人性的拷问之深，尽管非常残酷。其实，鲁迅先生一开始就对涓生和子君的恋爱有冷静的审视，他深知这恋爱

① 引文出自鲁迅：《伤逝——涓生的手记》，见《彷徨》，北京：北新书局，1926 年。

没有生成共同的基础，也许一切导源于爱，这倾斜的爱！至于婚姻，鲁迅先生也极为警惕，一旦爱被抽空，现代婚姻还剩下什么？毫无疑问，只余一副空壳而已。鲁迅先生追问这副空壳存在的意义与价值，或者说追问还有没有意义和价值，论者以为，这对于当时即写作《伤逝》那段时间的他来说，除了反省恋爱之神圣倾向的自我承担外，还有着属己的自我拷问在里面。

鲁迅先生和朱安女士不和谐的、无爱的婚姻状况众所周知，鲁迅先生也从未对此遮掩，也从不讳言。他确实深味了处身其中的切肤之痛，通过写作《伤逝》来问询现代婚恋的特质，鲁迅先生对被给定的婚姻于此有了自己的理性认识。鲁迅先生不同于或者说高于涓生的地方在于，尽管他不爱朱安女士，可还是认为对其有责任；即便另有所爱，也有妥善安置朱安女士的责任，不以爱的自由“杀人”。这样，一直以来被善的——实际上也不具有正当性的——伦理感受所困扰的他，从此可以解脱出来了。也许只有这样，已经人到中年的他，才能够整理好自己的感情，坦然面对那份迟来的爱。

五　1920 年代女作家精神世界探源

如果给五四以来的现代女性解放思潮进行分期的话，大致经历了五四高涨期、20 年代反思期、30 年代转型期等不同阶段。五四高涨期浮出的女作家致力于探求社会公共问题；到 20 年代反思期，庐隐和更多新出作家转向女性自我的意义追问，这与女性解放思潮的深入及作家自我意识的发展有关，她们以独立个体的姿态立身社会，争取个体的自由和自主。这一努力受挫后，尝试着以同性心灵共同体这一个体集合的形式与男性他者抗争；等这一坚守式的抵抗失利后，她们彻底发现女性问题不仅仅是女性与男性的问题，而且还是女性与社会的问题，要想真正获得女性解放，必须使社会解放，由此，她们不约而同地与革命进行了双向选择。本章力图勾勒 1920 年代女作家的心路历程，期望寻找到她们意识/心理的嬗变轨迹，解答这些变化的合理性。

1　心灵共同体的提出

《新潮》第三卷第一、二号刊登了冯友兰推介法国哲学家柏格森学说的文章，盛赞柏氏对“心力”（精神活动）[1] 的探索：“他的哲学，称为变的哲学（Philosophy of Change），也称为直觉的哲学（Intuitive Philosophy）。而‘直觉’这个方法，……现在柏格森把他正式提出，好像一个哲学方法的革命。”[2] 柏格森的非理性哲学打开了人类一向隐秘的心灵世界，他认为人格可以在直觉（知觉）中内省到，“我们自己的人格，在那里流着，穿过时间；我们的‘我’，在那里绵延”。冯友兰解释道：“我们自己的意识，不但我们自己能直接知道，我们就生活在这个里头。”[3] 意识乃外界事物和现象刺激大脑后的反应，不断的刺激会引发不断的反应，交错着、绵延着，川流不息。在五四那个剧变的——就连被视为“闺秀派”的冰心也说是“破坏与建设”的——时代，人的意识自然也会随之翻腾奔涌。周作人的“人的发现”，胡适的易卜生式“个人主义”，都是在讲精神的自觉。汪晖认为现代中国思想的兴起主要是人的精神世界改换图像的问题，公理（科学、民主、个人）世界观取代天理（天、天理、礼）世界观，产生现代意识，“五四”在其中起到了重要作用。[4] 日本学者柄谷行人谈日本现代文学“自我”的发现，以为其是一个重

① 冯友兰：《柏格森的〈心力〉》，《新潮》第三卷第二号。

② 冯友兰：《柏格森的哲学方法》，《新潮》第三卷第一号。

③ 冯友兰：《柏格森的哲学方法》，《新潮》第三卷第一号。

④ 参见汪晖：《现代中国思想的兴起》上卷第一部导言，北京：三联书店，2004 年。

要的现代性现象，[①] 而柏格森之所以受到国人关注，[②] 也正与“现代自我”的发现有着内在的关系。[③]

柏格森揭示意识的丰富与复杂，意识具备的绵延即动的特性，颇能说明五四时期心灵的躁动，亦能透射现代自我的心灵成长。他说：“意识所以能保持它们，乃是由于外界的这些不同状态引起了种种意识状态，而这些意识状态互相渗透，不知不觉地把自己组成一个整体，并通过这个联系把过去跟现在联在一起。”[④] 又说，“情感自身是一种活着的、发展的东西，因而时刻在变化……但是情感所以活着，乃是由于有它在其中发展的绵延是一种其中各瞬间彼此渗透的绵延。”[⑤] 由此可知，情感的发生与变化离不开外在世界的推动但又与主体在其中的选择有关。

“五四”不消说是一个社会心理的危机期，“在这一时刻中，发展必须向一方或另一方前进，安排生长、恢复和进一步分化的各种资源。”[⑥] 世界观的置换因此便是社会新的同一性的形成，同时牵引个体发生同一性转换。个体在“破坏与建设”的时代遇到自我一致性和连续性的危机，也就是他的意识猛然间涌进大

---

① 参见柄谷行人：《日本现代文学的起源》第三部分“所谓自白制度”，北京：三联书店，2003 年。

② 这里仅列部分文章：刘叔雅：《柏格森之哲学》，《新青年》第四卷第二号；张东荪：《柏格森与现代哲学》，《时事新报·学灯》1919 年 7 月 11 号；方珣：《柏格森“生之哲学”》，《少年中国》第一卷第七期；《民铎》第三卷第一号“柏格森号”。

③ 可参见吴先伍：《柏格森哲学对李大钊时间观的影响》，《安徽师范大学学报》第 31 卷第 2 期，2003 年 3 月。

④ 柏格森：《时间与自由意志》，北京：商务印书馆，1958 年，第 81 页。

⑤ 柏格森：《时间与自由意志》，北京：商务印书馆，1958 年，90 页。

⑥ 埃里克·H·埃里克森：《同一性：青少年与危机》，杭州：浙江教育出版社，1998 年，第 17 页。

量陌生的质素，与原本构成绵延的质素产生碰撞，于是形成新的同一性，获得新的安全感。个体的心理认同指向更大一级的群体心理，是一种心灵的靠拢，聚集的结果创造出一个“共同体”来，“在共同体中，我们能够互相依靠对方”，[①] 互相获得心理的确认。

同一性的确立牵涉到意识绵延的方向性，汇集起来的种种经验经过滤后择定一个方向推移，意识的绵延看似漫无边际，实则有着基本的航向。从晚清到“五四”，无论社会结构还是心理，都处在一个去旧向新的嬗变期，其中的妇女解放更是几经波澜。如从 1900 年代算起，这十年发出的关于妇女的声音要求女子做女国民和贤妻良母，到 1910 年代，成了女国民的女子掀起参政运动，失败后及至 1920 年代，又从文化心理上呼吁妇女解放。这种由男女混杂的声音组成的和声，吸附着个体去寻求心灵认同。但是，一种声音能够发出来，是因为它一直缺场，新声音扩散的时候，积聚的力量非常强大，声音的先锋性也就是尖锐性一旦被磨平，甚至被当作“塞壬的歌声”，就达到了它的危机期，酝酿着发出另一种声音。在“五四”，女性解放声音起落迅速，还因为性别规定性的制约，男性提倡者大而化之的鼓动和许诺实际上遮蔽了女性心理的复杂，当女性站在外围，感觉到好像是坦途，而跻身这个有些眩目的空间，很快发觉荆棘密布，她们的反

---

① 齐格蒙特·鲍曼：《共同体》，南京：江苏人民出版社，2003 年，第 3 页。关于共同体（community）这个词，译者欧阳景根说：“既可指有形的共同体，也可指无形的共同体”，见第 1 页译注。本尼迪克特·安德森在《想象的共同体——民族主义的起源与散布》中就把民族主义看作是想象的共同体，详见此书第 6 ~ 7 页，上海：上海世纪出版集团、上海人民出版社，2005 年。

抗、徘徊甚至失望，在意识中绵延着，在心中郁结着，自然，她们也在探寻着。

五四女性以“娜拉”的姿态在社会上浮出，作为一种现代性的“震惊”体验，未尝不让女性激情满怀，但任谁都能看出外力的助动。然而“出走”之后，却不期然陷入鲁迅式的“无物之阵”，意识的焦虑、心灵的彷徨，促使她们去营构女性自我的心灵共同体，以情感的政治对抗男性意识的侵袭。

1919 年，张慰慈说，欧美女子正处在解放与建设的中间，“一个漂流与无定的过渡时代”，预言中国女子不久也将如此。[①] 此言不差，同年有一篇文章说：“如今‘平民主义’讲的极盛，转不过是男子的平民主义，何曾研究到女子身上；即使有人在言论上提倡女子解放，也并没有具体办法。”[②] 妇女解放问题从《新青年》杂志集中推出，在 1910 年代下半期和整个 1920 年代，大部分出版物（报纸、杂志等）参与过讨论，妇女的恋爱、婚姻、社交、教育等问题层出不穷，大有“乱花渐欲迷人眼”之势。1920 年，沈雁冰说：“……我们现在对于妇女解放的种种活动，都是浮面的，无系统的，无秩序的；进而言之，竟可以说是无方法，不彻底，无目的。”[③] 女性解放由最初的先锋话题普及为时尚话题，逐渐暴露出其中的空洞与浮泛。中国传统儒教与女教，以及新文化附带滋生的男性意识和女性依从，这些散布于人

---

① 慰慈：《女子解放与家庭改组》，《每周评论》第 34 号。

② 张若名：《“急先锋”的女子》，中华全国妇女联合会妇女运动历史研究室编：《五四时期妇女问题文选》，北京：三联书店，1981 年，第 49 页。

③ 沈雁冰：《我们该怎样预备了去谈妇女解放问题》，《妇女杂志》第六卷第三号。

的意识与无意识深处的观念与思想，依然凝集着未曾打破，无怪乎一片质疑之声。

质疑不等于否定，而是在认可女性解放的前提下诚恳地指出问题的偏失与混乱。对“女界”这个词，康白情反驳道：“男女绝对的平等，那有什么所谓‘界’？‘女界’这个名词，就是对于普通社会为特殊社会而成立的；就是不承认女子是‘人’。……可见‘女’而有‘界’，绝不是新时代的产物了。”①至于“女子解放”，张崧年说：“解放，解放，细剖起来，实含着轻侮的意味。解放者与被解放者必是立于不同等的地位。……唱女子解放的男子更说‘女子解放以后，可与吾们营共同的生活’这更可异。”② 归根结底，女子还是要自我解放，借助解放的声势开辟解放自我的路径。沈泽民解释“妇女主义”的含义时说：“妇女主义（Feminism）的根本要义，简单说来，就是妇女人格的解放。”③ 而妇女人格的解放，关键是心理的解放，“所以女子解放的第一个条件，就是女子的心理解放”④。

传统伦理道德牵制女性个体的心灵，她们绝大多数在如此氛围中成长，这种生活政治甚至能够使其心灵产生“异化”却不以为非，所以往往是身受戕害的以及受新文化影响较深的女性，心理觉醒得迅速，反抗得坚决，但也最容易在冲决家庭的男权意识后发觉社会更大的男权意识，独立并不是一件轻松的事情。女

① 康白情：《女界之打破》，《少年中国》）第一卷第四期妇女号。

② 张崧年：《“女子解放”大不当》，《少年中国》第一卷第四期妇女号。

③ 沈泽民：《妇女主义的发展》，《民国日报·觉悟》1920 年 7 月 3 号。

④ 劳泽人：《女子的心理解放》，梅生编：《中国妇女问题讨论集》（下卷），上海书店据新文化书社 1923 年影印版，第 122 页。

性踏上早已不属于她们的社会，激动的情绪过后很快会失望、颓唐，但“自由意志”[①] 一经发舒，再也不能退回从前，因此寻求同性联谊，构建心灵共同体，便成为她们对抗男性政治的“合理化”的心理/行为。

2　自由意志的力量

如果站在性别立场看五四女作家，她们跻身男性文学空间和社会公共空间的努力，证明其已然获得了“女性—人”这一现代意识；以社会/女性作为言说主体，说明她们正在形成一致为女性的、争取女性独立的、具有性别大同色彩的共同体意念。这是一种难以确定边界的共同体意念，是作为“被抛者”被社会动力场震荡后造成的谐振，这个玫瑰色的共同体较多指向“女性是人”而不是“女性是女性”。两种不同的价值观，女性独立为人和女性独立为女性，其社会立场并不一样，一种向外扩散，一种向内聚敛；一种是由女性出发归结到人，一种是由女性出发仍归结到女性。我不拟在此作出某种价值判断，只想指出“成为人”的共同体意念的必要性，它作为女性自由意志扩散的激励源，赋予女性冲破樊篱的勇气和坚忍的毅力，也为第二种价值观的寻求奠定了可行性基础。

---

① 关于自由意志，柏格森说：“如果大家同意把凡是从自我并且唯独从自我所发出来的动作称为自由动作，那末，表示人格的动作是真正自由的，因为只有自我才有权利被当作这动作的创造者。如果大家同意在所做出的决定之某一特征上，在自由动作自身之上，去找自由意志，那末，大家就会承认自由意志确是事实。”《时间与自由意志》第118页。

对五四女作家的创作做类型学研究开始得挺早，毅真的《几位当代中国女小说家》[①] 就很有典范性。文章把第一个十年胜出的女作家分成三派：闺秀派作家冰心女士和绿漪女士，新闺秀派作家凌叔华女士，新女性派作家冯沅君女士和丁玲女士。划分的依据是对爱与爱的对象的认同差异，以及有无叛逆性。若以家庭为衡量尺度，前两派属于建设维护型，后一派属于冲决淡出型，女性社会化的程度增强了。杨义也把她们分为三组："出现于新文学运动前期的陈衡哲、冰心为一组，出现于流派盛行时期的庐隐、石评梅、冯沅君为一组，凌叔华、苏雪林为另一组。"[②] 划分的原因是艺术个性的不同，第一组问题意识强，自叙传色彩弱；第二组自叙传和主观抒情的色彩强，且更富有叛逆性；第三组缺乏叛逆性，"情调较为温顺"。杨义在其中也暗含了思想的判断，问题小说潮流过去之后，女作家的创作主旨分化为二，即第二组由问题意识切入女性意识，第三组则回到家庭展现家庭女性的众生相。这呈现了对女性自我及女性问题关注的细微化趋势。

我在上述基础上另提出一种划分 1920 年代女作家的方法，把陈衡哲、冰心、苏雪林、凌叔华归为一组，把庐隐、石评梅、陈学昭、谢冰莹、冯铿、白薇、丁玲划为一组，冯沅君、沉樱为第三组，介于前两组之间，但客观上与后一组更有亲缘性。我的划分主要基于这样一种问题意识：为什么第二组作家在某个时候的作品中充满了革命意识而第一组却几乎没有？

---

① 收入黄人影编：《当代中国女作家论》，上海：上海光华书局，1933 年。

② 杨义：《中国现代小说史》（第一卷），北京：人民文学出版社，1986 年，第 214 页。

陈衡哲和冰心都有社会问题小说问世，随后陈衡哲转向新家庭的建设，如《一支扣针的故事》、《洛绮思的问题》等，《一支扣针的故事》中的西克夫人身上还有着冰心“爱的哲学”的影子：“西克夫人常对我说，她愿把她的家庭，作为教育一般青年的工具；她又说，她为了这个母爱，这个从她的儿女推广到他人的儿女的母爱，可以牺牲其余一切的一切，虽然有许多牺牲也是十分痛苦的。”[①] 陈衡哲从童话中传达“造命”思想到《波儿》揭示社会公众问题再到对家庭两性关系的建设，获得了稳定的意识/心理认同，寻找到自己的题材域。冰心一开始就以家庭问题和社会问题相交错而显示出强烈的问题意识，第一篇小说《两个家庭》在对比中阐发新家庭的重要性，《斯人独憔悴》、《去国》等发出民族国家的声音，到了《超人》，冰心竖起“爱的旗帜”，[②] 人与人的隔膜、冷漠可以依靠爱来和解，“世界上的母亲和母亲都是好朋友，世界上的儿子和儿子也都是好朋友，都是互相牵连，不是互相遗弃的”[③]。冰心至此达到具有终极性质的情感认同。毅真说：“冰心的爱的对象是她的母亲；而她（指苏雪林）的爱的对象是她的丈夫。”[④] 苏雪林和凌叔华都有一个随时取材的家庭域，苏雪林的《棘心》表达的是一种新旧调和，凌叔华则展现旧家庭以及新家庭的旧痕迹，《绣枕》是旧家庭的缩影，《酒后》、《花之寺》等则是新家庭的现形，她们两个在思想

---

① 发表于《新青年》第8卷第2号。

② 刘思谦令人信服地分析了冰心创作的这种转变，参见刘思谦：《“娜拉”言说——中国现代女作家心路纪程》第四节“冰心：迷离的东方女性之真”，上海：上海文艺出版社，1993年。

③ 冰心：《超人》，《小说月报》第12卷第4号。

④ 收入黄人影编：《当代中国女作家论》，上海：上海光华书局，1933年。

上没有发生太大变化，基本上一手挽着家庭，一手伸向社会，作一种具有建设意义的努力。四位女作家在五四自由意志扩展的潮流中，由于情感的认同偏向于家庭一方，即使受到冲击，自我意志也基本上没有偏离航向，这反而有利于把“家庭—社会”这个问题开掘得更深一些。从她们的意识中可以分析出，她们拥有的是“成为人”的共同体意念，这种信念给了她们的心灵以稳定支撑而不至于倾斜。

冯沅君的创作最能表现母爱与情爱的冲突，其作品叙述人的复数特征①，以“我们”的口吻叙述爱情波折，给读者以感同身受的亲和力。“五四”是一个要求恋爱自由的时代，冯沅君“几乎罗列了在封建束缚下自由恋爱的青年可能的各种处境：离家出走、私奔、秘密旅行、绝食抗争、自杀殉情以及被母爱转化、为压力屈服……”②。这些行为以“我们的神圣的爱情”的名义发出，“身命可以牺牲，意志自由不可以牺牲，不得自由我宁死”③。自由意志的力量尽情迸发，足以产生巨大的感召力。虽然冯沅君最终回归母爱，但其中的对抗性是第一组作家不具有的，只有抗争才可能以独立的人格面对社会。属于第二个十年的沉樱最初还带着冯沅君的痕迹，《回家》、《下雪》等表现对家庭的矛盾心情，要家庭还是要爱人的痛苦。但沉樱很快将兴趣转移到对自由恋爱的剖析，沉潜于恋爱女性的心域，《爱情的开始》、《喜筵之后》透视两性感情的裂隙并尝试作出对男性不忠实的抵

① 刘思谦：《“娜拉”言说——中国现代女作家心路纪程》，第29~31页。

② 李智鹏：《被疏离的高度——论中国新文学第一位女作家陈衡哲》，《齐齐哈尔大学学报》，2001年7月。

③ 淦女士：《隔绝》，《创造季刊》第二卷第二号。

抗，预示沉樱的思考将发生转变。果然，在30年代的《旧雨》中，出现“反正社会组织不变，女子是谈不到解放的”[①] 这样的时代话语。不过沉樱已为自己划出意义领域，这种话语只成为浪打“围城”的回声。

在第二组中，通常不把庐隐、石评梅称作革命文学作家或左翼作家，但她们的发展路向具有启示性，陈学昭、冯铿、谢冰莹、白薇、丁玲走着她们曾经走过的心路汇入革命洪流。1921年庐隐发表于《小说月报》的四篇小说[②]充斥着复杂的社会话语，其中政治/经济学话语比较重要。《一个著作家》讲述金钱买断幸福的故事，致使有情人先后奔赴黄泉。《灵魂可以卖吗?》较早触及资本主义经济对工人灵魂的异化。“当早晨动工钟响的时候，工人便都象机器开了锁，一直不止的工作，等到工厂停工钟响了，他们也象机器上了锁，不再转动了!”王绯通过分析庐隐写于1920—1921年的文章指出：“这位五四运动的积极分子，在妇女解放问题上已建立起强固的女性自立意识，在社会革命问题上受到一定的马克思主义学说影响，对不平等的阶级及社会性别制度持有先进的思想主张，这些都决定了庐隐携着‘问题小说’在意义之旅起步的成熟。”[③] 按说庐隐应该不会有心理危机，但到了1922年，庐隐确乎跌入愁城恨海，变成女作家中第一个悲哀的叹美者了。逻辑上的断裂其实正是心理上的发展，《一个

① 沉樱：《喜筵之后 某少女 女性》，北京：人民文学出版社，1987年，第254页。

② 分别是：《一个著作家》，《小说月报》第12卷第2号；《一封信》第12卷第6号；《两个小学生》第12卷第8号；《灵魂可以卖吗?》第12卷第11号。

③ 王绯：《空前之迹——1851—1930：中国妇女思想与文学发展史论》，北京：商务印书馆，2004年，第505页。

著作家》、《一封信》、《灵魂可以卖吗?》虽均有女性人物出场，但作者并未从性别立场为其申诉，说明庐隐此时秉持着“成为人”的共同体意念，而有了“成为人”的觉悟再行进到“做女人”，也只是一步之遥。这一步对庐隐来说得益于两个契机：一是问题小说的退潮趋势，五四新文化运动掀起诸多社会问题，自身的潮涌却渐渐被它们耗尽力量，带来黯然神伤的社会心态；二是如前述进入妇女解放反思阶段，解魅女性解放话语，裸露出的新、旧现象问题重重。两种激情的涣散产生深刻的迷惘与彷徨，《或人的悲哀》中，庐隐发出终极意义上的天问：人生是什么?名利是什么?主义有多大的力量?这种“存在主义”式的追问令主人公亚侠心灰意冷：“我心彷徨得很呵！往那条路上去呢?……我还是游戏人间吧!”“我对于我的生，是非常厌恶的!我对于世界，也是非常轻视的。”[①] 不仅流露出叔本华式“人生乃一苦海也”的思想，也折射着唯美—颓废主义通常表现的消沉、负面反抗的光影。这时候庐隐才发觉“娜拉”在社会上立身的困窘，她的意识还会关注些什么，她的思想会往哪里去呢?

错过问题小说潮流的石评梅起笔跌入厨川白村式“苦闷的象征”里，她的悲哀和愤世嫉俗多与“独身”意识有关。“五四”关于独身的讨论形成两种截然不同的观点，出于男性之口的行劝勉之意，出于女性之口的则被当作独立的基础，石评梅是女性中独身意志最坚定的一个。她在给好友袁君珊的信中说：“我最爱处女，而且是处女的尸体，所以我愿我爱的实现!”“我的罪过自然是一方面要求爱情，而一方面我又拒绝我素所恨恶的

① 庐隐：《或人的悲哀》，《小说月报》第13卷第12号。

结婚。"[1] 在灵海里追求完美的意志颇令石评梅左右支绌："说到我自己时，真觉惭愧，也觉悲哀；除了日浸于愁城恨海之外，我依然故我，毫无寸进可述。"[2] 如此表述与第二期的庐隐庶几相同。

陈学昭和石评梅都在作品中表达过"母女同体"的感情，但与冰心不同，母爱未能成为她们孤独心灵的庇护所。陈学昭还与庐隐、石评梅一样，对女性的生存状况发表过议论："她们在父权夫权之下，不知不觉间，养成了奴隶。"[3] 字里行间闪烁着她的踌躇满志。不过她的创作还没有同步进展到改造"奴隶"的地步，反倒让人觉得有些"退步"，"人生是人生，没有其他的什么"[4]。"偌大的世界，原多生我一个做什么，少了我一个又算什么？"[5] 这种对人说话与对己说话的不同，更深刻地揭示出"过渡时代"无序混乱的状况，一种无定的漂泊感弥漫在1920年代前期女作家心头。此时的"娜拉"在新旧混杂的男性群体中观察到令人错愕的事实：你要独身吗？他们会慷慨陈词说有违两性发展；你要恋爱吗？又有多少打着恋爱旗号的男性不知心里在想着什么；你要自立吗？庐隐已经说过这是个欢迎"花瓶"

---

① 卫建民编选：《魂归陶然亭——石评梅》，北京：人民文学出版社，2002年，第122~123页。

② 石评梅：《寄海滨故人》，《石评梅选集》，太原：山西人民出版社，1983年，第20页。

③ 陈学昭：《我所希望的新妇女》，《陈学昭文集：倦旅、忆巴黎》，杭州：浙江人民出版社，1998年，第460页。

④ 陈学昭：《陈学昭文集：倦旅、忆巴黎》，杭州：浙江人民出版社，1998年，第3页。

⑤ 陈学昭：《陈学昭文集：倦旅、忆巴黎》，杭州：浙江人民出版社，1998年，第60页。

的时代，到底“何处是归程”呢？

新文学第二个十年由“文学革命”发展到“革命文学”，革命的意识形态在取代着个体的自由意志。谢冰莹四次和家庭搏斗，终于从痛苦的婚姻中脱身而出，一下子投身到革命中去，似乎浓缩得没有独立后的彷徨苦闷期；冯铿也好像踏上社会后就接收到革命、阶级意识。革命文学的迅速兴起确实让人很难从容地倾诉自我苦闷，我在下文会分析这种浓缩情况。倒是白薇和丁玲还承载着“五四”余绪，一步步艰难行走着。白薇在给杨骚的信中说：“我不过是有时候象从荒冢里爬出的幽灵，荒冢乃是我永远安息的土地。”[①] 经历过与谢冰莹相似的离家出走，白薇心中已然一片荒凉，“荒冢”透露出一种不安定的恐惧感，而不安全感越发使她渴望寻求心灵寄托，她寻找到的是沉浸于艺术之美的玄秘世界，《苏斐》、《访雯》、《琳丽》营造着唯美甚至于颓废的幽玄情景。[②] 在这里，白薇的“美与爱”与冰心“爱的旗帜”承担着相同的温暖功能，她说：“我憎恶，越炽烈地憎恶人们普遍地虚伪；我痛恨，越深刻地痛恨人们集中刻毒的箭头，对最忠实，美好，天真，可爱，却无依靠的人儿去毁坏。”[③] 白薇的举重若轻以及对颓废的耽迷，在革命的环境里毕竟已成为险路一条，这三部作品一部比一部困扰着白薇想象的完美感，在《琳丽》中，白薇最终让琳丽自杀了。

---

① 转引自白舒荣、何由：《白薇评传》，长沙：湖南人民出版社，1983 年，第 40 页。

② 马利安·高利克在《丫鬟的诱惑——白薇对宝玉访晴雯的颓废主义叙述》中详细分析了《访雯》的颓废色彩，《海南师范学院学报》，2004 年第 5 期。

③ 白薇：《我投人文学圈里的初衷》，收入郑振铎、傅东华编：《我与文学》，上海：上海生活书店，1934 年。

同白薇一样，时代留给丁玲展示自由意志的时间也不多，似乎丁玲一踏上文坛就匆匆忙忙地行进。《梦珂》演绎着“娜拉走后怎样”的问题，小说描述的三个场景：学校、姑母家、剧社，如三个电影画面剪辑着梦珂心灵的悲哀与堕落，此时丁玲运用鲁迅式的思维剖析女性生存境况，一旦跌入“纯肉感的社会里去”，[①] 哪里还有自我的存在？到《莎菲女士的日记》，丁玲的失望感更加彻底，这篇自由意志扩张到极致的作品，为个体的苦闷情怀划上一个巨大的惊叹号。小说点出莎菲的生存环境——一个政治风云变幻无穷、商业金钱无孔不入的时代，欠安的身体休养着恰好给予莎菲意识飞扬的借口，颇不宁静的心理，一如外面世界一般喧腾：“我总愿意有那么一个人能了解得我清清楚楚的，如若不懂得我，我要那些爱，那些体贴做什么？”[②] 莎菲渴望遇到一个心灵的对话者，为此甘愿让心灵冒险，一个漂泊无定的现代自我拷问灵魂的时候，裸露着五四自由意志最后的辉煌。个性自由、人格独立、恋爱自主，莎菲仍然想自我求证神圣许诺的合理性有多大，而实际上这种合理性正在萎缩。“于是我想哭，哭我走得这样凄凉，北京城就没有一个人陪我一起哭吗？”[③] 时移世易，1927 年的莎菲心中只剩下对男性深深的绝望。

也许到此应该对女作家的“意义之旅”做个小结，荀子云：“不积跬步，无以至千里；不积小流，无以成江海。”我们谛听来自她们心海的声音，审视她们艰难跋涉的步履，然后看到一个个五四女儿如何希望，如何失望、绝望。她们兴冲冲踏

---

① 丁玲：《梦珂》，《小说月报》第 18 卷第 12 号。
② 丁玲：《莎菲女士的日记》，《小说月报》第 19 卷第 2 号。
③ 丁玲：《莎菲女士的日记》，《小说月报》第 19 卷第 2 号。

上社会，要求做“人”而不是男性的“奴隶”或“花瓶”，运用妇女解放话语为自己开辟道路，然而，短暂的激动之后，她们不得不承认解放终点的遥远，自己不过刚刚上路，在路上而不是到达终点。自我的迷失以及男性意识的漫漶，在女性个体的意识中造成两相夹击之势，受阻的自由意志转而便去寻求同性联谊，结成同性心灵的共同体，这成为女性坚守自我的最后一步。

3 心灵的共同体

“五四”自由、解放话语的被给予性质，使得女性敏锐而痛苦地体验到在男性中心社会的悲凉，不难想象女性处世的孤独。作为一个文化/伦理事件，女性“浮出”必定给社会意识带来冲击，“五四”可以说是两性共同存在的磨合期，这个时期女性的基本策略是坚守与抗争，力求不被男性社会淹没，当她们感觉个体的力量不足以抵抗强大的男性他者，便采取退守姿态，以同性情谊连结女性姊妹，所谓以退为进，通过书写女性情感政治学实施对男性世俗/生活政治的抵抗。“女性同性恋是‘五四’女性文学中一道特殊景观。它从一个层面表现了女性刚刚踏上解放之途时的特殊心态，同时也在对她们精神痛苦的理解中批判了从现实处境和内在精神两方面压抑女性的不合理社会。”① 我把这种不仅出于身体性动作而且包括情感“冰雪情谊”的女性同性情

① 李玲：《青春女性的独特情怀——“五四”女作家创作论》，《文学评论》，1998 年第 1 期。

爱称作同性心灵共同体，以描述1920年代女作家在某一时刻心灵的“共在”和“共享”。从创作历程看，她们已经走到此处，但创作因仅是其中一个条件，生活因则是另一个条件。回顾当时关于同性情爱的讨论，可以总结三个观点：①发生的原因：和异性交际的隔膜与断绝；②发生的结果：妨碍个人幸福、危及种族繁衍；③基本情况：越发炽张。这自然是社交公开、恋爱结婚等五四话语预设的结论，[①] 不过，亦可见同性情爱在1920年代的普遍。需要指出的是，它与传统中国女子因礼教、女教提防男女有别致使情爱向同性偏离不一样，[②] 新女性的同性感情对象不再是来自同一家族的女性，而是从不同家庭走出汇集到校园或其他公共场合、携带对普遍男性失望情绪的新女性，她们试图在男性中心社会建造一块归属于女性自我的“飞地”。

现代中国作家中涉及女性同性情爱的有杨振声、郁达夫、茅盾、凌叔华、庐隐、石评梅、陈学昭、谢冰莹、白薇、冯铿、丁玲、萧红等人。从“同源叙事”的角度看，他们的某些作品具备热奈特所说的“跨文本性”，女性同性情爱即“使一文本与其他文本产生明显或潜在关系的因素”。[③] 这种跨文本性也是克里斯蒂娃提出的“互文性”（intertextuality，也译作文本间性），

---

① 见李宗武：《性教育上的一个重要问题——同性爱的讨论》，《民国日报·觉悟》1922年5月12日。对于同性爱的论述还可参见奚明的“社评”，载于《民国日报·妇女周报》1923年10月10日；高山译，蔼理斯著：《女学生的“校友”》，《民国日报·妇女周报》1925年7月12日、19日、6日，8月2日。

② 毕新伟：《古典时期的女性及其情爱方式》，《妇女研究论丛》，2002年第4期。

③ 热拉尔·热奈特：《热奈特论文集》，天津：百花文艺出版社，2001年，第68～69页。

“词语（或文本）是众多词语（或文本）的交汇，人们至少可以从中读出另一个词语（或文本）来……任何文本都是引语的拼凑，任何文本都是对另一文本的吸收和改编。”[①] 互文性表明文本与文本之间可以互相交通、互相指涉，借用巴赫金的对话性理论，是文本间的对话关系，即“是同意或反对关系，肯定和补充关系，问和答的关系”[②]。同源叙事的对话关系，能够帮助我们透析作家不同的心理取向。

真正依据同一事件叙述的“同源叙事”，是杨振声的《她为什么突然发疯了》和凌叔华的《说有这么一回事》，小说叙述两个因演《罗密欧与朱丽叶》相恋的女生，因其一嫁人而导致另一个发疯的故事。作为一个听来的故事，叙述者与故事人物之间存在着明显的看/被看关系，叙述人的观赏姿态表明是在远距离欣赏“西洋景”，而男性叙述者的把玩意向更其显豁。杨振声的作品描写道：“顾影曼抱着这丰盈娇软的身体……暗想道：‘可惜我不是一个男子，不能消受这个可怜虫！’”[③] 由于凌叔华据此重写，无意识中难免受杨作的牵制，如这一段：影曼“望着她敞开前胸露出粉玉似的胸口，顺着那大领窝望去，隐约看见那酥软微凸的乳房的曲线。……帐子里时时透出一种不知是粉香，发香或肉香的甜支支醉人的味气。”[④] 虽然凌叔华更注重放大云罗亲事对两人关系的影响，也就是男性他者拆解“雷斯宾”（lesbian）欢愉，但

---

① 转引自王瑾：《互文性》，桂林：广西师范大学出版社，2005 年，第 28 页。

② 转引自董小英：《再登巴比伦塔——巴赫金与对话理论》，北京：三联书店，1994 年，第 3 页。

③ 杨振声：《她为什么突然发疯了》，《晨报副镌》1926 年 1 月 11 号。

④ 凌叔华：《说有这么一回事》，《晨报副镌》1926 年 5 月 3 号。

令人遗憾的是，凌作最终未能脱离杨振声式的男性趣味。联系凌叔华此前的创作，亦可知她并不需要女性同性心灵共同体的慰藉。男性叙述者的欲望型叙事，在郁达夫的《她是一个弱女子》和茅盾的《子夜》中同样存在，茅盾对女性同性恋的描绘颇耐人寻味，当工厂组织的乔治·索雷尔式总罢工失败后，小说描写几个从事运动的女性因焦虑而寻求一种身体发泄：

> 躺在床上的蔡真……坐了起来，抱住了玛金，轻轻地咬着玛金的颈脖。玛金不耐烦地挣脱了身，带笑骂道：
>
> “算什么呢！色情狂！——可是，月大姐，你们厂里小姊妹的‘斗争情绪’怎样？还好么？……”
>
> ……
>
> 蔡真抢着说，就跑到陈月娥跟前，蓦地抱住了陈月娥，脸贴着脸。①

茅盾戏谑化地展示女性之间无意义的行为，仿佛女性只剩下本能冲动。男性叙述者总是很重视女性身体行为，“揭秘”背后隐含着道德理性的规训意图，社会舆论和男性创作实践的互动互渗，留给女性探索自我心灵的空间实在是不大。

1920年代女作家集体关注同性情爱，说明她们对性别自觉性已深有体会，这是被“逼”出来的结果。庐隐的《丽石的日记》与《或人的悲哀》在意念上一脉相承，悲哀中的丽石发出“我从不愿从异性那里求安慰”的心声，和沅青生出同性爱恋。并且二人谋划着“长久的计划”，有意延伸同游同息的快乐生

---

① 《茅盾全集》(第3卷)，北京：人民文学出版社，1984年，第445页。

活。基于心灵相托的情谊对双方都有莫大吸引力，犹如一处温暖的港湾。齐格蒙特·鲍曼说过，共同体给人以家的感觉，这种心灵的共在也让她们找到了心的家园，灵魂的归依地。完美与完美的破碎其实离得很近，“唉！人的感情，真容易改变，不过半个月的工夫，沅青已经被人夺去了”，[①] 丽石为此也撒手人寰。完全沉浸于灵海的爱恋，不消说脆弱得很，相聚诚属不易，但玉碎更其迅速，1920 年代的女性简直已无路可走。顺着这条思路，我认为《海滨故人》不仅意欲重构更大的女性同性共同体，而且还尝试着处理善后事宜。五个女生相聚海滨，互相埋下爱恋的种子，暑假后又纷纷陷入与男性的感情往来，显见的不能再系恋一处。庐隐重构过程中分明转移着自由意志的方向，露沙受到梓青影响，逐渐思考“事业”问题，梓青对露沙说：“我们的事业，正在发轫之始，必要每个同志集全力去做，才有成熟的希望。”[②] 这一点亮色将会吸纳露沙加入其中，而个人的悲哀、性别的坚守，也似乎会被这亮色所冲淡。庐隐在她的这个第三期心灵探寻中，忽而心如止水，忽而又似见光明，酸甜苦辣，不一而足。

石评梅和陈学昭在精神深处都有些忧郁的气质，感情生活的波折、对母亲的眷念，使驿动的心凄苦无比，石评梅的大部分散文和陈学昭的早期散文《倦旅》、《寸草心》等，与庐隐的作品一样叹美着悲哀的心境。前述石评梅冰清玉洁的独身意志还包含着对女性自身的生命关注，两篇描述弃妇的小说《弃妇》、《林

---

① 庐隐：《丽石的日记》，《小说月报》第 14 卷第 6 号。

② 庐隐：《海滨故人》，《小说月报》第 14 卷第 10、12 号。

楠的日记》，说明她内心对婚姻的恐惧和拒绝，这种排斥男性的心理使得石评梅转向女性同伴寻求心灵认同，散文《玉薇》、《露沙》、《小苹》、《梅隐》、《漱玉》、《小玲》等都是姊妹间心灵的应和物，阐述着人生欢乐的短暂和苦闷的长久。同性的心灵认同成为石评梅精神最安逸的栖居地，但也是一方不稳定的栖居之所，长久定居的渴望与栖居地本身的不安稳形成强烈反差，令石评梅茫然无措，不知心系在哪里才好。陈学昭的心灵跋涉也步履维艰，她在《南风的梦》中设计了一个很有深意的细节：

那一天，慕欧收到了一封南蛮君的信：说到许君的夫人因为同性爱了，要与许君离婚，又发了一大堆议论。说什么最毒妇人心，以及许君是如何地对他的夫人之好的这一类话。

克明天真而烂漫地说道："我也喜欢同性爱！柏拉图式的爱！"慕欧就凶凶然地用了万分猜疑的神色说："你去吧，去同性爱去！"

……

"我的婉姐，……"那一天克明铺着信纸，想写、久已要写、日日在写，而终未写成一字的婉姐的信，慕欧见了。

"我的，我的，分明人家是结婚了弃你而去的，还要叫'我的，我的'，这是你的么？……"

克明放下了笔，起初是呆呆的不出声，后来便落寞的滴下眼泪来了。专制的男子的心呵……①

克明苦于慕欧的专制，意欲重建与婉姐二人共享的精神世

① 陈学昭：《陈学昭文集：南风的梦、幸福》，杭州：浙江人民出版社，1998年，第32～33页。

界，但终于未果。男性意志粉碎了克明的自由意志，姊妹情谊被强行拆解，被纳入到冷酷的男性思维之中，分裂为孤独个体后的克明已然不堪忍受男性侵蚀，心伤累累。陈学昭以同性情感政治学抵抗男性世俗/生活意志，虽未获胜，但虽负犹荣，彰显出同性心灵共同体的温暖、和谐和抚慰性质。只是往昔不再，克明只能落寞地流泪。

或许克明的自由意志受到较多意识质素的牵绊，踯躅于回忆不敢勇往直前。如果我们把目光转移到丁玲的莎菲，那就是另一种风景。莎菲与蕴姊精神的系恋，两个人在感情平台上的对话与交流，衍变为莎菲与男性交往的基准，但非常遗憾，莎菲没有寻找到“对话”的应答者，女性世界与男性世界非但本质不同，而且也不能沟通。顺理成章，在都市漫游、价值观和世界观尚未定型、心灵漂泊无定的丁玲，构建了她的女性乌托邦《暑假中》，仿佛是庐隐的“海滨故人”回到武陵自立女校。1928 年正是革命文学风起云涌、热情高涨的一年，丁玲却没有给她的人物预设一个走出自我的未来。小说描写七个女性在暑假中的感情经历，承淑与嘉瑛、德珍与春芝、玉子与娟娟互相爱恋，志清则抱着神圣的独身主义，不久，德珍与明哥的结婚改变了这种“自然”状态，“住在这庙里的几人，似乎都把脾气变得很坏”①，甚至志清，也反对了她的独身主义。丁玲再次体验到男性他者的威胁，到了最后，同性共同体几乎成为强弩之末。尽管如此，丁玲却不像庐隐在《海滨故人》里直接渗入意识形态质素，预示女性对自我的突围，丁玲是在风雨飘摇的时代妄图给女性安置一个

---

① 丁玲：《暑假中》，《小说月报》第 19 卷第 5 号。

遮风挡雨的象牙塔，“躲进小楼成一统”，她的意识还在执著地追求个体自由和自主。女作家的政治/革命化在我看来是由两种力量——女性自我的心力和社会政治风潮的强力——共同促成的，话语的转折并不是突然而至，而是心路已经蔓延至此处，我相信她们有绝处逢生的大体验，或许置之死地而后生，当女性个体已无退路，也会如鲁迅一般“反抗绝望”。丁玲离这一步不远了，写过《阿毛姑娘》后便无路可退，当然，那时既是革命选择了她，也是她选择了革命。

以同性心灵共同体为依托的互文本，虽然具体情形不一，结局不甚相同，但传达的思想趋于一致，承担着驱赶男性他者的功能。1920 年代的女性最初以独立个体姿态立身社会，就如羽翼未丰的鸟儿飞进一片树林，扑闪着眼睛建造自己的爱巢，不懈努力终于搭建成功，但等到安睡的时候，发觉承载爱巢的树干已经断裂，只能眼睁睁看着空中楼阁坠落下来。从这个角度说，性别战争从她们踏上社会的时候就开始了，她们曾分别以个体、联合体的方式参与性别之战，探究女性命运。她们发现，“不合理”就是社会的合理化，她们面对的不是抽象男性，而是实实在在的不合理社会，男性他者一旦被转换为社会他者，革命便会从她们笔端流泻而出。反过来，获得革命意识的女作家反观同性联盟，也会觉得往昔不再，沧海变了桑田。

谢冰莹是 1920 年代女作家中特别的一位，特别之处在于她的文学道路正与别人颠倒。她从描绘革命起始（《从军日记》），然后转向表现同性情谊（《给 S 妹的信》），再回归到自我（《一个女兵的自传》）。这样的心路历程或许更能说明同性共同体是女性普遍的心理诉求。《给 S 妹的信》描述“我”与 S 妹同息同止的爱恋："我们在一女师范时是一对爱情的伴侣，我们的躯壳没有几分钟的分离，我们的灵魂更是紧紧地贴着，一分一秒也未曾分离。"[①] 被同学们称作"开女师同性恋爱的先锋"的两个人后来竟然成了陌路。"我"走上"革命之途"，S 妹却做了别人的"第二太太"。革命主动消解着同性爱恋，可见 1920 年代的心灵共同体就要完成它的使命了。时代确实是匆促的，冯铿在她心理认同的转换期遭逢了社会革命，急遽响起的阶级/革命话语牵引着她寻找自我的路向，个体自由意志携带着这些庞大的流质滚滚向前。《最后的出路》中，冯铿或许是无意中涉及同性情谊，不过，在阶级/革命意识创作观指导下，冯铿并没有让芷青和容如构成感情的共在，反倒成为芷青与男性接近的一个阶梯，而此时芷青还不能够受到革命的引导。亦可见，革命并不需要同性心灵的共同体，因为这已被指认为是小资产阶级意识了。

心灵共同体逐渐从女作家意识中淡出，情感政治学渐渐被社会革命政治学取代，她们正经历着又一次同一性的转变，不久将进入另一个想象的共同体。让我以白薇的心路历程作为本章结尾吧，她让我们看到了同性共在的余绪。也许现实中缺乏的东西往往会在想象中得到弥补，白薇缺少爱与美，她的作品便满满地塞着爱与美；她孤独，便在作品中设计相伴的两姊妹。《苏斐》中的苏斐、亚斐同受一个男性欺侮，白薇让苏斐用宗教的力量感化了陈特，或许白薇自己也不相信，等到《琳丽》中的琳丽、琉丽又同受一个男性欺骗，白薇忍无可忍，于是让三只猩猩把琴澜撕得粉碎。两篇作品形构的反讽其实是白薇认识男性的不同心理

① 程丹编选：《谢冰莹文集》，北京：华夏出版社，2000 年，第 309 页。

阶段，当琳丽、琉丽姊妹成为男性的“玩品”，而白薇又无法再汲取某种神秘力量去感化男性，到了这个地步，白薇就该思考如何“打出幽灵塔”了。

六　颓废的现代性及其流变：庐隐的精神世界

庐隐在《自传》里说过一段我们耳熟能详的话：“为了人生不免要死，盛会不免要散，好花不免要残，圆月不免要缺，——这些无计奈何的自然现象的缺陷，于是我便以悲哀空虚，估价了人间。同时，又因为我正读叔本华的哲学，对于他的‘人世一苦海也’这句话服膺甚深，所以这时候悲哀便成了我思想的骨子，无论什么东西，到了我这灰色的眼睛里，便都要染上悲哀的色调了。”① 时人都从这里解释庐隐的伤春悲秋，这当然是不错的。不过论者认为，庐隐的思想并不仅仅是悲哀的问题，或者说悲哀仅仅是庐隐思想的表面，从内质上说，她感染上了叔本华哲学的颓废精神。

对现代中国作家颓废（或曰唯美—颓废）思想的研究，已

① 李卫华、樊松波编：《中国现代四大才女散文全集》，郑州：中原农民出版社，1996 年，第 714 页。

有解志熙及海外的李欧梵、马利安·高利克等人的杰出成果。[1]但美中不足的是，现代中国女作家的颓废思想尚未得到全面精深的研究。[2] 实际上，我们可以开列一张或隐或显具有颓废思想的女作家名单：庐隐、石评梅、陈学昭、白薇、丁玲、张爱玲……当然，她们的颓废体验及生成原因是不尽相同的，不可一概而论。我们有必要从源头做起，所谓正本清源，这样，女作家中第一个具有颓废思想的庐隐，因有这般重要的意义自然就进入了我的研究视野。

1 叔本华与庐隐

叔本华以对欧洲启蒙理性形成的乐观主义的反转建构了自己的反理性哲学，他质疑进步、乐观的理性主义，对人生和世界抱悲观的态度，并提出了审美的精神解脱方式。如果我们把资本主义文明（或曰现代文明）的表征称作现代性，叔本华的思想正可归属到卡林内斯库提出的“美学现代性”范畴。卡林内斯库区分了两种不同类型的现代性：作为文明史的现代性即资产阶级

① 参见解志熙：《美的偏至——中国现代唯美—颓废主义文学思潮研究》，上海：上海文艺出版社，1997 年。李欧梵：《现代性的追求》，北京：三联书店，2000 年；《上海摩登——一种新都市文化在中国》，北京：北京大学出版社，2002 年。马利安·高利克《丫鬟的诱惑——白薇对宝玉访晴雯的颓废主义叙述》，《海南师范学院学报》，2004 年第 5 期；《中西文学对峙中的颓废主义》，《中国现代文学研究丛刊》，2009 年第1 期。

② 涉及此问题的有：解志熙和马利安·高利克对白薇剧作的颓废思想作出过分析，李欧梵曾分析过张爱玲的颓废思想，刘剑梅分析过石评梅的颓废意识。另外，首作帝、张卫中在《鲁迅与郁达夫的“颓废”比较论》（《中国现代文学研究丛刊》2008 年第 6 期）中提到一次庐隐，但未作分析。

的现代性和作为美学概念的现代性即美学的现代性（时人或称为审美现代性）。资产阶级的现代性由于秉持进步学说、科技理性和进化论的时间观念，把人类推进到工业社会，全面更改了人类的生活。但这种现代性在给人类带来丰富的物质生活的同时却严重束缚甚至异化了人类精神的自由发展，美学的现代性正是基于此种情况才有意识地彰显出“激进的反资产阶级态度”，表露出“对资产阶级现代性的公开拒斥，以及它强烈的否定激情”①。卡林内斯库归纳了美学现代性的五种表现形式，其中就有颓废主义，并深刻地指出：“高度的技术发展同一种深刻的颓废感显得极其融洽。进步的事实没有被否认，但越来越多的人怀着一种痛苦的失落和异化感来经验进步的后果。再一次地，进步即颓废，颓废即进步。”② 这不啻是一种悖论式的体验，是现代社会带给人类的精神困境。叔本华从人的意志出发对人的痛苦的揭示，我们如当成是在阐述人的这一精神困境也许并不为过。

事实上，颓废主义与叔本华确有姻缘关系，瓦尔特·比尼认为：“颓废主义的三个正宗前辈是叔本华、尼采和瓦格纳。”③ 学界通常把叔本华哲学称作唯意志论或意志主义，但本质上叔本华是一个反意志主义者，按照叔本华意志为痛苦根源的说法，以进步的名义产生的意志冲动同样会给人带来痛苦。要想解除痛苦，就只有以宗教或审美的方式超越现实欲求的冲动。颓废主义在美

---

① 马泰·卡林内斯库：《现代性的五副面孔：现代主义、先锋派、颓废、媚俗、后现代主义》，北京：商务印书馆，2002 年，第 48 页。

② 马泰·卡林内斯库：《现代性的五副面孔：现代主义、先锋派、颓废、媚俗、后现代主义》，北京：商务印书馆，2002 年，第 167 页。

③ 马泰·卡林内斯库：《现代性的五副面孔：现代主义、先锋派、颓废、媚俗、后现代主义》，北京：商务印书馆，2002 年，第 236 页。

学上对资产阶级现代性的极端挑衅意识，从哲学上讲，实在是汲取了叔本华的某些思想营养。

20世纪初至“五四”，叔本华哲学在中国形成一次小小的传播高潮，王国维、宗白华、李石岑等人在《教育杂志》、《东方杂志》、《少年中国》、《丙辰》等刊物上热心撰文介绍叔本华学说；1923年商务印书馆出版了杜亚泉编译的叔本华《处世哲学》。这之中最切近叔本华颓废思想的当属王国维，他在《静安文集自序》中说：“余之研究哲学，……嗣读叔本华之书而大好之。自癸卯之夏，以至甲辰之冬，皆与叔本华之书为伴侣之时代也。”[①] 王国维与叔本华“一见倾心”，以至受其悲观主义感染，“具有较为充分的唯美—颓废之思”。[②] 前述庐隐讲到“读叔本华的哲学”，许是杜亚泉编译的《处世哲学》也未可定，但可以确认的是，她读过王国维介绍叔本华的文章以及王国维运用叔本华学说解读《红楼梦》的《〈红楼梦〉评论》，[③] 且甚为欣赏。这就是说，王国维成了连接庐隐与叔本华之间的桥梁。通过具有颓废之思的王国维，庐隐服膺了叔本华的“人世一苦海也”之说。

王国维把叔本华抽象的学说创造性地应用到对《红楼梦》的解读上，庐隐本来就钟情于中国古典文学，这对于作为文学青年的她来说就具有了莫大的吸引力。王国维对叔本华的评述可谓得其要领：

---

① 《王国维文集》（下），北京：中国文史出版社，2007年，第282页。

② 解志熙：《美的偏至——中国现代唯美—颓废主义文学思潮研究》，上海：上海文艺出版社，1997年，第66页。

③ 庐隐在《著作家应有的修养》一文中说：“又如王国维的《红楼梦评论》即以其个人的人生观来解释《红楼梦》的内容，及其真正的价值。”收入《庐隐选集》，天津：百花文艺出版社，1983年。

生活之本质何？“欲”而已矣。欲之为性无厌，而其原生于不足。不足之状态，苦痛是也。既偿一欲，则此欲以终。然欲之被偿者一，而不偿者什百。一欲既终，他欲随之。故究竟之慰藉，终不可得也。……故人生者，如钟表之摆，实往复于苦痛与厌倦之间者也，……又此苦痛与世界之文化俱增，而不由之而减。何则？文化愈进，其知识弥广，其所欲弥多，又其感苦痛亦弥甚故也。然则人生之所欲，既无以逾于生活，而生活之性质又不外乎苦痛，故欲与生活、与苦痛，三者一而已矣。[①]

庐隐多次阐述过与之相应的人生观念，如“而人生的欲望，是无底止的，没有日子可以满足的，……所以人生底价值，只不过是上场的傀儡，被动的机器罢了！那么，人生还有甚么兴趣！”[②] 庐隐接受叔本华哲学时正值思想情感不稳定的青春期，感时伤世，自然就与之产生了共鸣，生活、欲望、痛苦遂成为庐隐文学作品的关键词。

然而，在思想上接受一种学说，并不必然会在其文学创作中流露出来。仅有内因还不够，有时候还需要外因来催发。这个外因就是五四新文化运动和文学革命。“庐隐与‘五四’运动，有血统的关系。庐隐，她是被‘五四’的怒潮从封建的氛围中掀起来的、觉醒了的一个女性；庐隐，她是‘五四’的产儿。”[③]“五四”提倡新文化运动的人士大多舞动过文学之笔，推动文学由旧向新的变革，从而营造了一个文学的新时代。新文化运动是

① 《王国维文集》（上），北京：中国文史出版社，2007年，第1~2页。

② 庐隐：《新村底理想与人生底价值》，收入李卫华、樊松波编：《中国现代四大才女散文全集》，郑州：中原农民出版社，1996年。

③ 未明（茅盾）：《庐隐论》，《文学》第三卷第一号，1934年7月。

一场用现代伦理文化反对传统伦理文化的运动，两种异质伦理文化的撞击凸显出众多的社会问题和人生问题，从而促成“个人”的发现。“从前的人，是为君而存在，为道而存在，为父母而存在，现在的人，才晓得为自我而存在了。”① 觉醒后的“自我”意识到自由幸福的可贵，更感到传统伦理文化之可谬，于是，以文学的方式指陈时弊成为大家的普遍选择，汇聚成新文学第一个思潮——问题文学。

庐隐在问题文学思潮中脱颖而出。在她的问题小说阶段，她思考的问题相当广泛。其中一篇重要的小说《灵魂可以卖吗?》，以对资产阶级的现代性的质疑显示出美学的现代性涵意。“这是中国现代文学史上最早涉及产业工人现状、揭示劳动异化问题的小说”②，可以见出，“庐隐对灵肉分离的劳动异化——把人变成活机器——的劳工问题的洞穿”③。小说写荷姑四年来在棉纱工厂的工人生活和精神感受，她由一个纯洁活泼、酷爱自由的少女逐渐被异化成“一副很好的机器”。一次工头对她的叱责：“因为工厂里用钱雇你们来，不是叫你运用思想，只是运用你的手足和机器一样，谋得最大的利益，实在是你们的本分!”④ 令她醒悟到人的灵魂问题。当一个人走到出卖灵魂的地步，活着还有什么意义和价值呢？直如行尸走肉罢了。现代社会的两个大弊端都

---

① 郁达夫：《现代散文导论》（下），蔡元培等著：《中国新文学大系导论集》，上海：上海良友图书公司，1940 年，第 205 页。

② 常彬：《中国女性文学话语流变 1898—1949》，北京：人民出版社，2007 年，第 84 页。

③ 王绯：《空前之迹——1851—1930：中国妇女思想和文学发展史论》，北京：商务印书馆，2004 年，第 506 页。

④ 庐隐：《灵魂可以卖吗?》，《小说月报》第 12 卷第 11 号。

在小说中被触及：一是工业社会对人类生活环境的空前破坏，机器的噪音、乌黑的煤烟和恶浊的空气，搅乱了自然生活的清新与宁静；二是在工具理性支配下，和谐的人际关系和丰富的精神生活被严重异化，灵魂的内容被抽空。这表达了庐隐对现代社会人生的不满。在《一个著作家》、《一封信》、《两个小学生》等作品中，庐隐还表达了对金钱爱情、传统家庭、政府政治的不满，这样糟糕的社会现状的展布，蕴含着庐隐的失望情绪，为她以后的颓废消沉奠定了深厚的心理基础。

新文化运动在掀起一系列社会问题的同时自身也消耗着激情和力量，问题文学的潮流很快消退，进入到“梦醒了无路可走”的苦闷、彷徨期。而这时候，受新文化运动影响的妇女解放运动也已成强弩之末，刚刚奋力挣脱传统家庭牢笼的新女性，不期然又跌入男权社会的“无物之阵”。20 世纪 20 年代的女作家，对此多有切身的体会，而最擅于传达这种苦闷、彷徨的消沉情绪的，当然非庐隐莫属了。

2 跌入愁城恨海

说起中国的妇女解放运动，到“五四”已算第二期了。第一期发生在遭遇“三千年未有之变局”的晚清，在康、梁维新变法运动中女权思想得到倡扬，诸如废止缠足、倡兴女学这样关切妇女生活的事情开始充斥于晚清的报章杂志，维新派呼吁培养强健的女国民和有文化的贤妻良母。这不但解除了妇女的身体束缚，更主要的是使妇女得到了受教育的权利。考虑到现代女作家几乎全都受过学校教育，在学校培养或加强了对文学的兴趣，确实得益于晚清妇女解放运动对女性教育的促进，因而，套用王德威的“没有晚清，何来五四”作评价不算失当。

然而，第一期针对妇女的制度变革并不能促成妇女的全面解放，正如晚清的政治启蒙未能使中国发生从传统到现代的根本转型一样。传统的思想、伦理、文化没有随着政治制度的转变而有所变更，以致出现制度与伦理的错位，新制度与旧伦理共存的荒唐尴尬局面。所以陈独秀才大声疾呼：“伦理的觉悟，为吾人最后觉悟之最后觉悟”，因为“伦理思想，影响于政治。各国皆然，吾华尤甚”①。第二期的妇女解放运动也就主要谋求思想伦理的现代变革，东洋的与谢野晶子与西洋的易卜生都被借用来冲击传统中国的伦理道德。1917 年《新青年》征集关于“女子问题”的议论，第二年刊登周作人翻译的与谢野晶子的《贞操论》引起强烈的反响，这一年《新青年》又推出“易卜生专号”，在共时的环境里，性爱自由与个人自由思想互相吸纳，相互借助。爱情婚姻在个人的语境里放大又放大，做一名娜拉，既反叛了传统的贞操伦理，又申明了个人的自由意志，在共和政治不能够把女性从传统礼教中解脱出来的情况下，中国女性纷纷选择了离家出走，追求自由的恋爱和文明的现代家庭。这是五四文学多集中于恋爱题材的根本原因。

但是，中国的妇女解放运动“实际上是男性解放妇女的运动”②，并不是“独立的女性运动”，而且，“‘五四’大潮冲击的是封建君主制和封建文化传统，而不是男权统治本身。即便是

---

① 陈独秀：《吾人最后之觉悟》，《新青年》第 1 卷第 6 号，1916 年 2 月 15 日。

② 寿静心：《女性文学的革命——中国当代女性主义文学研究》，北京：中国社会科学出版社，2007 年，第 26 页。

封建文化传统，也不可能仅凭一阵洪流冲过就销声匿迹，从此退出历史舞台”[①]。确实，还在1919年的时候，张慰慈就预言中国女子不久将进入“一个漂流与无定的过渡时代”。[②] 果不其然，进入20年代，中国妇女立即遭遇到了新文化运动退潮后妇女解放运动的迷茫、彷徨时期。

庐隐对此有深刻的认识，她用一系列作品咀嚼着人生的苦闷和爱情的苦痛，博得了恋爱专家的头衔：

在我过去的作品上，有人称我为描写恋爱的专家，——这种头衔我虽受之有愧，然而也不想推辞，本来世界上最大的问题，也不过是男女的恋爱而已，……如果上帝不改造了人类，使世上只有男人，或只有女人，这恋爱问题是无法避免的，因此我纵多描写点男女恋爱，也是势所必然，何足为怪呢？[③]

“恋爱”这个词是“十九世纪末在日本作为love的翻译而创造的词汇。……强调了love中来自基督教文化背景的精神（灵魂）之爱的部分。随后，‘恋爱’被浪漫主义诗人北村透谷演绎成‘恋爱乃人世之秘籍，先有恋爱而后有人世’的纯概念化的恋爱论”[④]。五四女作家对于恋爱的理解，大抵是在精神之爱的层面上寻求纯洁、神圣的爱情，视爱情与人生为一回事。庐隐说

---

① 寿静心：《女性文学的革命——中国当代女性主义文学研究》，北京：中国社会科学出版社，2007年，第40页。

② 张慰慈：《女子解放与家庭改组》，《每周评论》第34号。

③ 庐隐：《庐隐自传·六、我对于恋爱的主张》，收入《中国现代四大才女散文全集》，郑州：中原农民出版社，1996年。

④ 戴焕：《一位日本明治作家笔下的美国——永井荷风『ぁめりか物语』考》，《日语学习与研究》，2008年第6期。

过："没有受过恋爱洗礼的人生，不能算真人生。""恋爱是人类生活的中心"①，"应当有为了爱而牺牲个人利益的精神，这种牺牲是绝对优美的，伟大的"②。但是很不幸，事实并非如此，"世俗大半以性欲伪充恋爱，以游戏的态度处置恋爱，于是我们时刻可看到因恋爱而不幸的记载"③。在理想不能引渡现实的时候，悲哀便会乘虚而入。人之所以拥有精神生活，其作用有二：一是对外部生活作超越性的寻求；二是调和与外部生活的关系。当外部世界对自身构成压力，人的精神世界就会对之进行调节。因此，庐隐对悲哀的叹美，也就并非空穴来风。

"悲哀才是一种美妙的快感，因为悲哀的纤维，是特别的精细，它无论是触于怎样温柔的玫瑰花朵上，也能明切的感觉到。比起那近于欲的快乐的享受，真是要耐人寻味多了。""我自从沦入失望和深愁浸渍的漩涡中，一直总是颓废不振。"④ 这样的表述，完全是唯美—颓废主义的人生态度。"所谓'颓废'即认定人生，乃至整个文明都注定在毫无意义的自我耗竭中无可挽回地走向没落或末路；所谓'唯美'则是自觉到颓废的人生宿命之后转而对颓废人生采取的苦中作乐的享乐主义立场。"⑤ 对悲

---

① 庐隐：《恋爱不是游戏》，见李卫华、樊松波编：《中国现代四大才女散文全集》，郑州：中原农民出版社，1996 年，第 569 页。

② 庐隐：《庐隐自传·六、我对于恋爱的主张》，收入《中国现代四大才女散文全集》，郑州：中原农民出版社，1996 年。

③ 庐隐：《恋爱不是游戏》，见李卫华、樊松波编：《中国现代四大才女散文全集》，郑州：中原农民出版社，1996 年，第 569 页。

④ 庐隐：《寄燕北故人》，收入《庐隐选集》，天津：百花文艺出版社，1983 年。

⑤ 解志熙：《美的偏至——中国现代唯美—颓废主义文学思潮研究》，上海：上海文艺出版社，1997 年，第 67 页。

哀的叹美与享用，这种颓废显示的“是生活意志的丧失”[①]，对人生采取了虚无主义的态度。

《或人的悲哀》是庐隐精神转向时的一部作品。我们如果关注小说对都市文明的判断，体味亚侠由于厌倦人生从北京来到东京后发出的感慨：“我现在厌烦东京的纷纷搅搅，和北京一样！浮光底下，所盖的形形色色，也和北京一样！莫非凡是都会的地方都是罪恶荟萃之所吗?”[②] 这等于告诉我们亚侠的消沉颓废是受到现代病态文明影响的结果。现代文明把人塑造成原子式的个体，把人从传统伦理中抽离出来，神性和伦理情感不再能够维系人与人之间的关系，现代人在张扬个体生命的同时不期然地变得孤独冷漠了。在人与人之间难以沟通的情况下，人生的意义变得晦暗不明了。生活世界和精神世界出现鸿沟，导致的结果不是生活世界的变异而是精神世界的危机，心理认同在确认性方面发生混乱，个体“经验着危机的自我”[③]。“人生哪里有究竟！一切的事情，都不过像演戏一般，谁不是涂着粉墨，戴着假面具上场呢?”“人事是做戏，就是神圣的爱情，也是靠不住的。”那么，在靠不住的感情和人生中，也只有“游戏人间”了吧。如果有谁在逢场作戏中去付出真情，受伤害的只会是自己。

这里暴露出了第二期妇女解放运动的弱点和局限，即对“娜拉走后怎样”缺乏充分的考虑。人们普遍把出走当作胜利，

① 马泰·卡林内斯库：《现代性的五副面孔：现代主义、先锋派、颓废、媚俗、后现代主义》，北京：商务印书馆，2002 年，第 196 页。

② 庐隐：《海滨故人》，北京：商务印书馆，1925 年，第 84 页。

③ 马泰·卡林内斯库：《现代性的五副面孔：现代主义、先锋派、颓废、媚俗、后现代主义》，北京：商务印书馆，2002 年，第 239 页。

但胜利以后旋即又是失利，刚从父权家庭挣脱出来又跌入更大范围的男权社会之中，庐隐把这样的时代称作“花瓶时代”。鲁迅对此问题有较为理性的认识，他不认为离家出走了就万事皆休，从此就可过上幸福的生活，这充其量只是童话（或神话）罢了。他提出的“不是堕落就是回来”的严峻问题已经摆在新女性面前，至于他规划的获取经济权的方案，一直还在影响着我们对妇女解放的思考。从经济的角度看，这自然是一个重要的亟待解决的问题，因为经济的不平等的确会演化为性别的不平等。但是，就算经济平等了，就能保证幸福会翩然降临吗？恐怕保证不了。两性间的不平等最根本的在于性的不平等，在现代社会中，是视女性为玩偶的男权意识钳制了女性的思想观念和人生选择。男性当女性为玩弄和消遣的物品，他们受隐秘的性欲望的驱使却以神圣恋爱的名义与女性交往，把女性推向新的困境之中。更令人焦虑的是广大女界反为之沉迷，忙着做讨好男性的“花瓶”，“搔首弄姿的在男人面前自命不凡”①。对女界的沉沦局面，庐隐无疑是在痛心疾首地嘲弄着，而她本人也不免为这样的时局而失望悲观，以至滋生颓废消沉的情绪。叔本华说，“归根结底，人生只是一种失望”，② 在《或人的悲哀》中，庐隐甚至通过主人公亚侠表达了极端坠落的心理情境，“我对于我的生，是非常厌倦的”，“我现在只求死，好像死要比生快乐得多呢”。死乃人之大限，是对痛苦人生的终极性解脱，通常人总是在对现世悲观失望的时候才会思考死亡的事情。在现世得不到快乐和幸福也找不到

---

① 庐隐：《花瓶时代》，收入《庐隐选集》，天津：百花文艺出版社，1983 年。
② 《叔本华论说文集》，北京：商务印书馆，1999 年，第 417 页。

这样的人生目标时，死亡便会对人充满了诱惑，当生命趋于耗散的状态，往往会反过来拿人生当了游戏，这种典型的唯美—颓废主义“苦中作乐”的人生态度，在庐隐的思想中确实存在过一个时期。

庐隐的散文《寄天涯一孤鸿》与《或人的悲哀》是一对“互文本”，其中有这样一段话：“你对我说：‘朋友！从此好好的游戏人间吧！’我知道你又在打趣我，我因对你说：‘一样的，大家都是游戏人间，你何必特别嘱咐我呢！’你听了我这话，脸色忽然惨淡起来。哽咽着道：‘只怕要应了你在《或人的悲哀》里的一句话：我想游戏人间，反被人间游戏了我！’”[①] 这就说明虽然是“玩世”，但内心却十分沉重。“我曾用一双最锋利的眼，去估定人间的价值，但也正如悲观或厌世的哲学家，分明认定世界是苦海，一切都是有限的，空无所有的，而偏不能脱离现世的牢缚。”[②] 时时处处都体验到在苦海中挣扎的疲惫，耗尽了生活的力量，这正说明颓废是一种下沉的趋势。在下沉的过程中，生的乐趣荡然无存，感觉自己仿佛是在愁城恨海中沉浮，苦闷犹如一只无形的大手，遮盖了头上的天空。《海滨故人》中五个女孩子接二连三地因为男性而卷入愁海，这不仅是情的苦闷，也是生的苦闷，是五四爱情人生的心理写照。小说最用力描写的是露沙，她受到已婚青年梓青求爱的困扰，而她内心其实也喜欢梓青，但是，她对梓青的爱情心存戒备，以为爱情并不是随便就能发生，并且对梓青舍弃自己的妻子也深为不满，所以一直抵制梓

---

① 庐隐：《记天涯一孤鸿》，收入《庐隐选集》，天津：百花文艺出版社，1983年。

② 庐隐：《胜利以后》，收入《庐隐选集》，天津：百花文艺出版社，1983年。

青包含着性结合欲望的爱情，只想维持精神之爱。两种爱情的错位以及情与智的交战，早已把她往日的欢欣磨损殆尽。做还是不做男性的附属品，坚持还是放弃自我的独立精神，这不是轻易就能解决的问题，即使往下滑落，也因为人生太沉重而想着去逃避，麻醉自己。

《象牙戒指》中沁珠不愿和曹子卿有逾越性的爱情，与她受到来自伍念秋的初始性感情伤害不无关系。伍隐瞒已婚身份与沁珠交往，使沁珠陷入感情的漩涡之中。后来沁珠又屡屡困扰于伍的纠缠，她逐渐看清伍的丑恶本质，花言巧语下遮掩不了的赤裸裸的欲望，她明白了这种感情并不是纯洁的爱情，女人在其中只能是受害者。《沦落》中松文出于报恩的心理与赵海能交往，却被赵强行占有而不能逃脱其魔掌，松文的花季青春从此枯萎。现代社会也可以说是男性欲望扩张的社会，男性往往在性的符码的左右下使神圣的爱情异化变形，女性在遭遇爱情的时候面临着成为性物品的危险，拒绝爱情有时候就成为无奈的选择。

然而，拒绝了爱情却拒绝不了苦恼，这不仅仅是“穿了恋爱的衣裳”[①] 的问题，庐隐很多小说中的烦恼几乎都是由恋爱的人生带来的。《归雁》讲述爱人元涵离世后纫菁与剑尘之间的感情纠葛，纫菁本已抱定做一心死之人，谁知竟不能如此。她在被剑尘的爱感动的同时又异常惧怕心火被点燃从而失去自我，也将烧毁剑尘。于是选择自我堕落，以此逃避剑尘。“呵！天！我现在是决定间接的自杀，我想尽可能糟蹋我自己的方法，烟酒不是

① 茅盾：《现代小说导论》（一），蔡元培等著：《中国新文学大系导论集》，上海：上海良友图书公司，1940 年，第 105 页。

最伤身的吗？然而现在爱它，我要时时刻刻的亲近它；熬夜不是最伤身的吗？现在我每夜都要到歌舞场中，或者欢宴席上，消磨夜的时光，总之怎样能使我生命的火，快些熄灭，我便怎样去做。”[①] 故意压制自己而变得颓废，加速消耗生命的剩余，这样的人生道路实在是走不了太远的。人在颓废的时候已然处在危险的边缘，放纵自我从来不是正当完满的解脱途径。对于五四新女性来说，她们内心里其实渴望的不是消沉没落，她们想追寻属于自己的一片天空，在那里，爱情不是灰暗无光彩的，而是有助于生命激情的迸发，与人生融合在一起，能证明人生价值的高尚优美，显示生命存在意义的情感。她们对爱情的期望，也就是对生命意义的期望。奈何那个时代并不能给予她们这样的可能，反而一直摧折这神圣的期望，她们只能在四处碰壁后万念俱灰，个人与时代的矛盾已经到达无法调和的地步。

如果我们把这矛盾看作现代的特征，庐隐的颓废消沉便是现代中国美学现代性的一种深度呈现。颓废低迷与激进反抗作为一种思想的两个极端常常会相互转化，个人对自我与社会之间关系的认知与体验构成这种思想的内在基础。当自我与社会的同一性趋于分裂甚或瓦解，并且个体找不到新的同一性目标，颓废意识就会乘虚而入，阿多诺认为，颓废“是对资产阶级意识形态的反动，是对一种无法找到简单（甚至是困难）解决办法的危机的真实而深刻的意识”[②]。所以，个体在颓废体验中一定会加深

---

① 庐隐：《归雁》，《中国现代文学名著·庐隐卷》，西安：太白文艺出版社，1997 年，第 296 页。

② 马泰·卡林内斯库：《现代性的五副面孔：现代主义、先锋派、颓废、媚俗、后现代主义》，北京：商务印书馆，2002 年，第 229 页。

与外部世界的紧张关系，从而驱动个体滑向另一端走上反抗社会的激进道路。

3 “今后妇女的出路”

如果把人在社会中生存的方式纳入到性别框架里，便会见出男女有别的状况，在生物性别基础上形成的社会性别总是把男女往强弱两端区分，女性不可避免地在男权社会中居于弱者的地位。即使妇女解放运动在思想文化方面付出甚多努力，还是难以改变广大女性的依附性思想观念。庐隐说：“妇女解放的声浪，一天高似一天，但是妇女解放的事实，大半都是失败，这是什么缘故呢？这是因为妇女本身没有觉悟，所以经不起折磨，终至于失败。”① 妇女为什么觉悟不到自我解放的必要性，追根溯源在于文明本身的病态，现代文明中扩张的欲望与传统文明中非人的礼教奇特地搅和在一起，迷惑甚至是压制广大女性的觉醒意识。制造这种文明的社会机制出现了问题，而且其弊端越来越多，导致社会主义思想在20世纪20年代广泛传播。庐隐自述在女高师读书时已接触过社会主义思想：“他们便时常送我些社会主义的书看，并常常和我通信讨论。因此我的思想真有一日千里的进步了。”② 社会和阶级的解放是20年代社会主义思想的核心内容，社会主义妇女理论认为，只有社会和阶级解放了，妇女才能够获

---

① 庐隐：《“女子成美会”希望于妇女》，收入《中国现代四大才女散文全集》，郑州：中原农民出版社，1996年。

② 庐隐：《庐隐自传·大学时代》，收入《中国现代四大才女散文全集》，郑州：中原农民出版社，1996年。

得解放。

现代中国的妇女解放运动已经进入第三期——社会革命时期，社会与阶级革命的声浪鼓动起来，影响着妇女解放问题的理论转向。陈独秀说：“妇女的痛苦，十件总有九件经济问题，而社会主义不止解决妇女的问题，且可以解决一切的问题。……女子与劳动者全是弱者，所以我们要帮助弱者抵抗强者，除了社会主义，更没有别的方法。”① 社会革命话语对思想启蒙话语的渗透在庐隐思想中有一个渐进的过程，表现在文学创作上就是从对外部世界的批判进入到对女性自我的追寻这一过程中积累了满满的失望与悲哀，郁积的反抗情绪此时终于找到了合适的喷发口：“因为有少数劳心者的垄断，而生出种种的阶级制度，……这种非人道的，不平等的制度，能使他‘万岁千秋而不朽’吗？有头脑的同胞，大家澄心细想，我们对于这种制度应当持甚么态度，大家想罢！仔细的想罢！”②

其实不用很仔细就想得出来。庐隐通过《风欺雪虐》中梅痕的心路历程已然作了形象的回答。小说首先拈出人生选择的重大命题：“一个人在一种不能屈伸的环境下，只有两条路可走，一条路是消极的叫命运宰割，一条就是努力自造运命。她原不是弱者，她自然要想自造运命。”③ 困境中的人本能地有突围的欲念，摆脱窒息的环境寻找可以自由舒展的空间。对于视恋爱为人生要素的新女性来说，爱情的失势会动摇她生活的根基。“你难

---

① 陈独秀：《妇女与社会主义》，《广东群报》（1），1921 年 1 月 31 日。

② 庐隐：《劳心者与劳力者》，收入《中国现代四大才女散文全集》，郑州：中原农民出版社，1996 年。

③ 庐隐：《庐隐选集》，上海：上海文艺出版社，1997 年，第 172 页。

道不知道文徽已和她解除婚约吗？她走恐怕最大的原因还在此呢。”如果再加上外部世界其他的灾难：亲人离世，兵燹战乱，梅痕的承受能力达到极限，物质和精神的家园全部丧失，让了无牵挂的她“终于革命去了”。

但是且慢！庐隐并非盲目认同20年代后期的“大革命”，虽然她认为革命势所必然，投身革命为正当的行为选择。她在《曼丽》中对大革命进行了相当深入的反思，揭示大革命中的投机行为给真诚的革命者带来的心理情感上的伤害，这极大地销蚀了革命者为革命付出一切的热情。曼丽怀抱“为国家的正义而牺牲一切”的热忱来到大革命策源地广州，孰料到处碰到令她心寒的事情。自从被劝诱加入“某党”，眼里看到的、耳中听到的都不是她所想望的革命。她单纯地以为每个人都要为革命整天不停工作，“但是这里的情形，绝不是如此，部长专喜欢高谈阔论，其他的干事员写情书的依然写情书，讲恋爱的照样讲恋爱，大家都仿佛天下指日可定，自己将来都是革命元勋，做官发财，高车驷马，都是意中事，意志骄逸，简直不可一世”。怎不让她心灰意冷？更令她不能接受的是党部的“内讧”以及投机革命的卑劣目的和行为。革命被某些人利用为攫取金钱的便利手段，中饱私囊，甚至不惜为金钱而牺牲自己的同志；互相拉拢培植势力，拥兵自重作威作福，贪婪的欲望与错乱的性爱关系把革命的正义与神圣的性质搞得一塌糊涂。曼丽“对革命本身的荒谬、革命对女人身体和性别认同的控制感到失望和灰心”①。革命由

① 刘剑梅：《革命与情爱——二十世纪中国小说史中的女性身体与主体重述》，上海：三联书店，2009年，第126页。

于与政府的激烈对抗性质，为自身划定了一个特殊的时空界限，在这个特别的时空中，人与人之间的关系随着革命而进行破坏性的重组，原有的伦理道德关系被更改或毁弃，两性关系也发生巨大变化，感情在狂热中变得苍白无力，性高高凌驾于感情之上，茅盾在《蚀》中所描述的性放纵并非局限于一时一地。这种革命进行时中的性政治，不仅征引女性的内在热情，同时也征用女性的容颜和身体，这不是造成女性新的沦落了吗？

尽管接触大革命以后看到的都是其反面，庐隐对“今后妇女的出路”的思考还是想通过革命改善或改变广大女性的人生遭际和人生命运，因为她知道革命自身也处在发展转变之中。虽然她自己由于生命的短促未能经见以后更彻底、更有深远意义的革命，但她已经借曼丽之口表达了自己的这一思想：“我病好以后，我要努力找那走得通的路，去寻求光明。”

学界一向对庐隐的悲哀（其实是颓废）颇有微词，至今还未见有人反转这看似权威的认识，然而论者却不这么认为。20世纪30年代以来，一种新的政治化批评话语取代了五四思想启蒙话语，这种批评话语操持着推翻资产阶级、小资产阶级壁垒的阶级、革命话语，对庐隐的思想和文学创作进行了重新定位，典型的如贺玉波的《庐隐女士及其作品》、未明（茅盾）的《庐隐论》，均在负面意义上阐述庐隐及其创作的小资产阶级情调，“庐隐她只在她那‘海滨故人’的小屋子门口探头一望，就又缩回去了”[①]，“颓废、浪漫就是小资产阶级的慢性自杀”[②]。诚然，

① 未明（茅盾）：《庐隐论》，《文学》第三卷第一号，1934年7月。

② 黄人影编：《当代中国女作家论》，上海：上海光华书局，1933年，第241页。

颓废确有着不可掩饰的负面的东西，但也并非没有正面的价值，它并不与资产阶级的现代性同流合污，而是以独特的方式洁身自好，并以自身的独特表达对资产阶级现代性的抗议，显示其革命的内在性质。庐隐精神世界的流转，她颓废的下沉，正是她转向革命的前奏，其实现代中国转向革命的作家们，大多与她有着类似的精神体验和精神历程。

七　从反资本主义伦理到反资产阶级政治：丁玲的精神世界

作为现代文学史上具有承前启后意义的代表性作家，丁玲的文学创作无疑充满了变数。学界最感兴趣的变化当是其政治革命上的“向左转”。如果按照公认的丁玲从《水》开始“向左转”的说法推测，那么之前她是“右”还是“中”？如果没有“右”和“中”的参照，怎么能够认定“左”？事实上我们在丁玲这里找不到“右”或者“中”。如果说“左”意味着对于现存秩序的质疑、反叛或者革命，那么“左”就会有不止一种表现，在政治上、伦理上、文化上、生活上等都会有，不单单认同群体革命了才是“左”。如是说来，丁玲的创作一开始就是“左”的，是在资本主义的生活环境中对资本主义的反叛，只是此时的“左”不是政治革命的而是伦理文化和生活上的。尽管资本主义文明培养了丁玲和她的“Modern Girl”，但是有谁看得出她们是快乐的、甘心安于现状的？丁玲从一开始创作就确定了思想的方向，作为受到五四思想文化影响的新女性作家，她的个人自由观念与资本主义化已经比较明显的城市社会生活是明显不统一的，身为现代女性却不能在现代社会正常地发展自己、实现自己的生活方式，丁玲自然不会去认同这个性别歧视日益彰明的现代社会。如果硬要给丁玲初始的“左”寻找参照的话，那就是她不同于创作初期的冯沅君、凌淑华等五四女作家，丁玲确实显得比她们“左”。既然丁玲具有初始性的“左”，那么再去论证后来的“向左转”是否就没有意义了呢？不是的，指出了这点，是为了更客观合理地论证丁玲从伦理的反叛到政治的反叛的内在理路。因为我们对于“向左转”的认识，指的是丁玲从《水》开始超越了自己伦理上的“左”而进入政治上的“左”了。

1 她们“在黑暗中”

“在黑暗中”是丁玲给她的第一本小说集取的名字。相比于20世纪80年代女诗人翟永明、唐亚平的“黑夜意识”，丁玲把女性的黑夜体验至少提前了半个世纪。丁玲的这种黑夜体验可以说是一种资本主义式的生活体验，她表达了强烈的反叛思想。尽管西方资本主义创造了迥异于传统农业社会的物质和精神的文明，具有历史的合理性及合法性；但是，资本主义不是凭空产生的，它脱胎于传统的农耕社会，因而不可避免地与农业生产有着千丝万缕的联系。就说它的伦理精神吧，马克斯·韦伯从发端于农业社会的宗教伦理中找到了资本主义的精神渊源，认为宗教改革后的新教中盛行的禁欲主义促进了资本主义精神的形成。“强调固定职业的禁欲主义为近代的专业化劳动分工提供了道德依据；同样，以神意来解释追逐利润也为实业家们的行动提供了正当理由。对禁欲主义来说，贵族的穷奢极欲与新贵的大肆挥霍同样令人厌恶。在另一方面，它对中产阶级类型的节制有度、自我奋斗却给予了极高的道德评价。”① 这使得资本主义在其初期创造了巨大的物质财富，而当资本主义的原始积累完成以后，工业化的生产方式就只能要求社会去消费其物质和精神的产品，以刺激资本主义的运转。西方国家对非西方国家的殖民，目的就在于以扩张、倾销的方式维持资本主义在本国的发展，这自然是反民族、反人道的。

资本主义的消费多种多样，其中最具有资本主义特色的消费是性别消费。资本主义伦理关系的形成虽然依托了新教的禁欲主义，但那主要表现在经济生活方面，而且其约束力是持续减弱的。在两性关系上，资本主义伦理虽然强调人权、平等、民主和自由，但性别的不平等依然非常严重，这是因为不管是新教伦理还是农业社会的宗法伦理都是建立在两性不平等的基础上的，资本主义伦理其实是暗自继承了这样的两性关系。美国的女权主义者贝蒂·弗里丹把这称作资本主义根据男性气质和女性气质制造的“女性的秘密”。韦伯所论证的资本主义精神实质上是一种男性气质的体现，对于女性，资本主义则致力于制造依附于男性的女性气质，其方式是使女性无主体化，成为被男性所左右、被男性所消费的物品。女性成为消费品有两种基本的途径，一是把女性打扮成贤妻良母使其安于家庭生活；二是把女性打扮成性感尤物使其服务于男权社会。无论哪一种都是对女性主体性的阉割，致使女性成为法国女权主义者波伏娃所说的次于男性的“第二性”。

---

① 马克斯·韦伯：《新教伦理与资本主义精神》，北京：三联书店，1987 年，第 128 页。

这样的情况在五四以后的中国虽不普遍但也确实存在，这是西方国家对非西方国家殖民的结果，而这正是丁玲所关注的。日本学者江上幸子论析《梦珂》中的人体模特事件，认为小说表达了丁玲对“中国现代”的既希求又抗拒的复杂思想。① 希求上应该说是因为现代社会创造了女性冲出家庭、走上社会以实现自身价值的条件；而我感兴趣的则是她对抗拒的分析。引进人体模特作为中国艺术向西方的现代的靠近，五四之前即已开始。刘海粟创办的上海美术专科学校因雇用人体模特而在五四时期闹得沸沸扬扬，这里面有传统和现代的分庭抗礼，也有现代自身的对人体模特认识的混乱。“女性人体画通过性欲望给予男性一种对西方的亲近感，反过来说，含有现代性的女性形象中存在着歧视女性的性别结构，最底层人体模特的身体与其自身相分离而被置换为具有现代性的形象，但实际上女性却被现代性本身所排斥。”②《梦珂》中的人体模特正是被置于这种欲望化的现代社会结构中，她在性方面被骚扰说明这样的社会结构存在着性的不平等，女性是作为男性的玩物而存在的。

女性被物品化和欲望化的情况还从学校这样的知识空间扩散、渗透到公共空间和私人领域。梦珂寄居的姑母家是一个中产阶级家庭，这里提供了优越的物质生活和精神生活，沙龙式的聚会中涉及的都是音乐、跳舞、戏剧、电影一类的时髦话题，这里的人们追求中产阶级的高贵品味。然而这种高贵也只是形式的高

---

① 江上幸子：《对现代的希求与拒绝——从丁玲小说〈梦珂〉中的人体模特事件谈起》，《中国现代文学研究丛刊》，2008 年第 3 期。

② 江上幸子：《对现代的希求与拒绝——从丁玲小说〈梦珂〉中的人体模特事件谈起》，《中国现代文学研究丛刊》，2008 年第 3 期。

贵，仅仅作为一种享乐的手段而非以提升人的精神品性为目的，梦珂便一度被这高雅的品味所迷惑。表哥是一个从法国回来的、会翻译小说的青年，他充分利用了这种艺术情调来猎获梦珂的芳心，通过鼓励其继续未竟的绘画事业、邀请她看卡尔登演出的纯情电影《茶花女》等含有艺术意味的行为方式一步步逼近梦珂的心灵世界。在这种有品位的玩味过程中，表哥"得意的来称许起自己的智慧，自己审美的方法，并深深的去玩味那被自己所感动的那颗处女的心。这欣赏，这趣味，都是一种高尚的，细腻的享乐"①。而所谓的高尚实则是一种高级的玩弄，梦珂"两情相悦"的新式恋爱的幻梦被随后的"安乐宫"事件一下子击碎了。

离开姑母家的梦珂需要自己维持生活，为此踏进了一个更大的欲望化、色情化的都市空间。在"圆月剧社"——一个能演出新剧、可以拍电影的现代社会机构里，她明白了女人是要靠容貌和身材而不是靠思想和演技来挣钱的，她领略到了"被看"的屈辱："她走到大镜子面前时，她看见她被人打扮出来的那样儿，简直没有什么不同于那些在四马路的野鸡。"② 本来一直追求精神生活的梦珂却让自己跌进"纯肉感的社会"，这也不能显示梦珂向社会的妥协，因为虽然经受着身的沉沦，她的心却没有和身一起堕落。丁玲用"隐忍"的态度给梦珂和她处身的社会划清了界限，在以女性的肉身作为招牌大肆生产欲望的资本主义社会里，女性的丰富性被大量简化，只剩下一具富有青春姿色的

① 丁玲：《梦珂》，《小说月报》第十八卷第十二号。
② 丁玲：《梦珂》，《小说月报》第十八卷第十二号。

躯壳。难道女性在如此的社会就只能被动地做男性的没有自我意志的玩物吗？如果真的是这样，那么社会对于女性来说就糟糕透了。其实不然，丁玲此时对资本主义的体认其实才刚刚开始，在抗拒的过程中她还有一定的希求，毕竟资本主义是在个人、民主、自由这些普世思想价值下发展起来的，她想要争取女性的主体性。

与梦珂被动地隐忍着去适应男性的欲望不同，莎菲勇敢地挑战资本主义的女性气质，在由男性控制社会欲望的情况下，女性被索取的性地位是否有改变的可能呢？说到底，性的表达应该是一种自我的表达，也是现代个人权利所赋予的。莎菲要追求“有我”的性，而不是梦珂“无我”的性，性在莎菲这里因而成为拥有主体性的证明。对性的观念史颇有研究的福柯指出，性观念的形成与演变受社会权力的影响。在现代男权社会，性的法则从根本上是男性居于控制地位，女性处于从属地位的。而对于这种法则的挑战就是对社会伦理的僭越。相对于梦珂爱与性的两相分离，莎菲追求灵肉统一的恋爱，但遗憾的是，社会非但没有成全她这种努力，反而给她带来更大的失望。

莎菲挣扎于两个性格迥异的青年男性之间，却一直无法弥合情与性的裂隙。先是和苇弟之间的姐弟情，他们只有感情的牵扯而没有两性的激动，一直突破不了彬彬有礼的交往路线，莎菲为之而苦恼，直到凌吉士的偶然出现。如果说苇弟是一个东方的书生型男性的话，那么，来自于新加坡的凌吉士无疑是一个西方化的中产阶级，莎菲对凌吉士一见钟情的充满了性意味的欲望，主要针对于他“丰仪”的美型。等到她了解了凌吉士的内在时，她才发现在“高贵的美型里”安置的原来是一个“卑劣”的灵魂。凌吉士内在与外在的错位是典型的资本主义伦理所塑造出来的，他的体面的生活、金钱意识与他对女性的玩弄式态度，与易卜生《玩偶之家》中的海尔茂相差无几。在这里，丁玲与易卜生一样表达了对资本主义伦理的批判。① 德国学者顾彬就认为："莎菲不只是对性道德，而且也对资本主义进行了批判。她最终抛弃凌吉士的真正原因在于他是其中的一个代表。"② 这说明丁玲在延续处女作开启的主题，美国学者白露也曾论述道："她最早写的一些小说表明了现代社会如何采用完全性递补和使女性沦为娼妓的办法把她们变为商品。沃尔夫根·顾彬几年以前就在分析《莎菲女士的日记》时提出了这个问题。我认为丁玲在《暑假中》更直截了当地考虑过这个问题。"③ 通过把丁玲早期小说以性爱为线索贯穿起来，白露认为："丁玲的小说从一开始就跟政治有关。她从一个离群的知识分子的角度批判了当时腐败、不公正的社会。"④ 需要说明的是，这里的政治是一种性爱伦理的政治，与阶级的政治不同。不过在丁玲这里，从性的政治发展为阶级的政治也不是不可能的。

在《莎菲女士的日记》中，丁玲揭示了凌吉士物质化的生活方式，在物质的富有和精神的贫困的反差中批判资本主义的价

---

① 关于此处涉及的易卜生《玩偶之家》的伦理问题，见第四章第2节《反资本主义伦理：〈玩偶之家〉的现代性》分析。

② 顾彬：《关于〈莎菲女士的日记〉》，孙瑞珍、王中忱编：《丁玲研究在国外》，长沙：湖南人民出版社，1985年。

③ 白露：《〈三八节有感〉和丁玲的女权主义在她文学作品中的表现》，孙瑞珍、王中忱编：《丁玲研究在国外》，长沙：湖南人民出版社，1985年。

④ 白露：《〈三八节有感〉和丁玲的女权主义在她文学作品中的表现》，孙瑞珍、王中忱编：《丁玲研究在国外》，长沙：湖南人民出版社，1985年。

值伦理；沿着物质化的社会分析，到了《阿毛姑娘》，丁玲开始触及资本主义物质上、经济上的不平等。孟悦和戴锦华在论述《阿毛姑娘》时说："一个在乡村长大的纯洁姑娘被资本主义都市文化引发了无限的欲望的梦幻，……她从荣华富贵的美丽都市女人身上看到幸福，她以自己全副的想象在信奉、追求这种幸福，但不久，由于一个偶然契机，使阿毛不仅站在'死'的高度洞视了都市生活幸福的短暂，而且洞视了这幸福的虚无；城市女人拥有阿毛梦想的一切，但唯独没有幸福。"① 阿毛对生命意义的追问把资本主义的问题从性爱伦理提升到了物质和经济伦理上来，阿毛的遭遇触发了丁玲的人道主义情怀。在这之后，丁玲的叙事增添了对资本主义的政治经济学分析。

《一个女人和一个男人》中的诗人鸥外鸥在贫富差别中萌发了革命的思想，他愤恨那些资本主义者："他的铲除资产阶级的思想，多半是在这许多洋车夫身上建立的。"② 尽管这种"五四"式的表达有些幼稚，但能出现在丁玲的小说里却也不容易了。到1929 年写的《日》，丁玲对资本主义的政治经济学批判铺展到了整个社会生活。小说描绘了一幅极端不平等的生活图景，一方面是红灯、酒杯和女人伴着醉生梦死的有产者，一方面是黑烟、噪音和臭水伴着起早贪黑的无产者，这就不仅是受资本主义商品化异化的"她们"在黑暗中，而且是包括了"她们"的受资本主义政治经济挤压的"他们"在黑暗中了。

---

① 孟悦、戴锦华：《浮出历史地表——现代妇女文学研究》，郑州：河南人民出版社，1989 年，第 122 ~ 123 页。

② 丁玲：《丁玲全集》（第三卷），石家庄：河北人民出版社，2001 年，第176 页。

在跌入“光赤式的陷阱”之前，丁玲已经完成了对资本主义的诊断。而正是在诊断的过程中，丁玲的小说主题变得越来越丰富，性爱、政治、经济交混在了一起。对资本主义文明以及政治的批判既可以由自由主义者发出，也可以由革命者发出。这个阶段，从丁玲小说对革命的态度看，因为涉及的基本上是无政府主义式的革命，所以并未有赞同的表达。这影响了丁玲对革命的认识，她还不能从一个自由主义者转变为社会主义者，阶级革命对她来说还是一个陌生的东西。

2　恋爱与革命

丁玲其实并不容易像创造社、太阳社作家那样一下子就“奥伏赫变”为社会主义者，因为她不是在理论指导下发生突变，而是经由自己感性的体验和观察一步步嬗变的。尽管她有时表现得像一个政治理论上的浪漫派，实则只是政治情感上的浪漫派，这可说明何以她的革命加恋爱的小说中恋爱的成分会多于革命的内容。以至有人这样说：“丁玲《韦护》中秘藏‘玄机’，与其说是写革命与爱情的冲突，不如说是写革命为虚，写爱情幸福缠绵、相思苦恼为实。革命成为空洞概念的化身，甜蜜爱情才让人难以释怀。只不过为了完成对观念的控制，才让革命战胜了爱情。这种带有极强理念预设的写作初衷，以期符合左翼文学的时代要求，却在无意识中泄露了丁玲真实的情感走向，和难以湮理的性别思考。”[①] 把革命战胜爱情解释为理念预设是否有些简单了？贺桂梅提出了一个很好的问题：“看起来真正的问题其实并不在于是否是‘革命’和‘恋爱’，而是为什么是‘革命’和‘恋爱’之间的对立。”[②] 贺桂梅既承认革命和恋爱是五四之后成型的两套现代性话语，各有其价值，又认为立足于个人主义主体认同的恋爱在此时的丁玲小说里丧失了意义。说得自然没错，但似乎也没解答为什么对立。在丁玲的小说里存在的这种对立，论者认为是恋爱的方式导致了二者的对立，并且还不仅是恋爱丧失意义的问题，而是恋爱被描绘为资产阶级的享乐产生了负价值。这是丁玲认识上的一个惊人的变化。

贺桂梅还说丁玲在《韦护》之前，“几乎没有一次写到成功的爱情”[③]，此话固然不差，但是，写爱情不能用成功与否来衡量吧？《韦护》及其后写的爱情就成功了吗？说丁玲在《韦护》之前没有写过一次完整的恋爱倒是实情，这并非因为丁玲不想完整地叙述恋爱，而是她小说中的女性不能够得到完整的恋爱。梦珂和莎菲身上都带有追求精神生活的品格，尽管莎菲不讳言性爱，我们还是能够看到在灵与肉之间衡量异性品性的是灵的方面，莎菲要追求的是在灵的契合或交流甚或吸引下的有性的恋爱，这个要求是比较高的，所以莎菲才感到孤独。到了《韦护》中，这种情况发生了变化。韦护不仅是一个有信仰的革命者，还

---

① 常彬：《虚写革命，实写爱情——左联初期丁玲对“革命加恋爱”模式的不自觉背离》，《中国现代文学研究丛刊》，2006 年第 1 期。

② 贺桂梅：《知识分子、革命与自我改造——丁玲“向左转”问题的再思考》，《中国现代文学研究丛刊》，2005 年第 2 期。

③ 贺桂梅：《知识分子、革命与自我改造——丁玲“向左转”问题的再思考》，《中国现代文学研究丛刊》，2005 年第 2 期。

具备高雅的精神品质。“他懂得艺术，而且他懂得人生。你能从什么地方看出他只是一个简单的革命家?”[①] 丽嘉如是说。在第一次谈话中，韦护充分表现了他博学多才、谈笑风生的儒雅风范，当他开始谈论音乐的时候，小说描绘道：“她们（指丽嘉和珊珊，论者注）的眼睛都张开了。”[②] 之后便是长时间的艺术交流。韦护从音乐转向文学，又兼谈名人轶事，“她们都觉得投机得了不得”[③]。小说这样写，显然是为以后恋爱的发生作感情的铺垫，丽嘉先是被韦护的艺术性品格所吸引，就是说在这方面他们具备了交流、倾诉的基础。不过，只有基础还不能发展为恋爱，还需要别的条件。二人有一段对话很有意思，他们在谈论生活的时候，韦护这样分析自己：“人并不是超然的东西。但是，得有动力。譬如我们就是架机器吧，我们有信仰，而且为着一个固定目的不断的摇去，可是我们还缺少一点燃料呵！人是平凡得很，正因为此，却不能不常常需要一点这助动的热力呀。”丽嘉接下去说：“对了，韦护！我相信你，你懂得只有比我们更多的。我们总缺少一点什么东西。……我们到底要怎样才能弄得使我们好玩点和充实点?”[④] 看来两个人的生活中都缺少了点什么东西，韦护缺的是恋爱或者说激情，丽嘉缺的是精神的信仰，也

---

① 丁玲：《韦护》，《丁玲全集》（第一卷），石家庄：河北人民出版社，2001年，第15页。

② 丁玲：《韦护》，《丁玲全集》（第一卷），石家庄：河北人民出版社，2001年，第11页。

③ 丁玲：《韦护》，《丁玲全集》（第一卷），石家庄：河北人民出版社，2001年，第12页。

④ 丁玲：《韦护》，《丁玲全集》（第一卷），石家庄：河北人民出版社，2001年，第43页。

就是说自己缺少的恰正是对方可以提供的，这样看来，他们若是不发生恋爱的话就奇怪了。

然而，一旦恋爱发生，两性的激情和革命的激情就把韦护从最初的不亦乐乎推到了左支右绌的尴尬境地。革命和恋爱都需要当事人投入全身心的精力，在韦护只把恋爱当燃料、而丽嘉又不能做他革命的伴侣的时候，韦护的激情就不得不大量地消耗着，从而使他很快进入身心俱疲的状态。韦护于是作出这样的思考："怎么才能将她和工作溶合在一起呢，既然是不能不去做工的。"① 恋爱与革命发生冲突，这是韦护始料不及的，他所期望的用恋爱做燃料使革命情绪燃烧的情景一直被性爱的欢愉所延宕，迟迟不能到来。"人有一种惰性，而且比较起来，他常常眷恋着丽嘉这边，而潜意识里，还常常起着可怕的念头，便是丢了学校工作，成天留在我的爱面前。"② 韦护嗅到了新生活中散布的危险气息，并且他们的关系还遭到革命同志的质疑，被同志看成了伪善者、投机者。其实，韦护这种进退失据的状况是有来由的，恋爱就其存在方式说乃是对常规生活的挑战和超越，把当事人引领到一个只有自我而无他人和别样生活干扰的境地，这是恋爱的排他性和排它性所决定的。由于恋爱的发生，韦护陷入了革命与情爱的两难境地，构成他生活世界的悖论，而这个悖论又只能由韦护自己来解决。他曾想从工作中退出，和丽嘉到一个无人的小岛上享受他们的爱情，他的收入可以维持一年以上的恋爱生

① 丁玲：《韦护》，《丁玲全集》（第一卷），石家庄：河北人民出版社，2001 年，第 93 页。

② 丁玲：《韦护》，《丁玲全集》（第一卷），石家庄：河北人民出版社，2001 年，第 99 页。

活，然而他否定了这个不切实际的想象，“实际上他不能这么做，甚至连想到若是丽嘉能不爱他，能丢弃他，则他就可以被释放了，可以照旧努力工作了”①。这样的想法让人感觉很熟悉，鲁迅《伤逝》中的涓生已经先韦护一步作出过这样的思考，而一旦对恋爱产生分离式的分析，接下来当事人就会被自己的思维所左右，“于是在一个长的激烈的争斗之后，那一些美的、爱情的、温柔的梦幻与希望、享受，均破灭了。而那曾有过一种意志的刻苦和前进，又在他全身汹涌着。他看见前途比血还耀目的灿烂，他走到他办事的地方，他要到广东去”②。假如我们认为恋爱有时候并不能天长地久，那么分手便无可非议，不过恋爱结束的缘由却是可以讨论的。韦护在还爱着丽嘉的前提下与其分手，说明两人的爱情在韦护看来已经充满了危险，而这危险正来自于两性的激情，它吸引韦护耽于性的迷醉而无法从事神圣的工作，只能用“铁的意志”作出了断。我们需要注意，尽管恋爱变成了阻碍，但丁玲并没有因此对丽嘉作出什么伦理上、道义上的指责，这也就等于说丽嘉没有什么过错。而到了《一九三零年春上海》（之二）中，丁玲却不这么认为了。

这是一个与《韦护》相同的故事，我们几乎可以认为这是对《韦护》的一次重写，所不同的是，丁玲对女主人公的态度变了。望微也是偶然间与玛丽有一次相遇，然后就无法忘怀，后来发展到同居，进而在同居后面临着革命和性爱的严重冲突。在

---

① 丁玲：《韦护》，《丁玲全集》（第一卷），石家庄：河北人民出版社，2001年，第105页。

② 丁玲：《韦护》，《丁玲全集》（第一卷），石家庄：河北人民出版社，2001年，第106页。

这种情况下，丁玲的认识有哪些变化呢？刘剑梅论述道："丁玲将玛丽刻画成一个现代的性感的女子，她喜欢物质享受，缺乏革命兴趣。当她与革命爱人望微同居时，她带来了许多精美的琐碎的东西。这些女性化的装饰品和小玩意儿象征着堕落的资产阶级趣味。……通过这些装饰品，丁玲描写玛丽的颓废，以此来区分所谓健康与病态，革命者与资产阶级。……通过将玛丽性感的身体政治化——即使对照望微受纪律约束的身体，它仍然在小说中保留了感官享受和女性气质——丁玲努力把玛丽减弱为一个典型的物质的女子形象。"① 丁玲一直对物质化的生活抱有警惕性，在《阿毛姑娘》中业已形成了对物质的基本认识，之后她的物质分析就具有了阶级的对抗性，可以说物质在丁玲的小说中总是被作为负面的东西来呈现的，用以揭示资本主义的"拜物教"特征。这样，以物质为视点，丁玲完成了对资本主义从伦理批判到政治批判的转化。

沿着这样的思路分析丁玲对《一九三零年春上海》（之一）中美琳的描绘，你会发现何以美琳会离开子彬而成为革命者。美琳的丈夫是一个有一定经济资本、善写内容空虚的作品却能受到一部分少年读者喜爱的有名望的作家，他们有一个舒适的家庭并且过着安逸的生活，感情上也恩爱有加，应该说这是冰心《两个家庭》中幸福的现代家庭的复现。但是这样的家庭此时在丁玲看来有严重的问题，那就是子彬对资产阶级或小资产阶级趣味的追逐并不是个人性情的小问题而成了人生意义、人生目标的大

---

① 刘剑梅：《革命与情爱——二十世纪中国小说史中的女性身体与主题重述》，上海：上海三联书店，2009 年，第 150 页。

是大非的问题。自从美琳被若泉以革命意识启蒙以后，发现了资本主义的罪恶，她就感到以前安逸的生活太单调而没有意义了。如果说玛丽分得了丽嘉性感的身体进一步变得颓废，美琳则分得了丽嘉模糊的精神追求从而变得清晰和坚定。子彬的温柔的专制与易卜生《玩偶之家》中海尔茂对娜拉的行径并无二致，因此可以把《一九三零年春上海》（之一）看作《玩偶之家》的中国版本。美琳接触社会后对自己的家庭生活有了迥异于以前的认识："他不准她有一点自由，比一个旧式的家庭还厉害。他哄她，逗她，给她以物质上的满足。但是思想上他不只要她爱他，还要她爱他所爱的。"[①] 这等于说子彬现在成了伪善的资产阶级的一分子，与他一起生活的意义已经没有了。美琳于是一步步靠近若泉的新思想，也一步步靠近若泉这个革命者，她因而获得了快乐。

丁玲进入革命文学书写阶段后，一改往日充满孤独、失望、颓废情绪的女性主义写作倾向，转而致力于探寻女性精神和身体的快乐，这证明她从"黑夜"向"光明"迈进了。然而她描绘的快乐在个体的体验中也融入了政治经济学的判断，精神的快乐更高于身体的快乐，因而玛丽的快乐就远远没有美琳的快乐更崇高。在这个意义上，《田家冲》中的三小姐就是美琳精神追求的继续。三小姐否定、反叛了自己的家庭，从事于革自己的家庭和与自己家庭一样的家庭的命的崇高事业，她对幺妹进行革命的启蒙："你实在算幸福，因为你没有看见罪恶，你不懂呢。你哪里

① 丁玲：《一九三零年春上海》（之一），《丁玲全集》（第三卷），石家庄：河北人民出版社，2001 年，第 281 页。

晓得惟有虎狼才住在高大的房子里呢?”最初幺妹不懂，后来她懂了。幸福或者说快乐的意义又往前走了一步，为了精神的快乐，身体遭遇到什么情况都是不足惜的。幺妹曾天真地想过：“‘一个仙女似的小姐，她会吃这个吗?’她站在一张凳子上去取那块又黑又脏的肉。‘这一定是蠢事。’”① 但后来三小姐吃了，而且吃得很快乐。在三小姐的那些快乐体验中，我们同时看到的情况是：快乐具有了宗教般的性质；快乐与自我相分离，要么压制、贬损身体，要么依靠他人才能获得快乐。尽管快乐已经变得很奇怪，但我们不能否定三小姐在乡下获得快乐的事实，只是需要分析的是这种快乐观充满了悖论。在三小姐的观念里，住在高大房子里享受是罪恶的生活，住在乡下破屋里受苦是幸福的生活，而这种幸福格局在三小姐来到后就要被打破，因为三小姐负有打破这种格局的神圣使命。然而一旦打破这种格局，三小姐还能在乡下体验到幸福和快乐吗？再者，生活还算安定，不愁吃穿的乡民，仅仅依靠城里小姐的革命布道就真的会起来革命么？孟悦和戴锦华说：“她得到了他们的欢迎喜爱，最后是她引导他们走向觉醒。今天已经很难说这究竟是出于一种乐观的信念，还是出于一种妥协而来的粉饰。”② 显然，去除了丁玲所熟悉的都市资本主义生活内容后，《田家冲》并没有真正找到切实可行的推翻资产阶级政治的革命之路。丁玲小说中女性个体对资本主义伦理和政治的反叛至此完成了她的使命，但同时她也把女性个体推

---

① 丁玲：《田家冲》，《丁玲全集》（第三卷），石家庄：河北人民出版社，2001年，第370页。

② 孟悦、戴锦华：《浮出历史地表——现代妇女文学研究》，郑州：河南人民出版社，1989年，第130页。

向了一个无所适从的困境。

3 “新的小说的诞生”

尽管《田家冲》有丁玲1931年4月回湖南老家的生活体验在里面，按说应该表现得让人真实可信，但作为久别家乡的人，触动她最深的恐怕不是阶级之间的斗争，而是依然如故的田园风光吧。这也是《田家冲》不能得到左翼业内人士赞扬的原因。毫无疑问，此时丁玲在个人生活的变故和创作的继续中陷入到了焦虑的状态，她反复说过类似于跌入困境的心理情状：“我现在觉得我的创作，都采取革命与恋爱交错的故事，是一个缺点，现在不适宜了。”① 1932年，她说：“去年，我觉得苦闷，我有几个月不提笔，我当时非常讨厌自己的旧技巧。”② 这说明丁玲面临着自我突破的难题，当年5月，她曾设想以后的创作：“我以后绝不再写恋爱的事情了，现在写了几篇不关此类事情的作品。我也不愿写工人农人，因为我非工农，我能写出什么！我觉得我的读者大多是学生，以后我的作品的内容，仍然想写关于学生的一切。”③ 稍后写的《田家冲》却没有延续她的打算，成了一个由学生和农人经过技巧性拼贴而形成的变体。看来想要超越还是

---

① 丁玲：《我的自白》，《丁玲全集》（第七卷），石家庄：河北人民出版社，2001年，第2页。

② 丁玲：《我的创作经验》，《丁玲全集》（第七卷），石家庄：河北人民出版社，2001年，第11页。

③ 丁玲：《我的自白》，《丁玲全集》（第七卷），石家庄：河北人民出版社，2001年，第4页。

很困难的。

困难当然来自于如何恰当地转换题材，而选取新题材又必须要有新体验才行。虽然丁玲意识里在逐渐放大颠覆资产阶级政治的革命情怀，且她已加入左联，组织上支持她的革命情绪，奈何对如何革命并不熟悉，怎不让她一筹莫展呢？当丁玲在书房一筹莫展的时候，其实窗外已经有大事发生了，只要她把注意力转向窗外，她的问题也就迎刃而解了。

1931 年从 4 月到 8 月，“湘、鄂、赣、浙、皖、苏、鲁、豫等江淮 8 省 642 县，约计 60% 的县 5 311 万居民受灾，16 662 万亩农田被淹，42 万余人葬身浊流，直接经济损失 22.84 亿银元。另据估算，长江中下游地区有 205 个县，5 089 万亩农田化为泽国，被淹房屋 180 万间，灾民 2 855 万人，淹死 14.5 万人，直接经济损失 13.45 亿银元。”① 这是一次巨大的自然灾害，引发了自由主义作家的人道情怀和左翼作家的阶级意识。

如果从灾荒史的角度看三十多年的民国社会，可以说是自然灾害连年不断，几乎无年不灾。“根据有关资料的统计，在 1912—1948 年的 37 年间，各类灾害总计造成 16 698 个县受灾，即平均每年有 451 个县左右受到灾害的侵扰。按照民国时期的行政区划，全国共有县级行政区划 2 000 个左右，平均每年都有 1/4 的土地处于灾害的蹂躏之下。”② 中国自古是以农业为主要生产方式的国家，农作物的丰歉与自然灾害的有无、大小密切相关，

---

① 夏明方、康沛竹主编：《20 世纪中国灾变图史》，福州：福建教育出版社，2001 年，第 149 页。

② 张堂会：《民国时期自然灾害下的人与社会——以现代文学为中心的考察》，《中国现代文学研究丛刊》，2009 年第 3 期。

所以历代王朝均对灾荒极为重视，形成了一系列的保障机制，可谓之“荒政”，即救荒之政。到了民国时期，政府尽管在灾害来临之际进行了相应的救济，但是“由于国家的衰弱，军阀混战，政令不畅，好多荒政名存实亡，对灾害的救济收效甚微”①。自然，政府的公信力也就逐渐下降了，进入30年代，现代作家对灾民流离失所的生活的关注遽然增多，便是一个明显的表征。

水灾发生后，丁玲走出了书斋，到灾区探察灾情，她由此获得了切实的灾民生活体验，之后有了发表在《北斗》上被冯雪峰称作“新的小说”的《水》。《水》是一篇极其重要但又不好评价的小说，一方面在内容、思想及作家的情感上都显示了大跨度的变化，另一方面又显示了作为文学作品的艺术上的粗糙和退步。丁玲自己有一个解说：“直到《北斗》第一期要出版，才在一个晚上赶忙写了《水》的第一段。后来的都是在集稿前一晚赶起，这篇《水》的完结，可说是一个潦草的完结。原来预备写八万字的，后来因为看《北斗》稿子太忙，构思的时间没有，又觉得在《北斗》上发表太长不适宜，就匆忙把它完结了。几次想改作，或另加一篇都为时间所限，没有达到这个心愿。”②从中了解的信息有这几条：①没有充分酝酿；②没有充足的写作时间；③没有在艺术上有所修饰。就是这样的“三无”作品竟然博得了左翼业内人士的激赏，甚至一向对左翼颇有微词的夏志

---

① 张堂会：《民国时期自然灾害下的人与社会——以现代文学为中心的考察》，《中国现代文学研究丛刊》，2009年第3期。

② 丁玲：《我的创作生活》，《丁玲全集》（第七卷），石家庄：河北人民出版社，2001年，第16～17页。

清也认为："她这篇故事实在比大部分更无名的无产阶级或是新写实主义小说好些。"[①] 冯雪峰这样说："在《田家冲》和《水》之间，是一段宝贵的斗争过程，是一段明明在社会的斗争和文艺理论上的斗争的激烈尖锐之下，在自己的对于革命的更深一层的理解之下，作者真正严厉地实行着自己清算的过程。那结果是使她在《水》里面能够着眼到大众自己的力量及其出路。"[②] 这是否能说明丁玲超越了她的个人奋斗的困境，由此而进入了一个新的世界，从一个有着鲜明的性别意识的自由主义作家转而成为一个消泯了性别意识的左翼的革命作家？回答是确定无疑的。从此以后，除了一个例外的短暂时期，"性别麻烦"不再成为丁玲题中的应有之义。

那么丁玲是怎样发现了水灾对于革命的意义的呢？简言之，她发现了资产阶级的国民政府"荒政"的背民行为，无论从人道还是公理上都是不可原谅的。这样的发现在小说中随着大水的逼近与到来一步步地在灾民心中清晰起来，激起了灾民不可遏止的愤怒和反抗情绪，他们最终起来革命了。夏志清虽然认为丁玲对这个题材处理不当，没能写成"一个动人的悲剧"，但他还是承认"《水》所暴露的情形并没有什么不对的地方"[③]。这句评判也许比空泛的赞扬更难得。

大水来临之前，民众尚未对政府抱有多大的不满，仅仅表现出贫富间心理上的不平衡。"我晓得，有钱的人不会怕水，这些

---

① 夏志清：《中国现代小说史》，上海：复旦大学出版社，2005 年，第 193 页。

② 何丹仁（冯雪峰）：《关于新的小说的诞生——评丁玲的〈水〉》，《北斗》第 2 卷第 1 期，1932 年 1 月。

③ 夏志清：《中国现代小说史》，上海：复旦大学出版社，2005 年，第 193 页。

东西只欺侮我们这些善良的人。……老爷在那年发了更大的财，谷价涨了六七倍，他还不卖，……有钱人的心像不是肉做的，……”① 这是在天灾意识下发出的牢骚，还没有认识到其中包含的“人祸”，所以他们既抱怨上天的不公，又要祈求上天的保佑：“求老天爷保护，保护呀，地藏王菩萨，龙王菩萨……我们这里水来不得呀！水来不得的呀！……”② 然而祈求上天是没有回应的，水很快就决堤了。此时，灾民开始意识到堤坝的问题，也就是在这个问题上触及了国家政治，政府送出的捐款并未用在修理堤坝上。水一旦冲过来，淹没了他们的家园，他们就由灾民变成了饥饿的难民。

关于饥饿，有学者曾深刻地指出：“虽然饥荒总是包含着饥饿的严重蔓延，但是，我们却没有理由认为，它会影响到遭受饥荒国家中的所有阶层。事实上，至今还没有确凿的证据表明，在某一次饥荒中，一个国家的所有社会阶层都遭受了饥饿。这是因为，不同社会阶层对食物的控制能力是不同的，总量短缺只不过使各阶层对食物控制能力的差异明显地暴露出来而已。”③ 失去家园的饥饿的难民需要寻找新的生存地，难民的首选地一定是集镇或更大的城市，因为那里控制着粮食和别的生活物资；同时，难民聚集城镇还有渴望政府施救的心理。但是，城镇这时候却拒

---

① 丁玲：《水》，《丁玲全集》（第三卷），石家庄：河北人民出版社，2001年，第406页。

② 丁玲：《水》，《丁玲全集》（第三卷），石家庄：河北人民出版社，2001年，第410页。

③ 阿马蒂亚·森：《贫困与饥荒——论权利与剥夺》，北京：商务印书馆，2001年，第58～59页。

斥难民涌入，“我们的人都不准上街，他们比防土匪还怕我们呢！”[①] 他们被勒令安分等待，结果等来的不是救济，而是防备他们的军火。由饥饿引发的对政府的希冀很快破灭了，人在关键时刻一旦没有了希望就会产生绝望心理，从而改变对现实处境的认识。难民越聚越多，他们对于政府的认识也越来越清晰，“处处的老鸦一般黑，哪里种田人有好日子过？”[②] 这个认识论上的总结具有炸弹一般的威力，直接摧毁了资产阶级政府施政行为的合法性，而他们的革命抗争行为也就相应地具有了正当性。冯雪峰说的《水》作为“新的小说”的“新”指的就是这种对阶级斗争的本质的认识。

1937 年，已经在新的天地进行革命工作的丁玲对海伦·斯诺说：“《水》以后，我的写作完全变了，因为我的整个生活变了，我的哲学观发展了。最后我的思想方法变成了辩证的。”[③] 也就是说，借助《水》的写作，她不仅实现了她文学上的革命，而且对她自己也实施了一次脱胎换骨的革命。

关于丁玲的转向，20 世纪 80 年代以来，随着启蒙思想的复苏和女性主义理论的再次东来，逐渐遭到学者们的质疑，或直率地或潜在地流露出对丁玲放弃女性主义批判立场的惋惜。从中国女性解放的层面看，诚如孟悦和戴锦华所说：“丁玲的创作道路也代表了中国妇女解放的道路，妇女作为一个性别群体只是在都

① 丁玲：《水》，《丁玲全集》（第三卷），石家庄：河北人民出版社，2001 年，第 423 页。

② 丁玲：《水》，《丁玲全集》（第三卷），石家庄：河北人民出版社，2001 年，第 431 页。

③ 加里·约翰·布乔治：《丁玲的早期生活与文学创作（一九二七——一九四二）》，孙瑞珍、王中忱编：《丁玲研究在国外》。

市异化环境中才有所觉醒，但随着都市生活的文学价值在左翼阵营中遭到冷淡，这一性别意识重新流入盲区。”[①] 但是从中国社会变革的层面看，丁玲的创作道路同样也能代表中国妇女解放的道路，大约从庐隐、石评梅开始，她们就在走这样的道路，丁玲只是因为处在变革的当口显得特别引人注目而已。丢弃或掩藏女性自我的性别意识，把女性自我的解放融入社会群体的解放之中，这是一个历史实存的现象，它至少与以下三个方面有关联：①现代西方伦理、文化与女性主义思想传播的不彻底；②现代中国革命思潮的巨大冲击；③传统中国思想、文化的遗存等。与其应然地作价值上的评判，倒不如在认定的前提下探讨她们何以会有如此的转变。

① 孟悦、戴锦华：《浮出历史地表——现代妇女文学研究》，郑州：河南人民出版社，1989 年，第 139 页。

八　澄明的女性生命之灯：女性文学研究一瞥

自1919年10月4日鹃魂在《晨报》上发表《读冰心女士的〈去国〉》以来，女性文学研究已经有了近百年的历史。站在新世纪的今天回望女性文学研究的过去，女性文学批评家会依次向我们走来，而最具人文建设性的批评家，也许非刘思谦莫属。刘思谦自20世纪90年代开始从事女性文学研究，一直以来，笔耕不辍，在女性文学学界久负盛名。作为一名女性学者，她的以知人论世为认识基础的——体验式、经验式——女性人文主义文学批评，把女性文学与女性的生命意识结合起来，既敞开了现代中国女性的文学经验，又敞开了现代中国女性的生命经验。同时，为了更清晰地照亮女性的生命、女性的生存，她还致力于女性及女性文学研究的理论建构，结合中国女性的历史事实，把西方的女性主义理论恰当地转换过来，用以指导中国的女性及女性文学研究。无疑，刘思谦称得上当代中国女性文学研究重要的先行者，她的融合了自己生命体验和生命经验的女性文学研究，就像一盏澄明的女性生命之灯，而她就是那位睿智的持灯的使者，不仅照亮了女性，也照亮了男性。

1 寻找女性生命之灯

刘思谦的第一部女性文学研究专著《“娜拉”言说——中国现代女作家心路纪程》(以下简称《“娜拉”言说》),被誉为我国“女性文学批评的开山代表作”之一。该书既论证了女性文学发生的历史条件,女性文学的基本特质和人文精神,又以作家论的形式依次分析了十二位现代女作家,敞开了她们不为人知的精神世界,可以说是对女性文学作了一次集中的检阅,为女性文学研究作出了奠基性的重要贡献。

刘思谦从事女性文学研究既是偶然又是必然。说偶然,是指1989年春谢玉娥女士请她为其编撰的《女性文学研究——教学参考资料》作序,由此接触到女性文学,一发而不可收;说必然,则指那年夏季其母亲的遽然离去,这一伤痛事件点燃了她的女性意识。她的母亲周筱沛是一个五四女性,考入北京女高师后,成为庐隐、石评梅等人的好朋友。她在新思潮的影响下反抗包办婚姻,追求自由恋爱和自由婚姻,还曾放脚、剪发,参加社会活动,是一个出名的活跃分子。但后来婚姻的破裂和政治的异化使她后半生演出了一场悲剧。刘思谦说过,她在动笔写《“娜拉”言说》的几年里,总觉得母亲凄凉的身影在伴着她,这是一种女性与女性之间的牵引,牵引她走进现代女作家的精神世界。刘思谦感慨地说:“冥冥之中我觉得她们早就在那里静静地等着我了，可惜我来得有点晚了。”[1] 尽管是迟到的探寻，她还是由此发现了女性，借此找到了失落了的自己。

她的发现是从对历史的研究开始的。她看到中国社会从夏商开始经过了两性关系的重大改组，从此进入父权制社会。这是一种以父死子继的男性血缘为根本的社会形态，它以对女性的压制为前提，形成超稳定结构并在中国延续了数千年。女性没有作为主体存在的历史，也没有作为主体存在的文学。虽然传统中国有为数不少的女性作者，尽管有些人的作品中也有一定的对于女性自身的认识，但受到传统伦理拘囿的对于女性生存、生命有所关注的这种女性意识并不能显示出作为独立个体的女性的主体性，只是作为男性的客体或激昂澎湃、或哀怨徘徊。基于此，刘思谦认为女性文学不包括传统中国女性创作的文学，女性文学的发生是20世纪的事情，它的历史条件“是现代知识女性的出现和她们作为人的女性意识的觉醒”[2]。这有赖于制度和精神的变革：女学的兴办、大学开女禁以及女性到国外留学等教育制度的改革为现代女性浮出历史地表创造了外部条件；五四新文化运动对“人”和“女性”的发现又为现代女性主体意识的生成创造了内部条件。这样，一批知识女性由此获得了空前的“对自己作为人的价值的体验和醒悟”[3] 的女性意识，发而为创作，成为最早的女作家。到三四十年代，更多的女性加入到文学创作的行列，

① 刘思谦：《“娜拉”言说——中国现代女作家心路纪程》，开封：河南大学出版社，2007年，第339页。

② 刘思谦：《“娜拉”言说——中国现代女作家心路纪程》，开封：河南大学出版社，2007年，第6页。

③ 刘思谦：《“娜拉”言说——中国现代女作家心路纪程》，开封：河南大学出版社，2007年，第16页。

构成了现代中国文学中一道亮丽的风景。

刘思谦从现代女性的花丛中撷取十二朵姿态各异的花朵，为她们赋形，探寻她们丰富的人生和创作，这十二位女作家于是从众多的现代女性群体中走出，以各自的生命存在昭示着现代女性的悲与欢、喜与忧。这就不仅是为文学写史立传，更是为女性写史立传了。这也就是《“娜拉”言说》这本书成为女性文学研究的必读书和参考书的根本原因。

长期以来，女性文学研究被有意无意地压制着，女性文学在现代历史的河流里沉到了底层，虽然20世纪80年代境况有所改观，但直到90年代才普遍进入人们的视野，这其中《“娜拉”言说》对于推动女性文学的研究功不可没。在刘思谦敞开的女性世界里，我们得以了解到她们被尘封的历史和文学。

五四新文化运动是一个大型的现代性事件，在这个改变中国思想文化命运的事件中，最贴己的事情当属恋爱结婚的问题，这是文学倾诉的主要内容，对此，茅盾早已下过定论。而在表现这个贴己的事情的创作中，冯沅君堪称“五四”的代表。刘思谦可谓慧眼识珠，看到了冯沅君对“神圣的爱”的追求。直到今天，我重读《“娜拉”言说》才了解冯沅君对现代中国自由恋爱观念的形成起到的重要作用。刘思谦通过解读冯沅君的《旅行》、《隔绝》、《隔绝之后》，认为小说主人公在新思潮的鼓舞下，“基于爱情自由、婚姻自主的强烈要求，对于封建包办婚姻产生了强烈的反叛意识……在这种不妥协的反叛的激情后面，有新的爱情观念在支撑，那就是‘爱情神圣’。……在他们看来，爱情本身就是一种理想、一种信仰，一种值得自己用生命去完成的使命。”① 神圣之爱是一种纯爱的思想观念，与传统中国礼教压抑下的私定终身的殉情不同，它主要从西方传播过来，之后在中国产生了重大影响。这是一种精神之爱，注重爱的纯洁，也就是一种灵的爱。既然是灵的爱，就不可能有肉的成分，自然也就不必强求周作人所提出的“灵肉结合”的爱了。刘思谦还认为：“她的小说文本，从现实的一个女人和一个男人的爱情变成了飘在云端的爱情神话。”② 此言不差，不过，我们还应该看到，正是因为这是一种高高在上的爱恋，才能在“五四”激起青年们的热烈向往，成为人们恋爱的信条、信仰。

当我们抱着理解的同情看待历史的时候，我们就会发现神圣的爱也好、灵肉结合的爱也好，其实还是不坚固的，庐隐不就是不相信有所谓的自由恋爱吗？这是为什么呢？刘思谦认为庐隐害了“哲学病”，对人生的意义产生了怀疑。刘思谦所分析的庐隐作品中的悲哀、虚无、游戏的心理状态，是非常恰当的，我们其实还可以换一种说法，那就是庐隐表达的是一种颓废的心理体验，因为颓废就是人生虚无感的外在表现方式。那么庐隐为什么会颓废呢？刘思谦认为是属己的“性的苦闷”在缠绕着：

茅盾说：“在庐隐的作品中，我们也看见了同样的对于‘人生问题’的苦索。不过她还是穿了恋爱的衣裳。”在我看来，这两者不存在谁穿着谁的衣裳的问题。本来生存的苦闷同性的苦闷就是交织在一起的，换句话说，性的苦闷是生存的苦闷的一个重

① 刘思谦：《“娜拉”言说——中国现代女作家心路纪程》，开封：河南大学出版社，2007 年，第 31 页。

② 刘思谦：《“娜拉”言说——中国现代女作家心路纪程》，开封：河南大学出版社，2007 年，第 33 页。

要的方面。……如果一定要说谁穿着谁的衣裳，那我宁可说是性爱的苦闷穿上了一件斑驳的哲学衣裳。对于这个悲哀的“女儿国”来说，爱情婚姻的痛苦是一切痛苦的焦点，她们无论怎么说，说来说去主要还是说的这个难言的痛苦。[①]

这确实是发人深省的论断，说明庐隐的颓废是有其根源的，并非无病呻吟。刘思谦还敏锐地发现“庐隐文本的爱情模式，永远是男性主动侵入而女性被动防守，期间少不了女性由于诸多顾虑而出现的性爱的滞留和焦灼这两种相反相成的情绪心态，常见的模式是拒绝—苦闷—又拒绝—又苦闷”[②]。这等于分析现代女性的尴尬状况，让我们了解到爱情之于她们的艰难。

恋爱确实是在眷顾现代女性的同时又常常和她们开着人生的玩笑，石评梅仿佛就是从庐隐作品中走出来的不幸者。刘思谦在考察了石评梅作品中的关键词后说：“如果要计算她的常用字的使用频率，头一个也许就是这个‘泪’字……翻开她的作品，仿佛是一串串泪珠串起来的，满篇都是泪。”[③] 石评梅的眼泪自然是为其难堪的恋爱而流，刘思谦触及五四自由恋爱思潮中存在的一个重要问题，那就是青年男性在追求恋爱的时候有些已经身为人夫。这当然也不必苛责，关键是有一部分青年男性抱着游戏、玩弄的态度与女性恋爱，这就是在正当的名义下行不当的事

---

① 刘思谦：《“娜拉”言说——中国现代女作家心路纪程》，开封：河南大学出版社，2007 年，第 57 ~ 58 页。

② 刘思谦：《“娜拉”言说——中国现代女作家心路纪程》，开封：河南大学出版社，2007 年，第 58 页。

③ 刘思谦：《“娜拉”言说——中国现代女作家心路纪程》，开封：河南大学出版社，2007 年，第 74 页。

了。石评梅的不幸即来自于此。她的初恋男友吴天放实际上是在骗取她处女的感情，而高君宇虽然真心爱她，却也非自由身。石评梅之所以不接受高君宇的爱情，确实有道德上的考虑，但如果就此认为她是在维护“旧礼教”的话恐怕有些不妥，因为如果只顾及自己而无视他人的感受去接受高君宇，就会违背利己又利他的现代人道主义观念，这是作为现代女性的石评梅所不能为的。当然，刘思谦分析石评梅在高君宇去世后倾注了对其的爱恋是出于负疚心理和独身的素志是有道理的，这也就把惯常的关于革命伴侣的神话给打破了，给我们呈现出一个历史上真实的石评梅，她的悲苦，何尝不是现代女性的悲苦?

五四女作家不独关注恋爱，也探讨婚姻家庭，这里首先要提到的是冰心。刘思谦对冰心的分析也聚焦于此。冰心小说中的家庭观念的新与旧现在已不是问题，韩国学者任佑卿对此已作出过出色的辨析，我也无须饶舌了。需要指出的是，刘思谦尽管认为冰心有传统的家庭观念，但还是很巧妙地从中剥离出爱的自然性，去论证冰心爱的哲学。她把冰心对爱的体验称作日本学者今道友信所提出的“原体验”，是一种自然意义上的心理体验，冰心就在这个基础上把爱看作了信仰。刘思谦说：“应该说，倒是她的时代成全了她的爱的哲学，是那种纷纷扬扬的对爱的怀疑、否定从反面激发和锤炼了她对人类的爱心，并将这爱心升华为纯正的宗教感情。……她给予人们的并不是哲学讲义和宗教教义，而是对爱的感受和感悟，是她心灵中那一盏爱的灯火。”① 联系

① 刘思谦：《“娜拉”言说——中国现代女作家心路纪程》，开封：河南大学出版社，2007 年，第 123 页。

刘思谦后来的学术发展，我们分明看到，她持守的也是这样发散着爱之光的灯盏。

人之所以需要爱大半是因为缺少爱，即便结为夫妇也同样如此。维系婚姻的不仅仅是法律和道德，更重要的还是基于互相理解的爱情。那么，生活在现代中国的女性是否就获得了这样的爱情呢？答案自然是没有，因为凌叔华已经告诉我们了。如果把刘思谦对凌叔华的分析按照作品女性人物的身份重新整理的话，女性的一生就清晰地呈现出来了。依次是小姐—太太—老太太，换个方式为女儿—妻子—母亲—祖母。刘思谦敞开了她们的心理世界和生活世界，这里有闺房的门尚未开启的青春少女（《绣枕》），有开了一点接触到外面世界的小姐（《吃茶》、《茶会以后》），还有更多的离开闺房进入男性家庭的太太们。这些太太又可分为新式和旧式两类，旧式的有《中秋晚》、《太太》、《送车》中害怕失去丈夫和家庭战战兢兢度日的传统女性，新式的有《酒后》、《花之寺》中为世俗家庭生活所苦恼的新女性。现代家庭经由两性的爱情培育而构型，但爱情在进入婚姻后面临着世俗生活的冲击，有了凝固的危险，凌叔华沿着冰心的探索又深入了一步，这是很难得的。

时代很快转换了前行的方向，凌叔华式的探索后继乏人，这种意义深远的追问直到20世纪40年代才被杨绛、苏青、张爱玲接续过去。时代在前行的过程中，显示了它的光怪陆离，从大山里走出来的丁玲已经呼吸不到清新的空气了，那个坏的环境，令梦珂、莎菲、阿毛等女性充满焦虑、无所适从。正是这生的焦虑，催发了丁玲的女性意识，刘思谦说：“就女性文学发展的历史进程而言，丁玲占据的是承上启下的位置。……女性意识到了丁玲这里，才不仅从封建之父的庞大身影中决裂出来，而且开始从五四女儿的两性精神同盟中分离出来，成长为独立的性别主体意识。”① 肉体的性的问题与精神的爱的问题一起在丁玲的小说里呈现出来，她们试图“在黑暗中”找寻灵肉结合的爱恋，却终究以失败告终，都市只会攫取女性的身体而放逐她们的灵魂。刘思谦在谈到丁玲转向的时候还犀利地指出：“这种变化并不是由胡也频的牺牲而突然发生的，……换句话说，丁玲创作的变化，是在胡也频牺牲之前就初见端倪。”② 这对于神话的破除来说意味深长。十多年后，刘思谦仍然意犹未尽，又写了一篇长文阐释丁玲的变化，她把丁玲放在左翼文学长时段的实践之中，认为“丁玲一生的创作便和这种左翼文学的演变衰落过程发生了宿命般的、半是主动半是无奈的纠缠，她创作中的种种矛盾冲突和困惑，她的成就和局限，乃至她政治上的悲剧命运，都不可能离开左翼文学以及它背后的政治权力而得到合理的阐释”③。这真的让人感慨万千。

现代女性生存的艰难不仅是文学真实，还是历史真实，白薇、萧红的人生本身就是对男权社会的控诉，刘思谦在述及她们的生命历程时倾注了她的深切同情和由这同情而来的愤怒。白薇喜欢在作品中“给爱情蒙上宗教的圣洁的光环，披上绚丽的唯

① 刘思谦：《“娜拉”言说——中国现代女作家心路纪程》，开封：河南大学出版社，2007 年，第 153 页。

② 刘思谦：《“娜拉”言说——中国现代女作家心路纪程》，开封：河南大学出版社，2007 年，第 163 页。

③ 刘思谦：《丁玲与左翼文学》，《西南民族大学学报》，2006 年第 11 期。

情主义的衣衫”①，这其实正说明白薇现实中爱的匮乏，促使她去创造想象中的爱与美。白薇在杨骚的甜言蜜语下一再受到伤害，据说他要经历一百个女人疲惫以后才会倒向她的怀抱，饶是如此，白薇还是原谅了他，接纳了他，还被传染上了性病。说起疾病，那可是白薇的老朋友了，她在《琴声泪影》中写道：“一身器官，官官害着病，/入夏以来三天两天病，/入秋以来十天九天病，/入冬以来天天夜夜病，/确是博物院里百病齐全的好标本。”与她相似的还有萧红，刘思谦特意引用丁玲的《三八节有感》说明健康的身体之于女性的重要。昔日英国女作家伍尔夫曾说女性要想从事文学创作，须得有五百磅的收入和一间自己的屋子，这样的条件对于以上两位女性来说未免太奢侈了些，这足以见出女性生命的顽强。而对于作家作品的分析，刘思谦同样显示了卓越的批评功力，从《打出幽灵塔》中提取出“幽灵塔”意象来阐释整个封建父权统治结构，这可以说是与鲁迅著名的“铁屋子”一样重要的意象，长期以来却未受到应有的重视。而对鲁迅所赞誉的“当今中国最有前途的女作家”萧红，刘思谦则分析了她的民族意识、启蒙意识、生命意识和性别意识，尤其是提出了萧红小说的空间意识，确实独具慧眼。

及至20世纪40年代，战争和高压的政治并不能阻挡优秀女作家的脱颖而出，杨绛、苏青、张爱玲作为女性生命书写的总结者次第走来。刘思谦在评论她们各自特色的时候，其实也呈现了她们的共性，那就是对现代婚姻探寻的浓厚兴趣。她在阐述杨绛

① 刘思谦：《“娜拉”言说——中国现代女作家心路纪程》，开封：河南大学出版社，2007年，第219页。

时说："杨绛从不离开婚姻写爱情或者索性离开爱情写婚姻。在各种婚姻事实和婚姻当事人的婚姻观念中，已经基本上没有了爱情的位置。在这里，爱情已不是五四时期的神圣不神圣的问题，也不是30年代的革命不革命的问题，而是有没有必要存在的问题了。这在与杨绛同时期的苏青、张爱玲笔下也大致如是。这是一个令人扫兴的大变化。"① 曾经激荡了中国青年的爱情竟然有个这样的收场，不能不让人深长思之。刘思谦针对爱情和婚姻的变异，鞭辟入里地说："婚姻的交易性、商品化排挤、扭曲和腐蚀了个人性爱，极大地刺激了人的金钱欲、利欲和虚荣心，而人的金钱欲、利欲和虚荣心又进而推动了婚姻的交易性、商品化。两者互为因果，造成了婚姻生活、家庭生活的空虚、堕落、腐化，一点一点吞噬、毁坏了两性关系与亲情关系之间的天性、真情。"② 这何止是讲历史，现实不也存在这样严重的问题吗？作为一个有良知的批评家，刘思谦毫不隐瞒地传达了她的责任意识和理性承担。

刘思谦在阅读林徽因诗歌《莲灯》时颇有感悟，说林徽因用文学建造了自己生命的莲灯，里面一支点亮的蜡，照亮了生命存在的辉煌。"她的作品是思之诗，她的思是一个聪慧的知识女性对生命存在的感悟和言说。她的一盏盏玲珑的生命之灯的荧荧之光，穿透了语言的遮蔽，在女性千年沉睡的混沌幽暗的夜空中

---

① 刘思谦：《"娜拉"言说——中国现代女作家心路纪程》，开封：河南大学出版社，2007年，第279页。

② 刘思谦：《"娜拉"言说——中国现代女作家心路纪程》，开封：河南大学出版社，2007年，第281页。

熠熠闪烁。”[①] 我们在拜读刘思谦大作的时候，所获得的也正是这种澄澈的感受。

2 点燃女性生命之灯

《“娜拉”言说》出版之后，刘思谦又致力于女性文学批评理论的研究。她有感于女性文学学界理论方法的混乱，着手建构本土化的女性文学批评理论，她重点探讨了父权制、母系制、性别、主体性、女性意识、生命意识等理论问题，在此基础上建立了自己的女性文学批评方法，即体验式、经验式女性人文主义文学批评。这对于促进我国女性文学研究的学术化无疑有着重大的积极意义。

女性人文主义文学批评可以说是刘思谦照亮女性生命的灯盏，她说：“在人类精神世界的天空里，女人是被遮蔽得最深的。被权力话语和男性话语所遮蔽，被自己心中的蒙昧、黑暗和软弱所遮蔽，也被‘民族’、‘种族’、‘国家’、‘社团’，甚至‘性别’这种种类的概念所遮蔽。当女人意识到自己是人、是女人也是任何人所无法替代的独立和孤独的个人时，同时也就意识到她渴望语言的价值之光对生命的朗照。她渴望朗照，渴望用语言之光驱逐内心的黑暗，战胜蒙昧和软弱，如同她渴望自由渴望爱和被爱。她的作为人、作为女人和作为个人的意识的觉醒是和

---

① 刘思谦：《“娜拉”言说——中国现代女作家心路纪程》，开封：河南大学出版社，2007 年，第 243 页。

她对语言的意识同时觉醒的。”[1] 然而，刘思谦又说：“女人寻找语言和进入语言是一场比男人艰难得多的跋涉。”[2] 因为男人的语言经过历史的积淀几乎吞噬了女人的语言，法国女性主义者艾莱娜·西苏就表达过相似的见解，所以，女性要想发出自己的声音，一定要自己去寻找属于自己的语言。刘思谦便是经由《“娜拉”言说》的学术探寻，找到了她充满智慧的女性人文主义话语。她说：“女性的觉醒始于认识到‘人’这个抽象概念下人和人事实上的不平等，始于女人追求和探寻自己作为人的价值的全面实现。……从人的发现觉醒到女性的发现觉醒，说明女性的发现和觉醒是人文价值理想的深化和具体化，这也就是我在这里命名的女性人文主义思想。”又说：“女性与女性文学，和人性的完善、个性的解放、和民主、自由、平等、文明、进步、和平、发展这些人类共同珍惜的价值观念同命运，和女性人文主义价值的全面实现同命运。”[3] 刘思谦这种创造性的综合为中国女性研究与女性文学批评提供了切实可行的理论支撑，我们说她是当代女性文学研究重要的先行者，在本土化的理论体系建构上，恐怕未有出其右者。当然，这与她自觉的理性意识分不开，她说：“我们需要一种清晰的能说明我们自己存在发展的合理性和规律性的具有广阔的学术前景的理论，我选择了女性人文主义。这种理论将启蒙理性的人文主义向女人关闭的一扇大门打开，以人文理想的价值之光和无穷思爱的神性光辉朗照被压抑被遮蔽被曲解的女人生存之真女人的个人真实性，和女作家一起以澄明的女性

① 刘思谦：《女人的船和岸》，石家庄：河北教育出版社，2002 年，第 206 页。
② 刘思谦：《女人的船和岸》，石家庄：河北教育出版社，2002 年，第 207 页。
③ 刘思谦：《中国女性文学的现代性》，《文艺研究》，1998 年第 1 期。

之思展开女性作为人的主体性的无限可能性。……这种理论将既是现实的又是理想的既是批判的又是建设的，女性人文理想的价值立场和‘人——女人——个人’这一综合的阅读批评视角将有可能把曾经被视为对立的非此即彼的方面如同一性和差异性、个体性和相关性、个人与群体、自由和限制、物质与精神、人的恒定性与可变性、自由选择与神性自律、此岸与彼岸乃至传统的与现代的、后现代的一些合理性因素辩证地统一起来，将既是开放的多元的又不是相对主义的批评。同时，面对少数持有男性偏见的批评者对女性文学的误读、曲解乃至鄙薄，我们将不再是没有回应和对话能力的‘弱者’。”①

刘思谦的女性人文主义批评理论博大精深，非我这样的后学晚辈所能穷尽，在阐述的过程中挂一漏万在所难免。首先要说的是她对女性主体性的界定，她并不先验地认为身为女性就具备了以女性身份说话的条件。“因为女性主体意识是一个有待生成的过程，并非一切生而为女者与生俱来的意识。由于父权制意识形态对女人日复一日年复一年的影响与形塑，女人由依附性的‘他者’到主体性的自我的生成，是一个个人化的艰难的思想变革和心灵救赎的过程。”因此，她认为“女性文学是诞生于一定历史条件下的以‘五四’新文化运动为开端的具有现代人文精神内涵的以女性为言说主体、经验主体、思维主体、审美主体的文学。”② 刘思谦特别重视女性的主体性问题，这是一个比女性意识更能说明女性存在状况的概念。女性的主体性在精神上指女

① 刘思谦：《中国女性文学的现代性》，《文艺研究》，1998 年第 1 期。

② 刘思谦：《女性文学这个概念》，《南开学报》，2005 年第 2 期。

性作为人和女人的存在意识和生命意识，是对波伏娃所说的女性被沦为“第二性”、“他者”地位挣脱的理性意识。女性主体性的确立和女性生命经验的积累密切相关，她们在自我的生命过程中，直接或间接地体验到社会赋予的种种人生形式，由此萌发对独立人格的追求，而对女性的自我身份和由自我推及群体的性别意识也相应地有了清醒的认知，当体验转换为经验的时候，女性的主体性就形成了。她们以主体的身份言说自我和社会、现实和历史，敞开女性的真实，为两性的平等相待、和谐共处提供可行性的经验。

女性主体性获得的艰难，是父权制的社会、文化系统对女性主体意识长期褫夺的结果。刘思谦综合恩格斯的社会分析学、理安·艾斯勒的文化人类学和温德尔的女性主义神学详细考察了人类社会中的母系制和父权制。恩格斯在《家庭、私有制和国家的起源》中有个著名的论断：“母权制的被推翻，乃是女性的具有世界历史意义的失败，丈夫在家中也掌握了权柄，而妻子则被贬低，被奴役，变成丈夫淫欲的奴隶，变成生孩子的简单工具了。”这显示了一个悖论式的现象，一方面父权制取代母系制代表了人类社会的进步，另一方面，这种进步的得来又付出了巨大的代价。可以这样说，社会的进步建立在了女性被奴役的基础上，并且这样的进步又被看作文明的表现，与母系制相比，就是进步中有退步，文明中有野蛮了。父权制形成以后，男性就拥有了对女性的绝对权力，女性历史性的遮蔽和沉沦就拉开大幕了。需要指出的是，刘思谦不仅论证了女性的被压迫和奴役，还深刻地分析了父权制对男性同样也造成了压迫和奴役，确是非常犀利的洞见。她并不简单地认同李银河把男性同质化压制女性的观点，而是认为父权制内“男性与男性之间由于种种原因同样存在着不平等，存在着统治与被统治的关系”。因为“父权制的统治既包括男人对女人的统治，也包括男人对男人的统治或少数男人对多数男人的统治”①。传统伦理教条中的父子君臣即很好的注解。在这个意义上，刘思谦特别欣赏艾斯勒提出的“圣杯文化”。这是艾斯勒基于母系制的文化生态针对父权制的“剑文化”而构建的以女性为主导的文化形态，在这种文化中，男性和女性之间是伙伴的关系，是平等、合作、爱与责任的关系，我们的文化源头正可以做我们未来发展的方向。

在刘思谦的理论视野中，性别问题不仅是关乎女性的问题，而且是男女共同的问题，她说：“女性和男性都是父权制的受害者，因为父权制无论对于女性还是男性来说，都是一条通向存在之深渊的奴役之路。因此，男性和女性必须共同面对父权文化的压抑，共同面对主体性被剥夺的现实。因此性别问题从根本上说是人的问题，是女人和男人的主体性建构问题。”② 刘思谦性别研究的意义正在于此。西方女性主义者把人的性别分为自然性别（sex）和社会性别（gender），认为社会性别是后天形成的，源于父权制社会意识形态对人的文化设定，从而形成一种男女之间尊卑高低有序的似乎是天经地义的性别关系模式。对此，刘思谦并不十分赞同，她说：“将性别分解为自然性别与社会性别这两个部分是一个具有理论灵感的创意，但在具体的理论阐释中却往往强调了二者的区分而忽略了二者的联系。社会性别固然是后天

① 刘思谦：《关于母系制与父权制》，《河南大学学报》，2005 年第 5 期。
② 刘思谦：《关于母系制与父权制》，《河南大学学报》，2005 年第 5 期。

的和文化的设定，但不言而喻却是以先天的自然性别为前提和基础。也就是说，对女性社会性别的强塑与自塑，必然以她生而为女这一自然性别为前提。然而这两个本来是互相联系的整体却被一些女性主义学者有意无意地割裂了。有的甚至认为社会性别与生理的自然性别无关。自然性别与社会性别有区别却也有不可分割的联系，这就如同人既是生物性的人同时也是社会的、历史的文化的人一样，是一个完整的多面的整体。”① 刘思谦实际上是在提醒研究者注意自然性别之于性别研究的重要性，尤其是对于女性学者来说，能否理性地看待自然的性别特性，关乎学术研究的科学性和人文性等重要的问题，也关乎完整的女性身份之建构的大问题。再者，性别的问题又不仅仅是单用性别理论就能够解释清楚的，因为性别问题在实际上往往和阶级的、种族的、文化的、宗教的问题犬牙交错地杂糅在一起，这是由人的身份的复杂性所决定的。她说：“人有三个基本的类属性和类身份，这就是性别、种族、阶级（阶层），由这三大基本的类属性和类身份在时间（历史）空间（地域）上的交叉作用，又派生出一些其他的类属性和类身份，……性别这种类属性与类身份的复杂性在于，一个本来是属于自然的生理的与生俱来的性的类别，却在人类历史的时间性演历中出于人与人的统治、占有的需要而被强制性地异化为等级制的尊卑优劣有序的两个类别，即波伏娃在她的名著《第二性》中所说的等级制的‘第一性’、‘第二性’，并以这种性别的等级制作为封建宗法统治的基础，将女人世世代代

① 刘思谦：《性别理论与女性文学研究的学科化》，《文艺理论研究》，2003 年第 1 期。

禁锢在依附性的家庭身份上而剥夺了她们的社会身份。”[①] 这就提醒我们切莫将性别问题简单化，种族无意识、阶级无意识、政治无意识、宗教无意识都会侵袭到性别文化中去，造成女性的异化。

既然性别被各种无意识重重缠绕，那么，我们要做的工作就是要对其进行去蔽，女性就应该运用不同于男性的性别经验撕开尊卑不等的性别神话，照亮女性的生存。而要想照亮女性的生存，就得具有刘思谦所说的性别视角。所谓视角，是指研究者进入文本意义的角度和方式。从一个特定的观察点或角度切入文本后就能看到被常识所遮蔽的内容。这是一种针对文本的选择性进入，性别视角决定了研究者特别关注文本中显在或隐藏的性别问题，把文本中的女性经验充分敞开。当然，性别视角蕴含了写作主体的价值判断，这和主体进入文本时的前理解有关，也就是说，写作主体是携带着对女性经验的认同与理解来解读文本的。但是，刘思谦提醒我们：“在运用以价值论为支点的性别视角阐释文本意义时，就需要以性别为切入点综合分析相关的民族、阶级内涵，而不能只见性别不见其他，重复以往以阶级视角而遮蔽性别等其他内涵的失误。”[②] 这是需要研究者多加注意的。

说到价值论，刘思谦有自己的价值基准，就是人文主义精神向度。她认为“应该在批评理论中为价值论尤其是人文主义价值观留出一席之地”。因为“事实世界并不必然地和全部地符合

---

① 刘思谦：《性别理论与女性文学研究的学科化》，《文艺理论研究》，2003 年第 1 期。

② 刘思谦：《性别理论与女性文学研究的学科化》，《文艺理论研究》，2003 年第 1 期。

人的主体需求，而价值世界则是按照人的目的、人的需要建构起来的价值体系，包含了人的主体需要、信念和理想，包含了对生命的价值和潜力以及人的主观能动性、创造性的基本信赖。……进而言之，事实世界需要经过价值之光的鉴别和烛照才能符合人的主体需要。”① 这就说到刘思谦用爱点燃的生命之灯了。她曾说过：“我现在从事的女性文学研究，从其诞生之初至今，在将近一个世纪的历程中，其贯穿性的，涵盖所有主题、题材、体裁的母题，便是这或隐或显、若有若无、似真似幻的爱。我必须要求自己努力捕捉到爱的真实踪迹并予理性的和清晰的阐释。最重要的，是爱在当今时代岌岌可危的处境。爱遭遇到危机，遭遇到怀疑、误解、亵渎、颠覆。爱的危机其实也是人的危机，爱的受难也是人在受难。”② 在当今的物质主义时代，爱正在被物化，失去它的精神性品格。举起爱的旗帜，正显示出刘思谦可贵的人文关怀。用爱的灯火照亮冰冷的人间，予人以爱的温馨，呵护和培育爱的种子，刘思谦把这称作神性的追求。

爱是什么？刘思谦曾用心思索过。今道友信认为爱是人生意义的主要内容，它本来是人人心中都会有的一种“原体验”，只是人在自己的生命过程中，爱的情思往往被各种利害关系所蒙蔽，难以得到舒展，人的丰富性也就会大打折扣，更不必说对真善美的寻求了。所以弗洛姆把爱看作“人类生存问题的答案”，而且是“成熟的”、“唯一满意的”答案。刘思谦在阐述弗洛姆的爱的理念时说：“人类生存的全部或完善就在于用爱达到人与

---

① 刘思谦：《意义阐释的合理性与有效性问题》，《河南大学学报》，2001 年第 6 期。

② 刘思谦：《女人的船和岸》，石家庄：河北教育出版社，2002 年，第 117 页。

人之间的结合，用爱达到男人和女人的结合。”① 这说明爱不但是一种精神性的情思，也是一种人生的有意义的实践，而无论是情思还是行动，都存在着正当和不当的区分。不当的爱尽管灼热、激烈，也只能是“伪爱”，是盲目的、非理性的爱，它不仅达不到人生的澄明，反而会造成人生的蒙昧。这其中“偶像崇拜式的爱”最危险，“弗洛姆认为，如果一个人还没有获得对自我的认同感，往往会把所爱的人‘偶像化’”。刘思谦是从偶像崇拜时代一路颠簸着走过来的，对弗洛姆的言论有感同身受的体认，她说：“人的神话是人自己制造出来的，是人的自我贬抑、沉落与甘愿为奴制造了以人为神的王国。”② 因为人就是人，不可能成为神，再伟大的人也是人，把人当神来崇拜，折射出来的不是人的聪明而是人的愚昧，不是精神的丰富而是精神的萎缩。而且这种崇拜式的爱总会以非理性的面目对爱者实施双重性的攫取，精神上要求爱的专一，身体上要求为爱奉献、牺牲，结局只能是精神与身体的被吞没与毁灭。

而在爱的两性关系上，由于父权制社会的文化形态特征，更容易使女性对男性的感情异化为“爱的宗教”。刘思谦在《爱是什么?》这篇著名的文章中引述了文洁华散文对女性崇拜心理的分析：“波伏娃说一般崇拜英雄式男人的女子都有一个特征，就是不能顺利地从少年过渡到成年，或者对成年生活的不能适应。”“她想恢复的是一张覆过她头顶的屋顶，一道使她在荒蛮的世界中不会感到被遗弃的墙，一种保护她对抗她的自由的权

① 刘思谦：《女人的船和岸》，石家庄：河北教育出版社，2002 年，第 119 页。
② 刘思谦：《女人的船和岸》，石家庄：河北教育出版社，2002 年，第 126 页。

柄。”于是，“对于女人来说，爱便是为了主人的好处放弃一切……爱，于她成了宗教。”[①] 弗洛姆在《逃避自由》中也出色地分析过女人把男人当作“上帝”来爱的宗教式狂热。这种偏执的爱只能使女性失去主体性，沦为没有自我意识的客体。既然爱容易走向它的反面，被极端之手所操纵，那么，什么才是正当的、理性的爱呢？刘思谦说：“爱只有一个证明，这便是两个自由、独立的主体的自我价值的实现，便是两个人的自由和欢乐，便是‘双方从生活实践中体验到他们自己’，体验到‘每一个人身上的生气和力量’，这是‘爱的硕果’，是对相爱的人的勇气、智慧、能力、责任感的挑战。”[②] 爱因此成为一种基于理性的信念，今道友信说：“人是为不懈的爱而挑战的存在，是通过爱而预感超越的存在。”所以，刘思谦认为，爱就是“人性中最靠近神最接近神性的部分”，找到爱，也就找到了生命的意义与价值。她之“私淑”女性文学元老冰心的原因也就在这里。爱的信念之于冰心乃是终生不渝的，冰心在她的《关于女人·后记》中说，女人就是爱的化身，“叫女人不‘爱’了吧，那是不可能的。上帝创造她，就叫她来爱，来维持这个世界”。爱是生命中最澄明的灯盏，刘思谦运用自己的生命经验、智慧和理性点燃了它。

① 刘思谦：《女人的船和岸》，石家庄：河北教育出版社，2002 年，第 125 ~ 126 页。

② 刘思谦：《女人的船和岸》，石家庄：河北教育出版社，2002 年，第 129 页。

3 照亮女性生命之旅

新世纪以来，刘思谦致力于20世纪90年代女性散文研究。女性散文一直是女性文学研究的薄弱环节，也几乎是散文研究中的盲点，她从浩如烟海的女性散文中辨识出她们共同的关于生命的主题，追问她们的生命感悟，以期敞开存在的本真而达至澄明。她让我们从女性散文中看到女性放恣的生命形态，看到她们鲜明的主体意识，这对我们思考生命、思考两性关系无疑有着重要的引导作用。

刘思谦说，女性对生命意义的追问很早就开始了，整个20世纪的女作家都在以自己的方式探寻生命的意义与价值。她从时间的角度走进她们的生命世界。把握了她们的时间意识，也就把握了她们的生命意识。她说："时间就是生命，生命是有限的一次性的时间性存在，人对时间的感觉也就是对生命的感觉。女人对时间有尖锐的感觉，岁月之于女人，常常是一种如刀如剑般的疼痛。"① 疼痛是人的身体或精神的感性体验，刘思谦努力把其上升为女性生命的经验，以此照亮生而为女的这个性别群体的生命之旅。她说：

我把90年代女性散文对生命意义的追寻和创造，放在一个历史的时间与个体的内心时间相互作用的双维结构之中，也就是在"代"的范畴中来解释和阐释。"代"的范畴在这里包括历时

① 刘思谦、郭力、杨珺：《女性生命的潮汐——二十世纪九十年代女性散文研究》，开封：河南大学出版社，2005年，第3页。

态的代际关系和共时态的代属关系，是一个与人的个体生命时间相关联的时空范畴。在“代”的范畴里，一如既往的永恒的时间的流逝还原为具体的一个一个此在的生命从生到死的成长和断灭过程，还原为生命与生命的相互关联和相互承担。女人的只有一次的生命的价值、意义，就存在于这个历时性和共时性相交织的生命时空范畴之中向我们脉脉含情顾盼生辉。……女人生命的眼睛张开了，……向着个体生命所可能达到的理想境界提升与生成。①

刘思谦对时间有特别的兴趣，基于时间之轮在她眼前的风流云转，生命刻度对她的几经雕刻，女性身份的几经嬗递，她发现了时间对女性生命的特殊意义，领悟了不同于男性的女性个体独特的时间意识和生命意识。

在周小娅、蒋子丹、丹娅等人的散文中，刘思谦总结出女性生命的圆形结构，把女儿、母亲、祖母（外祖母）勾连起来的女性的生命线因爱的存在而互相确认，以爱为核心构成了一个同心圆。这与女性在直系亲属关系中的多重身份有关，一个未成年女性，相对于母亲是女儿，相对于祖母（外祖母）是孙女；一个成年女性，相对于自己的女儿是母亲，相对于自己的母亲是女儿，而相对于自己女儿的女儿则是外祖母。处在中间位置的母亲，一边向下连着女儿，一边向上连着母亲，她就可以站在祖孙两代中间望向两端，既看到新一代的成长，又看到老一代的衰老。她说：“这就好比是走进了一个照相馆，你一下子便同时照

① 刘思谦、郭力、杨珺：《女性生命的潮汐——二十世纪九十年代女性散文研究》，开封：河南大学出版社，2005 年，第 3 ~ 4 页。

了不同时态的三张照片，一张是你的过去、一张是你的未来、一张是你的现在。女人作为有限的、难以把捉的时间性存在，在这样的‘内心时间’的‘照片’上得到了造型化的赋型与定格。”① 只有在这样的参照中，女性才能找到归属感。

女性生命的归属感直接来自于女性切身的生命体验，女性的自我发现和对自我的认识，就建立在身体认识的基础上。刘思谦发掘出了几乎被埋没了的叶梦的散文，充分肯定了叶梦身体经验的言说。她把叶梦写出生的《紫色暖巢》、写初潮的《我不能没有月亮》、写初吻的《月之吻》、写初夜的《今夜，我是你的新娘》、写受孕的《生命的辉煌时刻》、写人工流产的《失血的灵肉苍白如纸》，以及写妊娠、分娩、哺乳、育儿，写自己的童年和外婆的衰老死亡的篇章归拢到一起，说叶梦“写出了女人身体从出生到死亡的全过程，并由此回答了‘我从哪里来’和‘到哪里去’的追问”②。这样完整翔实的女性身体叙事，在叶梦之前确实没有。这就是女性生命存在的敞开和照亮，一扫几千年来存在于人们意识中的女性“不洁”观。刘思谦说：“叶梦散文出现在80年代末，作为当时女性文学中的一个‘异数’，她的惊世骇俗，不仅在于她对女性身体经验这个禁区的挑战，还在于她以女性经验为基点所升华出来的这种积极的创造的生命哲学观。”③ 只有了解生命，才能敬畏生命，积极地拥抱生命。

---

① 刘思谦、郭力、杨珺：《女性生命的潮汐——二十世纪九十年代女性散文研究》，开封：河南大学出版社，2005年，第8页。

② 刘思谦、郭力、杨珺：《女性生命的潮汐——二十世纪九十年代女性散文研究》，开封：河南大学出版社，2005年，第10页。

③ 刘思谦、郭力、杨珺：《女性生命的潮汐——二十世纪九十年代女性散文研究》，开封：河南大学出版社，2005年，第12页。

女性亲属关系中母女关系最为特殊，母亲所经受的生育的痛苦、哺育的艰辛以及母亲的人生阅历，做女儿的只有自己亲身经历了才能理解。刘思谦说："当长大成人的女儿按照生命的节律也经历了恋爱结婚生子等等'生命故事'，经历了这'故事'里面一言难尽的想不明白也说不清楚的甜酸苦辣之后，内心深处便产生了认识自己认识女人的需要。这时候，母亲便是她第一个想要认识的女人。认识和理解母亲，是女人心智成长历程上一个绕不过去的起点，也是摆在她面前的第一面生命之镜。"[①] 有了这样切身的体验，母亲即使曾经走过弯路、有过失误，只要有爱存在的话，做女儿的也就能够理解了，母女之间的感情也就可以对话了。当然，并非所有的母亲都是一个称职的母亲，李南央的《我有这样一个母亲》写到的就是一个怪物似的女人，丧失了人性和母性，残暴地对待自己的女儿，李南央说："人活成这样，是太惨了！"刘思谦犀利地解析了母亲异变的根本原因，在于压抑人的政治生活和革命话语掏空了母亲的真、善和美，母亲在阶级斗争的环境里被异化成了一个忠诚的阶级工具、一个六亲不认的"革命巫婆"。这其实正验证了刘思谦所主张的基于人格尊严的人文主义精神之重要。

说到"左"倾政治对女性的摧残，刘思谦总是充满了愤激之情。她尤其对解释历史政治的"代价论"深恶痛绝，那种认为历史的进步要以人的苦难为代价的说辞是相当残忍的。筱敏在《两个女性》中讲述了"文化大革命"期间李九莲的悲惨遭遇。

---

① 刘思谦、郭力、杨珺：《女性生命的潮汐——二十世纪九十年代女性散文研究》，开封：河南大学出版社，2005 年，第 19 页。

1969年春，李九莲因为写给男友的一封信和半本个人日记被打成“现行反革命”而入狱，临刑前她在一小片手纸上写下了这样的诗句：“宇宙这样大/却容不下一条身子/天地如此宽阔/思想却无处安放/生命就是这样/不能去碰死僵冷的社会/就只能碰死在它的身上”。人之异于禽兽者贵在有思想的能力，帕斯卡尔说人是会思想的芦苇，这剥夺了人的正当思想权利的“革命”，我们该怎么来称呼它呢？刘思谦说：“一个重要的关乎千百万人生死存亡的问题就这样提出来了：这种以争取个人思想权利为‘反革命罪’的‘革命’，究竟是一种什么样的‘革命’、什么样的‘革命逻辑’呢？”[①] 高调的强权政治的逻辑其实是非理性的，它蛮横地区分敌我，使革命凌驾于道德之上，以专制摧残人的心灵与肉体，制造革命的恐怖，在阶级斗争的狂欢中剥夺尽人的生存权利。它在戏弄真善美的同时也戏弄了人的良知。人一旦丧失了作为人的羞耻感，又与禽兽何异呢？那些被杀的、自杀的人，以生命终结的方式告诉我们自由才是生命中最宝贵的。那些以坚韧的毅力抵抗强权的女性同样值得我们尊敬，刘思谦讲述了那些丈夫被关到高墙内的妻子们艰辛的生活和不屈服的精神。其中胡风的妻子梅志陪伴丈夫入狱二十多年，犹如俄国十二月党人的妻子陪伴被流放的丈夫远走冰冷的西伯利亚。梅志经过了数百次的审问，但从未背叛过良知。刘思谦感慨地说：“守住事实也就是守住一个人的平常心和自信心，守住人的尊严和知识分子的良知。……从胡风这些炼狱中的艰难守护，我读出了梅志作为妻

① 刘思谦、郭力、杨珺：《女性生命的潮汐——二十世纪九十年代女性散文研究》，开封：河南大学出版社，2005年，第41页。

子和难友的一颗女人的平常心，她的人道的慈爱和悲悯、正值和刚强。”① 极“左”政治的荒谬让杨绛出离了愤怒，她采用反讽的修辞方式撕开了阶级斗争神圣的外衣，揭露出了假革命的扭曲狰狞的面目。杨绛在《丙午丁未末年纪事》中说：“况且他们是红专家，至少也是粉红专家，或外红里白专家，我却‘白’而不‘专’，也称不上‘家’。这回他们和我成了‘一丘之貉’，当然委屈了他们，荣幸的是我。”刘思谦据此分析说，杨绛以戏谑的方式将不同颜色应用到政治术语上，“放大了这种等级制的政治命名的荒唐可笑”②。在那些荒诞的政治运动中被发明出来的“牛鬼蛇神”、“黑五类”、“狗崽子”、“资产阶级反动权威”，作为一种特殊的政治化的语言形态，就是一种语言的暴力，对人的尊严的践踏到了无以复加的地步。梦魇虽然过去了，但我们不应轻易地遗忘，而经过精神的荒漠，更让我们明白当年冰心倾力播撒的爱的意义。无爱的人间是多么可怕！

当然，我们这里说的爱，是人与人之间人道主义的关怀，是理解、同情、怜悯与关爱，也就是冰心“爱的哲学”的基本内涵。爱自然有很多种类型，亲情之爱、友情之爱以及两性之爱等，最容易困扰女性的其实是两性之爱。有的爱即使只是单方面的付出也能见出爱者的伟大，如宗教之爱、母爱等，但两性之爱却不能是单向度的，而应该是相互的。在爱情伦理学上，我们知道爱的真谛在于付出，而不在于攫取。男女双方爱的相互付出保

---

① 刘思谦、郭力、杨珺：《女性生命的潮汐——二十世纪九十年代女性散文研究》，开封：河南大学出版社，2005年，第49页。

② 刘思谦、郭力、杨珺：《女性生命的潮汐——二十世纪九十年代女性散文研究》，开封：河南大学出版社，2005年，第58页。

证了爱情的延续。刘思谦在阅读了蝌蚪的《家·夜·太阳》后遗憾地指出，蝌蚪生命的悲剧恰恰是她在爱上迷失了，尽管她爱得那么热烈，但却是畸形的爱。“她执迷地把爱看做是与爱的对象——‘他’无关的事，是自己一个人的事，潜意识中排除了爱的相互性而用自己单方面的得不到应答的爱来满足自己内心对爱的需要。这是一种爱的无意识、爱的自我欺骗。”[①] 今道友信在《关于爱》中很明白地说过：“只靠自身一人是无法完成爱的。”另外，这种盲目的爱也说明蝌蚪存在着严重的心理问题，刘思谦还从生活中父爱的缺失探讨她的心理同一性问题，指出她爱的仅仅是一个心造的幻影。

同是迷恋于心造的幻影，女性和男性的表现却也大不相同。蝌蚪绝望的结果是结束自己的生命，顾城则是在杀死妻子之后再结束自己的生命。1993 年的“顾城事件”是一件震动灵魂的事情，文昕的散文《最后的顾城》解释了悲剧的原因，是因为诗人顾城心中有一座“白房子”、一所“天国的花园”，在那个圣洁的地方，他和他喜欢的女人们过着快乐的生活。但是，女人们后来都走了，背叛了纯洁的诗人，于是诗人发疯了。这让人想起汉代赵飞燕姐妹的故事，在五行观念和男性偏见的演绎下，姐妹两个就成了灭汉代之火的祸水了。刘思谦当然是不能认同此种谬见的，她撕开了蒙在文昕心灵上崇拜顾城的面纱，认为“天国花园”并不美丽，反而充满了丑恶，是人间男权社会的缩影。“在这里，男性顾城是国王、缔造者、主人、雇主，女性谢烨是

① 刘思谦、郭力、杨珺：《女性生命的潮汐——二十世纪九十年代女性散文研究》，开封：河南大学出版社，2005 年，第 81 页。

他的子民、妻子、管家、保姆、翻译、保镖、抄稿者，还是一个被迫与儿子小木耳隔离的母亲!”① 如果说这也叫“圣洁”的话，那么这个词自己就要羞愧得无地自容了。尽管二人结为夫妇，但现代婚姻不同于传统礼教左右下的卖身行为，而顾城又想维持实质上的多妻制，谢烨想要摆脱这种依附性的分裂的生活，确实有充足的正当的理由，说谢烨背叛顾城那是颠倒黑白的不实之词。刘思谦还援引赵玫的《女人·诗与仇恨》解析顾城的人格心理特征，赵玫说：“诗人可以不尊重自己的生命，但不该不尊重别人的。他杀谢烨是因为谢烨是他自己的，是他的附属物，世间没有了他自己，当然不该再有谢烨。”赵玫还拿梵·高与其作比，画家割过自己的耳朵，但他没杀那个妓女，他把耳朵送给那个女人是想表达他的依恋，那疼痛是他自己的。他后来为了寻找自己理想的境界而开枪自杀，说明他也疯狂了，是天才与艺术家的疯狂，我们毋宁把这看作献身艺术的画家最后的行为艺术作品。赵玫说：“他才是真正的高贵真正的有教养真正地尊重他人尊重女人。顾城，他怎么能与梵·高比呢？……桂冠诗人的诗中放射着绚丽的现代光芒，而骨子里为什么却要如一具古老阴暗的僵尸将女人套牢?”顾城有一首著名的诗歌《一代人》，他表达了寻找光明的渴望，而在他的生命中，被挤压到黑暗之处的恰恰是他身边的女性，对于她们来说，真正的光明又在哪里呢？曾经是《英儿》中的英儿的麦琪抽身而去之后，经过多年的自我疗救，成长为一个独立的女人，在澳大利亚悉尼办了一个心理咨询所，

① 刘思谦、郭力、杨珺：《女性生命的潮汐——二十世纪九十年代女性散文研究》，开封：河南大学出版社，2005 年，第 88 页。

她想要去疗救更多的人。伍尔夫说，用自己的力量成为你自己，这是女人生存的真理。

成为你自己实在不是一件容易的事情，现代男权社会机制所造成的刻板的女性气质文化便是一道有形无形的障碍。刘思谦通过波伏娃的“女人被造就”理论深入解析了所谓的女性气质，其实就是对女性个性的蔑视和压制。女性气质反映的并不是女性的文化观和审美观，而是男性的女人观，要求女人温柔、贤惠、忠贞、做贤妻良母，都是男人的意志在起作用。她认为王英琦的《被造的女人》、徐虹的《我怎么啦》等散文均是在破除压制女性个性的女性气质，还从叶梦的《回归女人》中提取出“女族集体意识”这样精辟的概念，她说：“‘女族集体意识’便是波伏娃所说的几千年文明史根据男权的需要而对女人的强制性塑造，是‘男族集体意识’对‘女族集体意识’的内化。”那么，超越被归化的‘女族集体意识’就成为找寻自我的第一步。我们说刘思谦擅长从现象中归纳出本质的东西，从这里又可见一斑。在理论综合方面，又有几人能够这样得心应手、游刃有余呢？

在时间的维度上，刘思谦运用社会学的“代际”理论把20世纪90年代活跃在文坛的女性作家分为四代，前述三代女作家已经风云际会，各自呈现了她们的生命追求的意义与价值。而离我们最近的六七十年代出生的这一代作家，因为没有赶上启蒙的时代、革命的时代和阶级斗争的时代，因而她们的作品就少了宏大的主题，少了尖锐的批判和抗争。她们赶上的是现代化飞速发展的时代，现代化从其本质上来说就是世俗生活的合理化、生活选择的多样化和个性的丰富多彩，因而，曾经被称为“小女人散文”的日常生活写作才能在90年代文坛创造出它的辉煌。刘思谦客观恰当地评价了它们的文学意义和文学史意义：“这是一次难得的都市女性话语狂欢，是世纪之交女性散文潮汐中一朵有声有色的浪花，也是这一代人生命故事中最有意义的文学事件。它的女性文学史意义，是在一个相对宽松自由的时代为女性写作开辟了一个相对宽阔的话语空间，创造了女性散文中最为自由开放的文体：都市女性小品文。”[①] 而对于“小女人散文”这个概念，刘思谦则极力反对，她认为这个概念存在的问题在“小女人”的“小”上面。这个词语原本出自马莉的《夕阳下的小女人》一文，相对于“大手大脚大个子大膀子讲话大声大气”的“大女人”而言，她更喜欢“不拘一格，聪明亲切而又自然”、“真真正正的愁肠百结而又风情万种”的“小女人”。她的“小”并不是在社会气质的男大女小的意义上使用，不存在性别等级制，而主要在审美情趣和个人心态上来作形象的类比。但在一些男性批评家的阐释中，由于受男族集体意识或集体无意识的影响，小女人竟成了贵妇或贱婢，“是被男人养活而且很难养活很难伺候的”那种女人，成了“依赖性”的“宠物”。“封建的‘唯女子与小人为难养’被女人娇柔的自我表现给作了精美包装。”有的联想奇特，把小女人散文与“六朝金粉，五代绮罗”并置，使其仿佛成了腐蚀性极强的靡靡之音。更有意淫者说，“像巴女嗲嗲的微笑，按摩女郎性感的抚摸”。这显然是男性批评者自我意识的膨胀使然，与作品实际已风马牛不相及了。刘思

① 刘思谦、郭力、杨珺：《女性生命的潮汐——二十世纪九十年代女性散文研究》，开封：河南大学出版社，2005年，第131页。

谦论证说，事实上的情形正与之相反，她首先反驳了依附性问题，她说："这批年轻的女作者在经济上和精神层次上区别于没有自己独立的人格尊严的依附性的女人的，恰恰是经济与人格上的独立与自主，也就是现代社会活跃于都市生活各个部门的现代职业女性。"① 她们具有现代的女性意识，个人与自我是其灵魂。其次对小女人散文的诸种特征进行深入探讨，指出这类散文最重要的文本特征是都市性。"这不仅表现在它的发源发生地在都市，表现在它全部取材于都市生活，更表现在它的女作者们面对都市生活时那种快乐活泼平和放松的心态。""'小女人散文'的内容几乎覆盖女人都市生活的各个角落和方方面面，家庭生活、职业生活、业余生活；工作、休闲、吃饭、穿衣、交友、读书、聊天、喝咖啡、泡酒吧、跳舞、打麻将、听音乐、看电影、看赛马；男人和女人之间、女人和女人之间、夫妻之间、母子母女之间、同学之间、邻里之间、朋友之间、婆媳妯娌之间的关系；身在都市的各种欲望、梦想、房子梦、汽车梦、情人梦、孩子梦、旅游梦等统统进入了都市女性小品文的空间，为后人研究 90 年代都市女性生活留下了一份珍贵的资料。"② 这也就是她把小女人散文称为都市女性小品的原因。廓清了认识上的混乱和偏见，都市女性小品其实是女性散文中最绚丽的一朵浪花。

这些女性作者虽然喜欢家长里短地闲话絮语，但确实不是要去回归传统的"贤妻良母"观念。她们的目标是把日子过好，

---

① 刘思谦、郭力、杨珺：《女性生命的潮汐——二十世纪九十年代女性散文研究》，开封：河南大学出版社，2005 年，第 134 页。

② 刘思谦、郭力、杨珺：《女性生命的潮汐——二十世纪九十年代女性散文研究》，开封：河南大学出版社，2005 年，第 138 ~ 139 页。

让生命自由地飞扬，在日常生活中做独立自主的女人。就连在最容易让人误解的家务事方面，她们表现的也是现代女性的精神特征。杜丽《倾斜的女人》讲述家庭生活中最琐碎的厨房生活，她把女人在厨房里的姿态视为一种坚定的生活姿态，还认为“厨房也许是最适合女人读书的场所”，刘思谦因而感慨地说：“这其中所强调的，不正是女性家庭角色与社会角色的互融互渗吗?”① 这是久违的清醒的对生活的认识，20 世纪初，冰心热情地为现代民族国家规划理想的婚姻家庭方案，在《两个家庭》中设计了亚茜的新式家庭。作为一个现代家庭的主妇，亚茜的工作就是一边连着家庭，一边连着社会。我虽然在一篇文章中委婉地提了点意见，但总体上我是把这作为一种理想的生活情境看待的，而且是具有实现的可能性的。时间匆匆流逝，这样的生活直到 20 世纪末好像才部分地得以实现，虽然如此，却也值得让人欣慰吧。这也说明进入厨房的女人并不必然就庸俗不堪，把爱情搅和到柴米油盐里不见了踪影，而且现代婚姻本来就要照顾到柴米油盐，这是它与传统大家庭中的婚姻的一个不同之处，在柴米油盐的浸泡中考验爱情，是现代婚姻的特色。这就要求男女双方在独立前提下的相互理解和支持，也就是我们平时所讲的个性解放和女性解放，刘思谦说：“要在确保个人独立的前提下建立起一种主体与主体的关系，即既要强调女性的独立意识，又要保持男女两性间的‘手足关系’。”② 这种既互相独立又互相合作的关

① 刘思谦、郭力、杨珺：《女性生命的潮汐——二十世纪九十年代女性散文研究》，开封：河南大学出版社，2005 年，第 127 页。

② 刘思谦、郭力、杨珺：《女性生命的潮汐——二十世纪九十年代女性散文研究》，开封：河南大学出版社，2005 年，第 129 页。

系，也就是艾斯勒在《圣杯与剑》中所讲的伙伴关系。刘思谦的见解，正是对恩格斯所说的“所谓妇女解放，就是让她不局限于她同男人的关系，而不是不让她有这种关系”的恰当的本土化的理解与发展。

刘思谦说过：“好的文学和文学批评是能够起到去蔽作用的，即揭去蒙在千差万别的个人生存真实上坚硬厚重的话语屏障，透露出个人不可替代不可归类的生存之真，这也叫‘照亮’，是照亮个人生存真实的澄明之光。”① 还说：“被遮蔽最深的是女人的个体生存之真：被各种名目的集体各种名义的归类，被透过现象看本质或以现象（个性）充当本质（共性）之例证的思维方式，被种种非此即彼的对立性范畴和强制性意识形态的谎言所遮蔽。”② 这些多是习焉不察的问题在刘思谦澄明之光的照射下，露出了看似合理其实并不合理的丑恶的面目。扫除积习的尘垢，敞开女性的本真，追寻女性的天性、个性、人性、神性，探寻生命的意义与价值，向自由的天地飞升，这就是刘思谦女性文学研究的价值所在。作为当代女性文学研究的先行者，她擎起的蓄满了爱的人文主义的灯盏，为后学照亮了前行的道路。

刘思谦有一段评述女性写作的话，很适合用来说明她自己的学术追寻，那段话是这样说的：“女性写作也是飞翔。她们的翅膀是爱，是用心用生命的体温去感知去思考，是守护‘一朵盛开在心灵的玫瑰’。那是上帝在天堂为女人创造的。”③

---

① 刘思谦：《女人的船和岸》，石家庄：河北教育出版社，2002 年，第 178 页。

② 刘思谦：《女人的船和岸》，石家庄：河北教育出版社，2002 年，第 179 页。

③ 刘思谦、郭力、杨珺：《女性生命的潮汐——二十世纪九十年代女性散文研究》，开封：河南大学出版社，2005 年，第 145 页。

结　语
女性解放的路有多长

文学随社会经济文化的变化而变化，这是人尽皆知的道理。中国社会到了明代中叶的时候有了一个明显的变化，资本主义的生产和流通方式在手工业和商业领域萌发了根芽，促进了城市市民阶层的兴起。这个新的阶层要求摆脱传统礼教的束缚，张扬个性和人道主义情怀，可以称之为本土的个性解放启蒙思潮。① 而担纲这个个性解放思潮的，自然就是阳明心学。从王阳明到王艮到李贽再到公安“三袁”，都追求率性而为的行为方式，主张个人价值的实现。由此可见，宋代理学在明代发展并完善的时候，已经为自己在几百年后崩溃的命运埋下了伏笔。清代的黄宗羲、王夫之、戴震、龚自珍等上承晚明，下启康有为、梁启超，一路把本土产生的个性解放思想带进了现代中国。五四以后，理学终因不能适应现代社会生活而退出历史大舞台。

---

① 王萌：《禁锢的灵魂与挣扎的慧心——晚明至民国女性创作主体意识研究》，开封：河南大学出版社，2009 年，第 6 页。本章对晚明至民国历史的事实描述参考了此书。

理学作为一种道德伦理规范被心学质疑，主要在于其压抑人的个性和束缚女性生命的发展两个方面，女性解放思想因而成为个性解放启蒙思潮的题中应有之义。在中国妇女解放史上，宋代兴起的理学是自父权制文明以来对女性的最大的桎梏，它的“存天理，灭人欲”之说严重戕害了女性的主体性和生命意识，致使女性沦为男性的所有物。最典型的观念是寡妇“饿死事小，失节事大”的说辞，认为名节高高凌驾于女性的生命之上。自明至清，贞节观念急剧畸形发展，守节、殉节的女性不计其数。正是因为女性的沉沦愈益严重，才催发了反抗理学的声音。

明清以来倡导的女性解放，首先是谴责男尊女卑的伦理观念，提倡男女平等。针对传统两性关系中主要的夫妻关系，李贽认为在人际关系的根本上，夫妻间不应该是“夫为妻纲”，而是要平等相待。他说：“夫妇正，然后万事无不出于正。”在平等思想映照下，最不平等的事情是女性为男性守节。归有光有感于女子未嫁而守节的现象，著《贞女论》，其中有云：“女未嫁人而或为其夫死，又有终身不改适者，非礼也。”俞正燮《节妇说》指出，如果要讲求贞节的话，男女都应当遵守，不可偏颇，“妇无二适之文，固也，男亦无再娶之义”。男子不守贞节单让女人守之，“是无耻之论也”。

其次是肯定女性才华，支持女性创作。与上述情况相同，明代一方面出现了“女子无才便是德”的狭隘观念，一方面就有人反其道而行之，当然是在秉持女性解放的启蒙者那里。李贽在批驳“女人见识短”的《答以女人学道为见短书》中说：“……故谓人有男女则可，谓见有男女岂可乎？谓男子之见尽长，女人之见尽短，又岂可乎？”见识的长短其实是不分男女的，如果女性能得到与男性一样的教育和生活环境，自然也会有远见卓识。

进而男性文人便通过多种途径，如与才女诗词唱和、招收女弟子等方式支持女性创作，其中叶绍袁、袁枚、陈文述等最有代表性。叶绍袁在为其家族中女性编的诗文集《午梦堂集》的序言中高度评价了女性的才华："丈夫有三不朽：立德立功立言，而妇人亦有三焉：德也，才与色也，几昭昭乎鼎千古矣。"袁枚说："俗称女子不宜为诗，陋哉言乎！圣人以《关雎》、《葛覃》、《卷耳》冠三百篇之首，皆女子之诗。"正是有了这样的观念，才促成了沈宜修、叶纨纨姐妹等吴江女性创作群和"绛纱弟子三千辈"、"三千天女尽门生"的随园女弟子创作群。

由于经济、文化和思想观念的诸多变化，明清时期涌现了大量的女性创作者，她们以家族为群落，以结社联谊为活动方式，书写被男性所忽略和遮蔽的生存状况和情感体验，促成了王朝时代女性创作最大的同时也是最后的繁荣。礼教一直以来对女性是重德不重才，前人鱼玄机、朱淑真均对此表达了强烈的不满，明清时期的女性更是集中斥责礼教的荒谬，为争取自己的创作权利辩论。如夏伊兰《偶成》之一云："人生德与才，兼备方为善。"她们不仅为自己力争创作的自由，还渴望像男性一样拥有更多施展才华和抱负的空间，顾贞立《满江红·楚黄署中闻警》便抒发了企望建功立业的情怀："江上空怜商女曲，闺中漫洒神州泪。算缟綦，何必让男儿？天应忌！"

当然，明清女性即便有了豪情壮志，在王朝时代也是不被允许实践的，她们关注最多的也只能是婚姻和感情，普遍表达了对婚姻的逃避和对闺中女友的怀恋。这是男性作者没有涉及而只有女性自己才能体验和感受的创作领域。自古以来，男性作者确实模仿女性口吻创作了大量的作品，但那只是男性的想象而已，女性在其中是被作为客体表现的。而女性对自我的这种书写，恰恰表明了她们的主体意识正在觉醒。女性对婚姻的逃避是因为婚姻造成了对女性巨大的束缚和压抑，即使在开明的家庭也不例外，也要遵守礼教规范，根本没有快乐和自由可言。冼玉清在《广东女子文艺考》的序中说：“既婚之后，则心力耗于侍奉舅姑、周旋里党者半，耗于料理米盐、操井臼者又半，耗于相助丈夫、抚育子女者又半。质言之，尽妇道者，鞠躬尽瘁于家事。”正因此，才有了夏伊兰“老死誓不嫁”的感叹。这说明她们看到了两性不平等的婚姻制度对女性生命的榨取，产生了朦胧的抗拒意识。而这样的抗拒意识其实也与她们对闺中女友的情感依恋有关，她们把姐妹情谊看得重于夫妇感情，同性之间的交流比异性的家庭生活更让她们感受到作为人的价值。传统中国社会作为一种强调男女有别、男女授受不亲，具有男尊女卑性别等差结构的社会形态，直接导致了同性之间的广泛交往。女性从性别上说是一个弱势群体，向同性寻求心理认同既是一种伦理的引导也是一种感情的选择。杨芸写的十二首《临江仙》，便是描写闺中女友之间的情感依恋的。举例如下：（之一）“记得深闺邀女伴，相逢又是初春，愔愔小语伴黄昏。茶烟青绕榻，帘影绿于云。”（之十一）“记得飞琼辞我去，潞河烟月归舟，苦吟金缕对银缸。清思抽乙乙，红泪滴双双。”女性未嫁时如此，既嫁后同样钟情于女伴。李佩金《金缕曲·自题〈生香馆词〉集后，并寄林风畹兰》倾诉道：“往事思量遍。镜台前、双眉青斗，几时曾展？费尽心魂词百首，蚕老尚余残茧。认满纸、泪痕犹泫。珍重寄君红豆句，镇相思、何日还相见？知两地，共肠断。”明清女性创作中的这两种题材，全都顺延到了民国以及共和国时期的女性作品中。新文化运动以后，现代女作家得以浮出历史地表，虽然社会已经过由传统向现代的转型，但旧的伦理对国民的影响仍然很强大，新的伦理还未完全扎下根基，像石评梅、张洁就表达了对婚姻的拒绝，而庐隐、丁玲、林白、陈染等一直在不停书写着女性们的姐妹情谊。

晚清以降，王朝风雨飘摇、大厦将倾，男性知识精英开始了以“强国保种”为旨归的第二次女性解放启蒙思潮的倡导，女性对自我心灵世界的探索也因此而被救亡与革命所覆盖。这一次男性不再激励女性的个体生命意识，而是基于内忧外患的政治危机，发动女性投入到救亡图存的时代大潮之中，力争成为国家民族的一分子。当然，虽然路向、方式有了变化，其实对于女性的社会地位还是有了极大的提升，这是不能否认的事实。康有为、谭嗣同、梁启超、严复、孙中山、金天翮、陈天华等均是有代表性的倡导者，晚清的维新派和革命派在女性问题上基本达成了共识，这是很耐人寻味的。他们比明清文人更深刻地批判了伦理纲常对女性的禁锢，猛烈攻击戕害女性的陈规陋俗，呼吁给予女性与男性诸多同等的权利。

他们借用西方天赋人权和进化论的思想来提倡女权，康有为在《大同书》中说：“以公理言之，女子当与男子一切同之。”“以公共平等论，则君与民且当平，况男子之于女子乎？”康有为还成立了最早的中国人自办的不缠足会，呼吁女性放足，开启了影响深远的女性解足运动。邹容在《革命军》中说：“凡为国人，男女一律平等，无上下贵贱之分。”金天翮在《女界钟》中申诉女性应得的六大权利，计有入学、交友、营业、掌握财产、出入自由、婚姻自由各方面。晚清女性解放在女权方面的要求主要就体现在兴女学和戒缠足上，出现这种情况的原因有两个，一是国家兴亡，匹夫有责，匹妇亦有责，需要振兴女界；二是人们把国家的衰弱与女界的衰弱对等起来，认为无学、柔弱的女性养育的子女也一并衰弱，而民不强则国必弱。梁启超《论女学》有云："然吾推及天下积弱之本，则必自妇人不学始……是故缠足一日不变，则女学一日不立。"因此，劝戒缠足和兴办女学就不仅是女性个人的事情，而且是关乎国家生死存亡的大事了。

受日本明治维新提倡贤母良妻的影响，维新派也大力倡扬"上可相夫，下可教子；近可宜家，远可善种"（梁启超《变法通议·女学》）的"贤母良妻主义"；革命派也当仁不让，金天翮在《女子世界·发刊词》中说："女子者，国民之母也。欲新中国，必新女子；欲强中国，必强女子；欲文明中国，必先文明我女子；欲普救中国，必先普救我女子，无可疑也。"清末民初的女权大潮促使一大批女性觉醒过来，投身到自我解放的运动中去。马励芸的《赠陈撷芬女士》激情洋溢地描绘了女性的新世界图景："满腔热血女元龙，扶植坤维亚细东。从此神州开草昧，女儿花灿自由红。"以革命救国为己任的秋瑾，写有《勉女权歌》："吾辈爱自由，勉励自由一杯酒。男女平权天赋就，岂甘居牛后？……//……责任上肩头，国民女杰期无负。"她自己就做了抛头颅、洒热血的女杰。吕碧城虽与秋瑾素志不同，但在提倡女权上可谓平分秋色，其《书怀》中云："谁起平权倡独立，普天尺蠖待同伸。"女性作为国民的主体意识得到了空前的张扬。但是，应该看到，在这以"强国保种"为目标的女权大潮中，女性作为个体的主体意识显然被淹没了。

及至共和以后，人们所期望的大同局面仍未出现，而袁世凯当国之际又极力推行孔教，遂有了新文化运动。这次不仅有天赋人权和进化论呐喊助威，还有从西方传播过来的科学、民主和个性解放思想当头，在它们的共同照耀下，陈独秀、李大钊、鲁迅、周作人、胡适、易白沙、吴虞、钱玄同等猛烈攻击传统礼教，推行人道主义和个人主义。他们以把人当人看的人道主义思想，把女性提升到了“人”的地位。《新青年》、《新潮》、《少年中国》、《每周评论》等刊物辟出专栏或专刊探讨“女子问题”，呼吁女性解放。李大钊在《现代的女权运动》中说：“二十世纪是被压迫阶级底解放时代，亦是妇女底解放时代；是妇女寻觅伊们自己的时代，亦是男子发现妇女底意义的时代。”

此时的女性解放言论较之以往遮遮掩掩的言说显得更彻底，直接颠覆压制女性的传统礼教。他们抨击家族制度，要求婚姻自由、恋爱自由，强调女性应当具有独立的而不是依附性的人格；他们抨击传统的贞操观念，呼吁男女两性在平等的前提下自由交往，呼唤神圣的爱情。女性因而明白了人格的平等之重要，她们也为此发出了自己的声音。陈衡哲、冰心、冯沅君、庐隐、石评梅、凌叔华、苏雪林、丁玲、白薇、陈学昭、谢冰莹、萧红、杨绛、张爱玲、苏青等，如雨后春笋般次第在文坛上亮相，她们书写着女性自己的过去、现在和未来，书写着女性自己的幸福和烦恼、喜剧和悲剧，书写着自我、家庭和社会，书写着男性和女性简单而又复杂的两性关系……从明清思想启蒙开始的女性被男性解放，到五四新文化运动女性寻求自我解放，她们明白了作为一个有性别意识的女性，自我解放的道路还很漫长，一切都有待自己的努力。民国三十年，她们为自己的解放进行了艰苦的探索，积累下了许多宝贵的经验，至今仍然可以用来解释新世纪我们所面临的诸多问题。

附 录

一、深林人不知　明月来相照

白流苏与范柳原的结婚真是平凡得很、也现实得很，只因张爱玲太喜欢给她的人儿涂上华丽的油彩，倒让人觉得远了。仿佛张爱玲心里也清楚，《烬余录》便老老实实去说那真实的人生："围城的十八天里，谁都有那种清晨四点钟的难挨的感觉——寒噤的黎明，什么都是模糊的，瑟缩，靠不住。回不了家，等回去了，也许家已经不存在了。房子可以毁掉，钱转眼可以成废纸，人可以死，自己更是朝不保暮。像唐诗上的'凄凄去亲爱，泛泛入烟雾'，可是那到底不像这里的无牵无挂的虚空与绝望。人们受不了这个，急于攀住一点踏实的东西，因而结婚了。"面对战争，谁不想攀住一点踏实的东西，人不怕苦难，只怕心没有着落，老是虚虚地悬在那儿，慌慌的。确实，1941 年 12 月 8 日，病痛的萧红就曾对端木说："你不要离开我，我怕……"

"怕"，不只是萧红一时的心理感受，也是她一生挥之不去的精神魔障。"怕"，已然成为她精神领域的无意识积淀，且时常袭上心头，让萧红乱了方寸。追溯起来，这个"怕"在她童年就歪歪斜斜地生长了，但那时，祖父尚能给予温暖的庇护，使她不至于被有形的颤栗和无形的虚空击倒。在她 19 岁效仿娜拉逃离家庭，却连连遭受厄运，后来困居在哈尔滨东兴顺旅馆潮湿阴暗的小屋里时，“怕”就在她的心灵深处茁壮成长了。那时，她焦虑、惶惑，头上生出了白发。

审视萧红的一生，应该看到，她并不怕饥饿、寒冷这些表浅的苦痛，她怕的是遇人不淑。1932 年萧军初次见到萧红，她已经写下了自己的第一篇作品：“这边树叶绿了，/那边清溪唱着：……/——姑娘啊！/春天到了。……//去年在北平，/正是吃着青杏的时候；/今年我的命运，/比青杏还酸！/……”诗中的命运，不妨理解成与社会的遭逢，现在很难猜测萧红与那个所谓的未婚夫何以有过密的来往，但吃过青杏的萧红，在精神的焦虑中，分明加深了对男性的怨忿。好在天无绝人之路，松花江决堤的大水把萧红送进了萧军的怀抱。

有趣的是，正如朱自清对女性有一种文本的依偎情怀一样，萧红与男性偏偏又有一种现实的复杂的粘连。她与萧军的爱怨情缘，把这对矛盾演绎得淋漓尽致。上面那首诗，收入两萧合集《跋涉》时，被题名为《春曲》，却只有第一段，而这恰恰反映出萧红犹如新生般的喜悦，在那险峻的社会中，有人替她“遮蔽暴风雨”了。其实，萧军颇不介意温柔体贴的事情，是饥饿与寒冷迫使他们走到一处，贫困之下，哪有余暇审视爱情？回望历史的某些刹那，但愿我能讲出眼中的真实。想象萧军对萧红不以为意的评说，刘思谦在《“娜拉”言说》中认为，萧红的病是萧军不便明说的一个潜台词。我再补充一下，萧红的病确也使她有偏激的表现。青春期颠沛流离的生活，销蚀了她身体的康健，肺病与妇科病导致的敏感，不能不说是萧红远离萧军的一个内因。而萧红的埋怨反过来也证明了萧军的“大意”，萧红并没有软弱的天性，设想不是恶疾缠身，她定会很坚强。还有一个原因，萧军曾向某夫人“一只一只”写“带着颜色的情诗”，令萧红大为震动，她有前车之鉴，尤为看重忠诚。我想，萧红必定陷入了精神的虚空中。不久，端木走进萧红的视野，而据有关资料介绍，萧红一开始便讨厌端木，这很令人费解，至少在萧红只身入川以前，不是这么回事。

我必须指出，萧红一直保持着对某种诗意情境的向往，因为在萧红的个人生活及作品中均有诗的展露。诗从某种层面上表征着浪漫感和幻想性，它们依靠个人化的抒情时常闪烁在诗人的话语中。谁都不否认萧红的抒情气质，这基于她对现实的一种想象性观察。只要稍稍读过端木作品的人，亦不难看出，他与萧红的文本距离比萧军与萧红之间的文本距离要小得多。并且，端木性情中的欧洲 19 世纪浪漫派诗人似的“脆弱之美”，作为对萧军“野性”的反拨，很可能也触发了萧红的诗意想象——找一个良好的写作环境与一个琴瑟相和的伴侣。

偏偏这一次举足轻重的选择又错了，事实证明，萧红与端木无法营造那个美丽的诗意空间。从 1938 年开始的、拖着病体的奔波，让萧红的情感发生了何种变化，1941 年夏天，她都原原本本写进了《小城三月》。那是她生前写下的最后一篇小说，也是她回望来路时，对自我的一篇总结性告白。

读《小城三月》，那时而温煦时而伤感的氛围，常常让我诧异于萧红情感的丰富。作品中的三个人物：我、翠姨、表哥，衍生出了两组故事：我和翠姨、翠姨和表哥。在我和翠姨的故事中，还有一个隐含的人物：翠姨的未婚夫，这是一个象征，指代着对男性的某种心理恐惧。在现代女性文学史中，表现女性同性情爱的作品，无一不具有这个深层的象征。我和翠姨之间，自然也组成了一个温馨自足的女性世界，没有男性的干扰与窥视，“翠姨和我谈话，往往谈到鸡叫，觉得也不过刚刚半夜”。我愿意把这种情境解读成萧红对男性的失望。翠姨不情愿地订婚以后，便想方设法延宕婚娶日期，一面是对少女时代的挽留，一面是对表哥这个理想男性的想望。事实上，正如萧红屡屡遇人不淑，翠姨也碰上了一个害着软骨症的理想男性，一腔柔情空付东流水。翠姨郁郁而终，使小说结尾弥漫了浓浓的感伤。

我说过萧红并不软弱或纤弱，纤弱只是她给人的错觉，萧红真正的情性是细致，它让人误解为纤弱。1936 年 10 月鲁迅逝世后，萧红给萧军的信中这样说：“可怕的是许女士的悲痛，想个法子，好好的安慰着她。”这封信被收进了 1937 年出版的《鲁迅先生纪念集》，在那本厚重的书里，想到许广平的，恐怕只有这一个作者。许广平后来回忆说：“这个动议大约被采纳了”，许多人赶来安慰她的新丧。细致的萧红看出了许广平的悲伤，但与萧红生活在一起的人，却没有知晓她的伤痛，她确凿体验了失望以至绝望的痛楚。难以想象她在宜昌码头被缆绳绊倒，静静地躺在冰凉的甲板上以待天明的时候，时间是以什么样的速度前进的。再往前想，萧军嘲讽她的文学写作时，她又是如何在意的。萧红好比一朵未绽放已遭摧折的花，所以她渴望关爱，因此观察生活时也特别细致、敏感。他们都有责任抚平她心灵的创伤，但事实又那样不尽如人意，萧红注定了要做一个不被关注的人。1941 年 12 月 8 日，萧红说过那句话之后，端木并未能领会萧红心中惶惶的恐惧，或者说，在自顾不暇的情况下，他已无心去领会萧红，还是匆匆离开了，这真的很令人伤怀。

在属于萧红的话语中穿行，着实很累。她的精神是如此复杂，根本无法归纳进哪一个框架。实则每一个人的精神都不单一，必定有多个侧面。我以为，萧红至少具备这几点：一面洒脱、豪爽，一面沉静、细腻；一面任性、敏感，一面又渴望被关爱。她从童年起，已经隐约显现出一些完全相反的倾向，在祖父面前，她是个受宠的小女孩儿，后花园里，和祖父尽情尽性享受自然之美与天伦之乐。而在父母亲面前，则只能是一个被动的、屡受创痛的“他者”，那平静中孕育的倔强倒使她日后能承受更大的痛苦。应该说，19 岁反叛家门的萧红还不懂社会的“游戏规则”，冲出藩篱的喜悦冲淡了她的戒备心理，结果，她栽倒了，后来虽然在另一个领域获得了升腾，但她的人生路途却一直受到这些失败的牵制，她怕极了被遗弃。而她越怕，事情就越往那一面发展，先是从精神上被遗弃，后是精神和身体的双重被遗弃，但是，如果有人反问，她不能独立吗？干吗一直要依靠别人？我想告诉他，拖着病弱躯体的萧红，在炮火连天中，无法独立。

阅读萧红，你会发现，朋友眼中的萧红与作为丈夫们眼中的萧红有着太大的差距，即使她的朋友，看到的也不尽相同。大致说来，交往不多的朋友，由于接触有限，往往认为萧红开朗、洒脱、有英豪之气；而交往密切的朋友如许广平，则看出一个忧郁的萧红；可是，她的丈夫，却看出了一个怪僻、累赘的萧红。且不说各人的真实性程度如何，单就对萧红的影响这一点而言，朋友的看法，或许作用不大，那与她日夜相伴的人，才会给她尖利的刺激。设想他们如能多一些理解与爱护，萧红也不至于滑向那个凄凉的结局。

萧红最终因病辞世，细想起来，这病乃起因于对男权社会的反抗。当年在哈尔滨街头流浪时，饥饿与寒冷肆无忌惮地咬啮她青春的身体，她没有因痛苦而回头做父亲的好女儿，她的精神是独立的。就是与萧军、端木在一起时，她的精神也是自由的，有她的作品为证。至于她何以没有与端木分手，那是因为病体的缘故，没奈何。

萧红的死，令很多人感叹不已。1944 年，戴望舒写了《萧红墓畔口占》：

走六小时寂寞的长途，
到你头边放一束红山茶，
我等待着，长夜漫漫，
你却卧听着海涛闲话。

一位当代诗人激动地说："这首诗是一颗无与伦比的明珠，是珍品中的珍品。在新诗史上，十行以内的诗中，没有一首能和它相媲美。"（《读书》2001 年 12 期臧棣文章）

二、莎菲与现代中国风景

柄谷行人把日本现代文学的发生称作"风景之发现"，在柄谷的视野中，这种被"发现"的风景具有两种含义：一是被具有"现代自我"的个人发现的作为自然景物的风景；二是被民族国家制度所规训的现代生活在文学中生成的具象的风景。① 后一种风景可用指意相同的“景观”替换。所谓“风景”，在更高一层语义上即上述两种风景的集合，它描绘了现代日本的文学地图。

现代中国的文学地图中也有诸多风景，这是谁都承认的事实，丁玲的作品就在描绘着这些风景。虽然丁玲在历史时间上错过了现代文学的发生期，但面对五四文学，她是压轴者；面对左翼文学，她是开启者。可以这么说，丁玲的现代性正是现代中国的现代性，她的复杂、她思想的缠绕，正是现代中国民族、国家建构的艰难指认。

---

① 柄谷行人认为日本现代文学的起源不是一个不言自明的事件，它与日本现代民族国家的建构密切相关，日本文学在参与现代民族国家的建构中获得了现代品性。柄谷把日本现代文学各个现代性主题的生成看作是“风景之发现”，被他从日本现代文学中发现的“风景”有：（自然化）风景、人的内在精神、自白制度、疾病等。参见柄谷行人：《日本现代文学的起源》，北京：三联书店，2003 年。我在文章里会不时运用柄谷的两个词语：风景和制度，它们在我文章里的含义是：风景视上下文的不同分别具有自然风景和景观的意义；制度的含义则来自于译者赵京华的解释：“柄谷行人所谓的‘制度’或者文学的制度包括两层含义：一个是如经济、法律、政治、教育等外在物质性的制度即国家机器；另一个是指人的意识思维中凝固不变的认识模式或范型即内在化的制度。”见该书《译者后记》。

风景的自然化与去自然化

让我们把目光聚焦到丁玲的《莎菲女士的日记》。[1] 我们首先能够感知到丁玲对自然风景的精细描画，一如鲁迅的作品，显示着强烈的现代意义。鲁迅是现代小说的开创者，并且他的风景同启蒙一道使乡土文学逐渐兴盛，风景画、风情画与启蒙遂成为乡土文学的重要特征。鲁迅堪称现代中国最复杂的孤独个体，留日时期对现代文明的批判诱发了他对“独异个人”的张扬，柄谷说：“风景是和孤独的内心状态联系在一起的。”[2] 孤独者不仅“看到”自我的痛苦，而且会通过自我“看到”自我周围的风景，以至于风景在自然化的同时被去自然化。

鲁迅在《故乡》第二段写道：

时候既然是深冬，渐近故乡时，天气又阴晦了，冷风吹进船舱中，呜呜的响，从篷隙向外一望，苍黄的天底下，远近横着几个萧索的荒村，没有一些活气。我的心禁不住悲凉起来了。

---

① 《莎菲女士的日记》最初发表于《小说月报》1928 年第 2 期（本篇的引文出于此版本），1980 年《十月》第 1 期重刊。这两个版本相同，只有极少数字词的差异。但是，1983 年由湖南人民出版社出版的《丁玲文集》（第二卷），则作了较大的修改，河北人民出版社 2001 年出版的《丁玲全集》（第三卷），依据的便是修改本。作品修改，已经成为文学研究的一个重要问题。《丁玲全集》中的某些作品和文章，修改之处较大，比如《我在霞村的时候》，邵宁宁在《古典忠贞观的现代变奏——以〈我在霞村的时候〉为中心》（《文学评论》2004 年第 6 期）就谈到该篇的修改与“意识形态卫生”的关系。修改后的作品，虽然依据修改者当时的意图使作品显示了“新义”，但是，也失去了本雅明在《机械复制时代的艺术作品》中所说的原初的“光韵”。我在校读《莎菲女士的日记》时，便体会到了这种光韵的消失。初版本中的“是”字句、“便”字句等经修改后确实洗练许多，但那种强烈逼人的感情氛围却消散了，也就是说，现场感消失了。

② 柄谷行人：《日本现代文学的起源》，北京：三联书店，2003 年，第 15 页。

风景只有在“被看”的时候才会呈现出来，在这里看与被看渗透着现代自我的焦虑，故乡一旦被看成“没有一些活气”的风景，便脱离了它的“原生态”（自然态），或者说脱离了传统礼俗村社的继生态。其实，鲁迅想象/记忆中是有这种故乡风景存在的，“我所记得的故乡全不如此。我的故乡好得多了”。为此鲁迅还特意忆起了当年。风景的变迁喻示了制度的变迁，鲁迅的故乡不正是一个“礼崩乐坏”的故乡吗?

与鲁迅的故乡遥相呼应，丁玲在现代中国的都市也看到了风景：

今天又刮风！天还没亮，就被风刮醒了。……象这样刮风天，真不能不令人想起许多焦躁的事。……我是每一天都在等着，挨着，只想这冬天快点过去；天气一暖和，我咳嗽总可好些，……但这冬天可太长了。

莎菲在都市里首先“看到”了风，风当然不是在莎菲“看到”时才刮起来，风作为一种自然景观，不计年月地刮来刮去，遵循着自然的规律而来去。但是，风在某一个时刻被“看到”了，这个时刻可以说是自我的发现时刻，莎菲在看到风的时候，实际上看到的是自我的孤独，自己的肺结核。莎菲只身来到城市，始终无法与城市拥抱，作为一个原子的孤独个体，她只能去拥抱自我，塑造自我，以之与现代生活对抗。

为什么莎菲要“幽囚”在房间里感受着风，显示出与城市的格格不入呢？因为莎菲同样保持着鲁迅式的想象/记忆。1月3日的日记记载莎菲想象死去时候的情景，“我想我能睡在一间极精致的卧房的睡榻上，有我的姊妹们跪在榻前的熊皮毡子上为我祈祷，父亲悄悄的朝着窗外叹息”；1 月 12 号的日记记载了莎菲小时候听姨爹讲“聊斋”。讲故事在这里可以看作是一种象征，象征科学化与妖魔化的对立、理智与情感的冲突，科学的“去魅”功能虽然使莎菲“长大”，但并未使她从那种讲故事的氛围中脱离出来，鬼怪联结着姨爹姨妈成为挥之不去的想象/记忆。这就是莎菲情感深处藏匿的传统礼俗村社式的风景。礼俗村社的破产是一个历史事件，制度的破产自然带来思想的变换，天理世界观（天、天理、礼）逐渐被公理世界观（科学、民主、个人）所取代。① 两种世界观的更换并不是手起刀落两两截然分离，而是刀落后仍然藕断丝连。这是莎菲身处现代而眷顾传统的原因，也是风景何以会被莎菲“看到”的原因。

不仅如此，莎菲对凌吉士的迷恋，也有一部分来自于他“还能保留着东方特长的温柔”②。凌吉士第一次出场，莎菲“看到”的是：“固然，他的颀长的身躯，白嫩的面庞，薄薄的小嘴唇，柔软的头发，都足以闪耀人的眼睛，但他却还有另外一种说不出，捉不到的丰仪来煽动你的心。”莎菲的凝视或者说目视③，显然使凌吉士的外在/外面成为一种风景，作为目视的主体，莎菲的这种视图勾起了她对传统风流倜傥的白面书生的想象性记

---

① 参见汪晖：《现代中国思想的兴起》上卷第一部导言，北京：三联书店，2004 年。汪晖在这本大著里对此问题有酣畅淋漓的解析。

② 蓝棣之：《现代文学经典：症候式分析》，北京：清华大学出版社，1998 年，第 119 页。

③ 福柯认为临床医学的诞生与医生的目视有关，对病人病理特征的凝视，使疾病得以敞开，临床医学就建立在了目视的权威上。参见米歇尔·福柯：《临床医学的诞生》，上海：译林出版社，2001 年，第 16 页。我在此处是指目视者作为主体往客体身上投射的一种想象。

忆，“风格”的儒化才是莎菲说不出的“丰仪”。她所有的激情都可以在这里得到谅解。诚然，莎菲不再是闺阁中的大小姐（虽然她曾经是），被各种现代性知识所熏陶的莎菲不会仅仅满足于外在/外面的诱惑，一旦发现凌吉士内在/内面的庸俗，莎菲“对话”的渴望也就烟消云散了。

同性情谊与制度

丁玲是一个有意识地探寻女性同性情谊在现代中国“何为”的作家，并赋予其一种抵抗的个人政治学色彩。这种同性情谊是传统礼俗馈赠给莎菲的一件珍贵的礼物，也是莎菲坚守自我的一件防御性武器。当她感到极其孤独的时候，同性情谊就会出场以消解孤独。

针对丁玲早期作品频频出现的女性同性情谊风景，我们需要指出，制度对现代女性的吊诡与对传统女性并无二致，只是制度的根基有所不同而已。我们可以列出一长串古代典籍说明礼乐制度的性别意识：《尚书》、《诗经》、《周易》、《论语》、《韩非子》、《春秋繁露》、《礼记》以及宋、宋以后生成的理学典籍。当然，这里只能大而化之。中国古典知识是对自然认识的拓展，由天尊地卑到男尊女卑仿佛能够很自然地推导出来。尊卑观念是“三代”礼乐制度的柱石，并且历朝历代不予变更。[①] 费孝通敏锐地看到：“男女有别的界线，使中国传统的感情定向偏向于同

---

① 我在《古典时期的女性及其情爱方式》中探讨了古典知识对女性的规训情况，着重谈论了古代女性同性情谊的起源问题，该文发表于《妇女研究论丛》，2002年第4期，收入本书第一章。

性方面去发展。”[①] 女性同性恋、自恋（或潘光旦说的影恋）等，全部受益于这种在古人眼中完美无瑕的制度。

清末慈禧新政使新式学堂启动起来，其中尤应提及女子学堂的开办，女性从此要被规训为贤妻良母式的女国民。女子学堂早在新政前便有，最早由一些欧洲传教士创办，这类学堂具有一定的管理机制和较为封闭的场所。新政后出现的女学堂延续了这种办学形式，只是传授内容有所不同。我在一篇文章里这样说过："女学近似于一个同性大家庭，女生之间的交往必定愈加亲密，同性情爱作为一个古老的观念又会以新的面目出现，当然，这个时期人们不会注意到它，到'五四'，社会焦点转移，同性情爱问题才被提出来，而文学作品中也有了女性同性情爱的声音。”[②]

在某种程度上我们不妨说“五四”是一个问题时代，各式各样的问题“浮出历史地表”，性的问题更是一个焦点。对于同性爱的关注和讨论，基于“同性爱的势焰，现在越发炽张起来了”，而且又多见于学校的缘故。[③] 高山译蔼理斯的《女学生的“校友”》便是一篇比较详细的文章。[④] 该文把女性间的同性爱称作“热情”，热情建立在友谊的基础上，但又比友情热烈，热情是“排外的，因此唤起一种妒忌心，同时友谊和爱情相交并”。即“女儿和其女友及同伴结成的浪漫的和情绪的爱情”，有时会

---

① 费孝通：《乡土中国　生育制度》，北京：北京大学出版社，1998 年，第 46 ~47 页。

② 参见本书第三章第 1 节《大公报》与女性解放运动。

③ 李宗武：《性教育上的一个重大问题——同性爱之讨论》，《民国日报 · 觉悟》，1922 年 5 月 12 日。

④ 蔼理斯著，高山译：《女学生的“校友”》，《民国日报 · 妇女周报》，1925 年 7 月 12 日，7 月 19 日，7 月 6 日，8 月 2 日。

有拥抱、接吻等身体的接触。该文还探讨了“热情”与女子学校寄宿制度的关系，更重要的是，从女性主体角度所作的分析：女孩离开家庭，离开亲人后，感情处在一个无所适从的时期，渴望被关爱和理解，因而很容易有“热情”发生。

在“五四”鼓吹女性离家出走的时代，离家以后的女性面对社会或新的空间确实有些茫然，她们对男性、男性群体以及男性空间有着复杂的感受。同性情爱的建立不失为她们抵抗男性干扰的一种方式。庐隐、石评梅、凌叔华以及男性作家郁达夫、杨振声等，都在开拓着女性同性情爱的生存空间。不过，同性爱在个人作品中的作用并不相同。莎菲作为一个离家的现代女性，怀着被理解的渴望与人交往，而莎菲的朋友中，只有蕴姊才能和她进行“对话”，即便和剑如，也没能产生“热情”。当然莎菲不会与蕴姊有过分亲密的举动，她们之间是精神的交流。莎菲的特别之处就在于，她没有因为拥有“热情”而排斥男性，相反，她以这种“热情”为基准去看待男性。她的率性而为，“狷傲”、“怪僻”，都是“热情”的土壤培育出来的，莎菲甚至以此为支架搭建了一个交往的平台，她渴望男性能够在这个平台上与她对话，遗憾的是，没有一个男性能够“站到”这个平台上来。

需要进一步指出，莎菲与蕴姊深挚的“热情”，更使她体验到蕴姊婚后凄惨的境况，蕴姊的死，加剧了她与男性“对话”的渴望，她不能重蹈蕴姊的覆辙。蕴姊死了，莎菲将何为呢？也许应该这样理解，莎菲终究以此抵抗了男性的庸俗，她的努力，体现出现代中国社会交往的复杂与艰难。其实，女性同性情爱作为一道风景，至今仍然存在。

肺结核的现代意义

柄谷行人谈到肺结核时，认为日本文学中这种疾病象征了社会的“病态”，社会肌体和人的肌体一样需要“治疗”。[①] 王德威曾沿着柄谷的思路谈及现代中国文学：“曾朴、鲁迅、郁达夫早在蒋光慈之前，就已经对疾病，尤其是结核病，有所描述，而且也都视其为国家形势的征候。”[②] 鲁迅启蒙思想的形成，也许与此不无关系。

现代中国文学中的肺结核，还有一个王德威未曾述及的意义，如果说前述鲁迅他们及20世纪40年代巴金的文学意图指向的是民族国家，那么由林纾开启，丁玲为继的文学意图指向的则是个人。在现代个人的意义上，林纾的茶花女和丁玲的莎菲都是震动灵魂的文学形象。

肺结核是一种古老的疾病，它在古典文学中已呈现了辉煌。《红楼梦》中的黛玉、晴雯因肺结核而死，让读者唏嘘不已。这种在古代中国被称作痨病（或痨瘵）的不治之症在古典医学中受到了特别关注，大量的医论著述和本草著作阐释着、探索着它的病症、病因及治疗办法。肺结核的临床症状为咳嗽、咯血、潮热等，古人认为这是虚弱的表现，需温补调适才可能康复。黛玉的药方即是如此。黛玉爱使性子，也有“狂狷”的一面，都与肺结核有一定关系，宝黛爱情因而也显得更加凄美动人。只是这个故事产生在礼乐制度下的中国，只能自我消亡，证明“家族

---

① 柄谷行人：《日本现代文学的起源》，北京：三联书店，2003年，第107～108页。

② 王德威：《现代中国小说十讲》，上海：复旦大学出版社，2003年，第113页。

礼教的弊害”。林纾翻译的《巴黎茶花女遗事》使肺结核具有了新的意义，如果说黛玉渴望被爱，那么马克则是主动追求爱，同是死于肺结核，同是因为染上肺结核而光彩照人，但是，从接受美学的角度讲，“对黛玉，读者同情多；对马克，读者欣赏多”。林纾传达的“是平等的爱情观念，是双方在为爱情而付出一切。因此，林纾在转述这个缠绵悱恻的故事的同时，顺便也传递了自由平等（爱情、人格）的现代信息”①。

丁玲喜欢《红楼梦》和《茶花女》（她阅读的应该是林译本），并且她的女友王剑虹即患有肺结核，而且肺结核知识从近代开始被广泛传播，西医成为现代化的一个重要指标，这种种因素促使莎菲作为肺结核患者而出现。柄谷行人援引苏珊·桑塔格的观点，说明德富芦花《不如归》中的浪子是一个“典型的浪漫主义形象”，“在贵族已非权力而仅仅是一种象征的时候，结核病者的面孔成了贵族面容的新模型”②。在这个意义上，我把丁玲看作“政治的浪漫派”。③

肺结核对莎菲现代自我的敞开起到了重要作用，这里的莎菲不啻为一个复杂的精神贵族。遇到凌吉士后，莎菲有两夜发病，人在疾病中都愿意寻找精神寄托，以转移身体的不适。当时莎菲想到已然离开的家，对家的记忆让她感慨万千，与眼前孤独的情景形成强烈对比，而两天前遇见的“那高个儿”，这时自然而然

---

① 参见拙作：《中国经验与西方经验的相遇——林译〈巴黎茶花女遗事〉研究》，《外国文学研究》，2004 年第 3 期，收入本书第二章。

② 柄谷行人：《日本现代文学的起源》，北京：三联书店，2003 年，第 96 页。

③ “政治的浪漫派”是德国政治学家卡尔·施米特着重讨论的一个问题。参见卡尔·施米特：《政治的浪漫派》，上海：上海人民出版社，2004 年。

地进入她的心扉，促使她由西城搬到东城。在爱的意义上，这个浪漫的、具有冒险性的动作，拉开了莎菲精神之旅的帷幕。

历来人们对莎菲爱的追求多有微词，狂热也好，玩弄也罢，都没有考虑莎菲的精神状况和身体状况，莎菲确实有冲动的一面，那来自身体的欲望本是疾病律动的产物，但是欲望越是强烈，反而越使莎菲忽略了病痛的折磨。譬如我们专心致志于某一件事情，常常会“忘记”其他。但莎菲试图超越疾病的举动颇不顺利，时时受到理性的攻击，仿佛演绎着弗洛伊德本能与理智的冲突。设若莎菲不处在病痛中，她自然矜持很多，即使在病中，我们也知道她没有“发狂”。最终她自己把自己“拯救”了出来。

因疾病产生的激情反过来会加重她的病痛，这样的莎菲难道不是中国的茶花女吗？爱而不能爱只会导致自我的摧残。莎菲 1 月 17 日记载：“足足有半年时间为病而禁绝了的酒，今天又开始痛饮了。明明看到吐出来的是比酒还红的血。但我心却象有什么别的东西主宰一样……”凌吉士被莎菲牢牢定在了“他者”的位置上，只有“他者”确定了，自我的位置才能确定。只要凌吉士还停留在莎菲心中，她的肺结核便不会有痊愈的可能，她必须有所决断，她只能去西山。

肺结核仅仅显示出病理学的意义吗？如果这样，莎菲就只能作为一个病例被放进医学伦理学的某一个文件夹，等待疾病伦理学学者去阅读了。然而，莎菲的疾病并非如此简单，她内在的自我矛盾，借助肺结核才凸显了出来，她于是成为了具有“现代自我”的“Modern Girl”。

自我纠缠的对话

巴赫金虽然认为卢那察尔斯基对莎士比亚做了拔高，但还是承认莎士比亚戏剧有复调因素，认同卢那察尔斯基对复调起源的社会学判断：“是资本主义迅猛侵入了宁静的中世纪英国的结果。这里同样开始了全面的瓦解，出现了巨大的变化，过去互不相干的那些社会结构、思想体系突然发生了冲突。”① 复调的产生是人的“内面”变得复杂的表征，“物质性的制度”创造了“自我”与“自白形式”，② 柄谷认为根源在于基督教的忏悔制度，基督教诱发自我予以无遮拦地剖析，敞开“内面”以接受神的监督。自白形式被现代制度移用是理性精神捣的鬼，主体性的人借助自白宣告诞生，主体性（现代自我、内面）与自白互为依存。

自白在现代中国文学中是一道闪亮的风景，第一人称叙事与第三人称叙事都依靠自白显示“深度”。由“行动的”转为“心理的”本是小说从传统到现代的标志，鲁迅小说以心理的深邃著称，郁达夫小说以大胆的暴露名世，丁玲则兼而有之。

复调是音乐术语，由两种或两种以上不同的旋律组成，文学中的复调指这种不和谐的“声音”打破了作品的单一和宁静，呈现出多声部、众声喧哗的场景。巴赫金把这种情况概括为“对话”关系，对话“是同意或反对关系，肯定和补充关系，问

---

① 巴赫金：《诗学与访谈》，石家庄：河北教育出版社，1998 年，第 45 页。

② 柄谷行人：《日本现代文学的起源》，北京：三联书店，2003 年，第 69 ~ 70 页。

和答的关系”。[①] 现代中国作家最早有意识地关注复杂声音的当属鲁迅，“鲁迅小说里常常回响着两种或两种以上不同的声音”[②]。我们从前文已经看出鲁迅之于丁玲的影响，丁玲小说显然也存在着“对话”关系。若以此观照莎菲，丁玲也具有了陀思妥耶夫斯基“拷问灵魂”的深度。

刘思谦“两个莎菲”的判断已经触及这个问题，“……同一个莎菲分裂为二：一个欲望着、行动着的莎菲和一个分析着、思考着的莎菲。后一个莎菲观察、分析和抵御、鄙弃前一个莎菲，最后后一个莎菲战胜了前一个莎菲……”[③] 莎菲早在与苇弟交往时，那种欲拒还迎的心理状态便有所显露。可惜苇弟不具备“对话”条件，感情无法进一步升华。凌吉士的温文尔雅与绅士风貌让莎菲一见钟情，“异性的美的外形，往往是触发爱情的最初动机。”[④] 凌吉士以其外在/外面成功地打动了莎菲。但是，一见钟情的性质——轻忽内在/内面和过于强烈的欲望冲动，则必定使莎菲处于两难境地。她既要攫取他的外在/外面，又要挖掘他的内在/内面，还得不时抵御本能来袭，可以说，正是人物的这种灵魂的搏斗使丁玲震动了文坛。一见钟情类似于病理学的“发热”，热度消退之前如果没有形成两个心灵的对话，这种情

---

① 董小英：《再登巴比伦塔——巴赫金与对话理论》，北京：三联书店，1994年，第3页。

② 严家炎：《复调小说：鲁迅的突出贡献》，《中国现代文学研究丛刊》，2001年第3期。

③ 刘思谦：《“娜拉”言说——中国现代女作家心路纪程》，上海：上海文艺出版社，1993年，第147页。

④ 余凤高：《在现实和文学中的爱》，南昌：百花洲文艺出版社，2002年，第30页。

或爱也就自然消失了。《莎菲女士的日记》记述的也是莎菲的“发热”历程。

莎菲1月1日初识凌吉士，6日搬家，这说明凌吉士是导致莎菲“发热”的“病原体”，搅扰得本不宁静的莎菲更不宁静了。所以我们看到了莎菲第一次自我盘诘的风景：“难道我能说得上我是爱上了那个南洋人吗?”“我懊悔，我懊悔我白天所做的一些不是，一个正经女人所做不出来的。”一种互相对立的局面形成，莎菲一分为二，而且在分裂的同时展开剧烈搏斗。有时，莎菲为了减轻欲望的重负，故意“愚弄”凌吉士，“然而当他走后，我却懊悔了”。不管怎样做，自我总是处在纠缠不清的状态。3月13日，莎菲对自己的“发热”作了一次严厉的分析：

当我明白了那使我爱慕的一个高贵的美型里，是安置着如此的一个卑劣灵魂，并且无缘无故还接受过他的许多亲密。这亲密，自然是还值不了在他从妓院中挥霍里剩余下的一半多！想起那落在我发际的吻来，真又使我悔恨到想哭了！我岂不是把我献给他任他来玩弄我来比拟到卖笑的姊妹中去！……唉！我应该怎样来诅咒我自己了！

莎菲在这之后尽管仍无法忘却凌吉士，但是，“发热”的性质已经改变，莎菲不再盼望与凌吉士“对话”了。“爱是由个人所知觉到的自我与对象之间的关系所激起的希求获得合一的愉快情感。”① 这种情景对莎菲来说遥不可及，从此，理智的莎菲左右了欲望的莎菲，她由幼稚走向了“成熟”。我们由此发现丁玲

① 余凤高：《在现实和文学中的爱》，南昌：百花洲文艺出版社，2002年，第4页。

小说的一个基本主题：女性的成长叙事。丁玲最擅长描写女性由"不成熟"（自然化）到"成熟"（社会化）的自我搏斗以及自我与环境搏斗的历程，照亮了现代中国女性自我蜕变的艰难历程。

都市漫游者

现代化的结果创造了各式各样的现代人，有现代官僚、资本家、工人、农民，也有"游手好闲者"。关于"游手好闲者"，瓦尔特·本雅明认为是大城市培养的一个重要人群，他们在现代城市漫游，但是与城市空间的关系却是"在而不属于"，他们只是"张望"着城市风景。"一个游手好闲者身上还保留着充分的个性。"① 他们"在城市漂泊，沉湎于思想之中"，用心灵去体验现代式的"震惊"。② 李欧梵曾把游手好闲者引进现代中国文学，证明了现代性的复杂。这使我们联想到丁玲与她的莎菲，她们何尝不是真实空间和想象空间里的漫游者？

所谓漫游者，是指那些还没有找寻到目的地的人。丁玲离开家乡到城市正是要寻找一个目的地，寻找一个适合精神和身体栖居的目的地。她的第一篇小说《梦珂》便是这种寻找的产物，在商品化的现代城市，梦珂不得不把自己变成一件商品。物质的商品化其实也是精神的沙漠化，这是梦珂的终点，却是莎菲的起点，莎菲徒劳地想在沙漠中寻找一片绿洲，就在寻找的过程中，

---

① 本雅明：《发达资本主义时期的抒情诗人》，北京：三联书店，1989 年，第 87 页注释⑫。

② 本维明：《发达资本主义时期的抒情诗人》，北京：三联书店，1989 年，第 88 页。

她体验到了现代式的“震惊”。

作为一个漫游者，莎菲感觉到自己处于传统与现代的夹缝中，我们完全可以把苇弟与凌吉士之间的鸿沟指认为这种夹缝，充分显示出时代的吊诡。12 月 24 日的第一篇日记，莎菲宏观描绘了现代都市风景，这是“六零六，百灵机，美容药水，开明戏，真光电影……”充斥的世界。在这个巨大的物质世界里，莎菲像一个被抛入者，只有以孤独来保有自我。现代性的孤独产生于人与人群的隔膜，彼此虽然生活在同一个空间，享用共同的物质，但却无法达成精神的交流。因而，莎菲感叹道：“我总愿意有那么一个人能了解得我清清楚楚的，如若不懂得我，我要那些爱，那些体贴做什么。”3 月 27 日晚的日记出现了一个整体象征，“北京城就没有一个人陪我一起哭吗？是的，我是应该离开这冷酷的北京的”，这种对现代文明激进的批判态度，很容易使我们联想到两年后丁玲的“转向”。诚然，莎菲和梦珂一样被击倒了，但正是这种被击倒的体验丰富了丁玲的世界观和人生观，到《阿毛姑娘》发表的时候，丁玲对现代文明的认识便达到了顶点。

行文至此，我似乎明白莎菲问世以后，人们在哪里误读她了。阿英说，丁玲“最擅长于表现所谓‘Modern Girl’（摩登女郎）的姿态”,[①] 这种姿态是这样的：

她们拼命的追求肉的享乐，她们把人生看得非常阴暗，她们的感受性非常的强烈，她们追求刺激的心特别的炽怪，她们容易

① 《阿英全集》（第 2 卷），合肥：安徽教育出版社，2003 年，第 378 页。

为感情动摇，她们大都是抱着‘即时行乐’的意念。[1]

这是阿英认为的小资产阶级的个人主义者的表现。当阿英戴着一副新的理论眼镜读丁玲的小说时，他的洞见与盲视就一起产生了。阿英对丁玲的定位很准确，丁玲小说中的女性都具有现代意义。不过，阿英却把这种“现代”理解成了颓废或耽迷，理解成了“即时行乐”，这恰恰从根本上曲解了丁玲，抹杀了丁玲对现代文明批评时彰显的现代性。与阿英不同，茅盾从反抗旧礼教的角度评价莎菲，在茅盾的论述中，个人主义的意涵仍然来自“五四”，“莎菲女士是心灵上负着时代苦闷的创伤的青年女性的叛逆的绝叫者”[2]。显然，茅盾的意思是反抗旧礼教难免矫枉过正。应该说茅盾从某些方面敞开了莎菲的心灵，如果我们把时代这个词换作“现代”，那么莎菲真的就是“叛逆的绝叫者”了。

令人遗憾的是，莎菲从此被局限在了情欲的领域，莎菲的思想被极度简单化，平面化，以至后来甚至被妖魔化。五十年后，由于时代的吊诡，《莎菲女士的日记》在1980年第一期的《十月》上第二次发表，同时，配发了袁良骏的《褒贬毁誉之间——谈谈〈莎菲女士的日记〉》，我想，这应该是新时期第一篇辩诬书，我能从中读出袁先生的良苦用心，不过，袁先生的定位再次出现了偏差，莎菲作为原初的都市中孤独的漫游者形象，依然没有被注意。在逝去的20世纪，莎菲真的成了一个被轻忽的孤独者，尽管有那么多人在阐释着她。

① 《阿英全集》（第2卷），合肥：安徽教育出版社，2003年，第380页。

② 茅盾：《女作家丁玲》，《文艺月报》第一卷第二期，1933年7月。

三、曹七巧的心理档案

人的心理好像一望无际的蓝色的海洋，在深不可测的水底，潜藏着最美丽的珊瑚，海洋因为孕育了它而焕发出迷人的魅力。这是我读张爱玲《金锁记》获得的感受。我因此常常追问自己，那使《金锁记》历经半个多世纪风雨，依然震撼我们的“珊瑚”是什么，又在哪里？

当然在曹七巧的心理。傅雷和夏志清，两位理论思维完全不同的评论家，对曹七巧的心理研究一番后，竟然得出了“至少也该列为我们文坛最美的收获之一”（傅雷），和“这是中国从古以来最伟大的中篇小说”（夏志清）如此相似的结论，无疑说明《金锁记》表达了某个深刻的主题。然而，傅、夏二人虽对《金锁记》击节赞赏，但是毫无疑问，他们的观点（金钱说、情欲说）都停留在社会学层面上裹足不前，却把曹七巧人性深处的东西有意无意地疏略了。不过，在邵迎建的《传奇文学与流言人生：张爱玲的文学》①和宋家宏的《走进荒凉——张爱玲的精神家园》②两部著作中，曹七巧人性的面纱正逐步被揭开。邵著对《金锁记》的评价可谓煞费苦心，特地指出人们视而不见的新文学渊源，恰似鲁迅的“狂人”震惊“五四”，张爱玲的“狂女”同样震动了20世纪40年代。我感兴趣的并非曹七巧如何反叛封建伦理，而是作者对其人格心理的准确把握：“姜家和曹家，两股水火不相容的力并存在同一身体中，既非姜又非曹，

---

① 三联书店，1998年版。

② 花城出版社，2000年版。

既是姜又是曹的七巧，向自己身体分化出的他者——继承姜姓的女儿长安复仇。”[1] 这段话如果不是多了些性别社会学的成分，我恐怕无法再继续下面的写作。耐人寻味的是，宋著运用心理分析的方法，不自觉地在邵著停留的地方又往前迈了一步。宋著梳理出曹七巧的三种心理：“性变态心理、仇视与嫉妒心理、寡居者的‘护犊’心理”。[2] 很明显，在分析曹七巧与长白的关系时，它是一支锐利的箭，运用到曹七巧与长安身上，则有强弩之末的感觉。

曹七巧究竟是什么样的心理呢？荣格的分析心理学或许能给我们一些有益的启发。他认为，人无论男女，每个个体天生地都带有某些异性的性质，并且，社会使男女相互交往、共同生活在一起，已经有数千年的历史，形成了集体无意识，这样，通过社会作用，个体原生的异性特质由隐而显，也就是说个体“获得了”异性的特质。在此有必要指出我的理论取向，因为荣格使用阿尼玛、阿尼姆斯原型阐释个体的异性性质也有他的理论取向，即这种异性特征保证了两性之间的协调与相互理解。我只想就此说明一点，每个个体的心理都不是单性的，都有异性的成分存在，只不过有隐有显、有温和有极端的区别。这是分析曹七巧心理的关键，下面我将逐步展开论述，推断曹七巧心理中的双性特质。

分析曹七巧，应该从她少女时代讲起。作为一个妙龄女子，

① 邵迎建：《传奇文学与流言人生：张爱玲的文学》，北京：三联书店，1998年，第116页。

② 宋家宏：《走进荒凉——张爱玲的精神家园》，广州：花城出版社，2000年，第96页。

被哥哥安排去站麻油店柜台，这显然有以色促销的意思。七巧晚年的回忆，可以为此做注脚："喜欢她的有肉店里的朝禄，她哥哥的结拜兄弟丁玉根，张少泉，还有裁缝的儿子。"但喜欢归喜欢，却没人敢真心娶她，姜家的丫鬟小双说得好："你还没听见她的谈吐呢！当着姑娘们，一点忌讳也没有。亏得我们家一向内言不出，外言不入，姑娘们什么都不懂。饶是不懂，还臊得没处躲！""麻油店的活招牌，站惯了柜台，见多识广的"，谁也没有把握拿捏住她。我们由此得以进入曹七巧的语言世界，麻油店生活赋予她的语言世界。

在张爱玲的文学想象中，曹七巧难以称得上晚清时期的美貌佳人，加上生存环境限制，那种乡野之言便成为她日常生活的一部分。在市井里巷，原是极正常的，但在讲究门第等级的姜公馆，七巧受到下人嘲笑，以至被孤立，则说明行不通！倒不必就此展开两种文化形态的对抗，因为七巧自打进入姜公馆，便生了自卑的心理，讨好别人的过程也是她原有文化妥协的过程。如果站柜台时曹七巧身上焕发出一种野性的魅力，那么，熬过姜公馆十年沉闷的日子，这种活力便逐渐丧失了。我倾向于把这看作是曹七巧青春的流逝，它为日后七巧心理的变异奠定了生活基础。顺便提一下《金锁记》的结构，不少人认定文本前后断裂，唐文标还说过："我感到长安故事的蛇足。"① 笔者不敢苟同，张爱玲在长篇小说《怨女》中的确删去了这一情节，但也没了直入灵魂的震撼。其实，曹七巧恰恰在长安身上才显示出诡异的文本

① 子通、亦清主编：《张爱玲评说六十年》，北京：中国华侨出版社，2001 年，第 295 页。

魅力。

让我们回到姜公馆继续阅读曹七巧。故事开始的时候，七巧嫁过来已经几年，糊里糊涂的，孩子也有了两个。姜季泽没结婚的那几年，七巧除了口风不好，别的无法指责，正是季泽娶妻，触动了七巧的隐秘心理。文本中有一个场面：七巧向老太太造过云泽的事端，掀着帘子出来，“一眼看见了季泽，身不由主的就走了过来”，说出一些分明是嫉妒的话。几番挑逗后，“她嘴里说笑着，心里发烦，一双手也不肯闲着，把兰仙揣着捏着，捶着打着。恨不得把她挤得走了样才好”。姜季泽平日里拈花惹草，只限在外面，如今家里有个艳丽的人儿陪伴，突然衬托了七巧的凄凉。七巧一方面是不甘心自己的遭遇，一方面又被激起压抑已久的渴望，形成了初步的“怨羡情结”。王一川给这个心理学术语下的定义是：“羡慕是对于具体人或物的一种内心艳羡和仰慕态度，它唤起人的想象、幻想及仿效冲动；而怨恨则是一种对于具体人或物的内心抱怨和仇恨态度，它激发嫉妒、报复或复仇冲动。人们总是热切地羡慕着某种比自己优越或高级的人或物，但由于客观条件的局限，愈是羡慕却愈增怨恨，而愈是怨恨又愈增羡慕，从而导致一种羡慕和怨恨相互循环和共生、相互冲突又调和的复杂状态。这就是怨羡情结。怨羡情结是人内心深处的一种怨恨与羡慕相交织的深层体验状态。”①（文本下半部分，七巧终于在这种心理的支配下占有了长白，逼死了芝寿。）待到兰仙愤愤离开，我们才看到邵迎建所说的反封建伦理的情景，关于身体

① 王一川：《探索人的隐秘心灵——读铁凝的长篇小说〈大浴女〉》，《文学评论》，2000 年第 6 期。

的讨论（实际上是私人性身体和社会性身体的较量）使七巧的情欲喷薄而出，但季泽何等精明，断然拒绝了偷情的诱惑。从这时起，七巧的金钱欲占了上风。十年后，季泽来到圆了黄金梦的七巧家里，又是精彩的一幕，为保金钱七巧断了情欲。然而真的断了吗？没有。

长白娶亲后，七巧觉察出了某种威胁，“这些年来她的生命里只有这一个男人，只有他，她不怕他想她的钱——横竖钱都是他的。可是，因为他是她的儿子，他这一个人还抵不了半个……现在，就连这半个人也保留不住——他娶了亲”。七巧不能看见长白与芝寿在一起，她觉得芝寿抢走了她的儿子。在巴金的《寒夜》中，汪母同样有这种心态，但汪母尚处于“口腔阶段”，只是通过言语表达自己的爱恨，[1] 还没到疯狂的地步。七巧走得更远，她的行为已经证明把长白当成了替代的丈夫。按照王一川的解释，七巧对芝寿确是又羡慕又怨恨，注意一下她的举动，芝寿刚嫁来时，七巧就风言风语，几天后，按捺不住，当着芝寿的面说她淫荡。夫妻恩爱乃人之常情，七巧因未得过这方面的幸福，自然有一股民间所说的醋意，仅仅是醋意也还罢了，她心理未尝没有“彼可取而代之”的心思，留宿长白这件事，最能看出七巧的性心理变异。留宿的动机由两方面组成，一是把长白抢回来，重回母子一体的情景；但是性意识已经介入，结果“丈夫不像个丈夫，婆婆也不像个婆婆”，芝寿看到了性的癫狂。另一个动机是驱赶敌人，七巧向长白探听小夫妻的隐秘，既可以由

① 唐小兵：《英雄与凡人的时代——解读20世纪》，上海：上海文艺出版社，2001年，第99~100页。

倾听而达到欲望的想象性满足，又表现出对儿子的关心，进一步就有理由向亲友诉说媳妇的淫逸，必置其死地而后快。明白这一点，七巧以后的行为便不难理解，给长白娶小老婆，哄他吸烟，都是笼络长白的手段，好让他处处离不开自己。我认为自打七巧赶走季泽，就不能再用守财奴的标准来衡量她，相反，某些时候她表现得相当大方，像上面说的以及教长安吸烟等；如果认为七巧只舍得在儿女身上投资，单防备外人，也不准确。七巧扼杀长安的青春和婚姻，原因不在外姓与她争夺财产，而是更复杂的心理所致。

卡伦·霍尔奈分析过母女之间出于妒忌而引发的问题，“母亲和正处于成熟期中的女儿之间有一定数量的竞争是很自然的事，但当母亲自己的俄狄浦斯情景造成过度强烈的敌对感时，（如上对七巧的阐述即属于此——笔者注）它就会以奇怪的形式开始于女儿婴幼早期。这样的对抗也许表现在对孩子的一般恐吓、极力讥笑和轻视、阻碍它具有吸引力或和男孩子见面等方面，总是带着妨碍女儿性发展的秘密目的”①。有两件事证明长安早期受到来自七巧的性压抑，一次是春熹事件，宋家宏解释成“寡居者的‘护犊’心理”所致，似有不妥，联系下文可知，七巧不允许任何人与她分享女儿的青春。另一件事是给长安缠足，七巧说：“你人也有这么大了，又是一双大脚，哪里去不得？我就是管得住你，也没那个精神成天看着你。……马上就替你裹起来，也还来得及。”裹足的目的就是限制女儿与人交往。一直到长安近三十岁，七巧又反话正说，埋怨起长安来，而七巧手中的

① 卡伦·霍尔奈：《女性心理学》，上海：上海文艺出版社，2000年，第183页。

线稍松一松，长安趁势与童世舫谈起了朋友，“长安带了星光下的乱梦回家来，人变得异常沉默了，时时微笑着。七巧见了，不由得有气，便冷言冷语道：‘……’”。七巧为何有这种令人诧异的举动？不妨再引述卡伦·霍尔奈的几句话：“一个女孩可能有原因很早就产生了对女性世界的厌恶，……她也许有过可怕的性经历……”“作为这一切的结果，她在感情上转离天生的性别角色，而发展男性倾向和幻想。”下面的话又让我们明白七巧当年痛骂春熹的根源，“对女性角色的愤恨则表现在教育孩子男人是淫荡者，女人是受害者”①，这等于告诉我们七巧可怖的婚姻导致她日后的性心理中包含了男性的性角色，张爱玲实际上把曹七巧描绘成了性心理上的双性同体。（双性同体本是女性主义批评提出的一种理想人格，即在生理学的差异下，融合社会文化因素构想互补的两性和谐状态。本文谈到的双性同体与其有所冲突，故加上“性心理”的限制以示区别。）

因此，谈到七巧与长安的关系时，我们不要把七巧看作一个母亲，尽可以把她作为“父亲”看待，尤其是对长安婚姻的干涉，隐藏着（父亲般的）对女儿的占有心态。且看她如何对长安软硬兼施：“你要野男人你尽管去找，只别把他带上门来认我做丈母娘，活活的气死了我！我只图个眼不见，心不烦。能够容我多活两年，便是姑娘的恩典了！”“我的儿，你知道外头人把你怎么长怎么短糟蹋得一个钱也不值！……我千辛万苦守了这二十年，无非是指望你姐儿俩长大成人，替我争回一点面子来，不

---

① 卡伦·霍尔奈：《女性心理学》，上海：上海文艺出版社，2000 年，第 183 ~ 184 页。

承望今日之下，只落得这等的收场!”长安只有被迫放弃。后来长安与世舫以朋友的身份来往，到底让七巧如骨鲠在喉，施一计绝了童世舫的念头。所有这一切，均显示出七巧潜意识里对男性的敌意和以父亲身份自居的心理，在文本中，我们也看到七巧母代父职的行动，给长安缠足便是按照传统父亲的眼光和方法制定的女儿成长过程中必要经历的一环。平时读《金锁记》，到这一节总是纳闷儿，这些与金钱何干？曹七巧之所以任人屡说不休，不是金钱压抑情欲一句话论得清的，她人性中扭曲的性意识重重叠叠好几层，层层剥开后都让人“恐惧与颤栗”。

曹七巧是现代文坛的一个异端，我们未见过堪与她比肩的人物，现代文坛上几个著名的母亲形象，如蘩漪、汪文宣的母亲，如果按照张爱玲的说法，就是“不彻底的”，还带着一丝丝人性的温和；曹七巧便不同，由于作者写作的“彻底”，直入灵魂阴暗的洞府，才让我们明白什么是人性的“魔鬼”。

张爱玲在《谈女人》中有一句话说，一个恶毒的女人会恶得无孔不入，正可以拿来形容曹七巧。但是，曹七巧并非天生的恶女人，是生理和社会文化共同创造了她。因为我们通常使用的男性、女性概念，原本为父权制设定的两种文化形态，有强弱、尊卑及其相关的诸多差异，它造成了女性事实上的被压抑。当初曹七巧嫁到姜家，出于言语的隔阂不见容于父权的高雅文化，而在婚姻上，也是父权文化的牺牲品，可以说，曹七巧最终的性变异与父权制有着直接的因果联系。我认为，张爱玲正是以曹七巧变异的人性，向人们昭示出父权制文化的丑陋!

四、20世纪50年代爱情的意义

在建构和谐文化的共识下，我们需要对历史进行必要的反思。历史是什么？历史是过去的现实。正如我们可以把现实看作布迪厄所讲的充满各种力量的场域，或福柯所说的充满各种权力关系的集合，历史同样是这样的场域或集合。当我们站在今天的时间点上回顾历史，我们身处的场域很可能会干涉到历史的场域，因此我们不能不感慨克罗齐“一切历史都是当代史”的判断，也不能不对“历史反思”有所警惕。“什么是历史研究真正本己的问题？在我看来只有两个：一是历史现象的实际到底是什么？在弄清了这个问题之后紧接着的第二个问题便是为什么历史恰恰是这样的？”① 让我们带着这样的问题走进“百花时代”。

50年代需要什么样的爱情？

“百花文学”提供了20世纪50年代特有的爱情，它们在作品中生长着，与各种话语进行较量，但是较量的结果——对爱情予以否定——确实有些令人惋惜。这种预设了统一结果的爱情，使得作者在爱情生长的过程中时时加以规训，直至把爱情剪除。

出现这种情况的原因不仅因为“双百”方针在历史场域中的吊诡，也与从现代文学开始的长时段的左翼文学实践密切相关。“双百”方针的提出源于50年代初中期国内、国际局势的

---

① 解志熙：《深刻的历史反思与矛盾的反思思维——从支克坚先生的革命文学研究说开去》，《中国现代文学研究丛刊》，2002年第1、2期。

变化，与毛泽东对国际社会主义发展的焦虑相伴随。① 陆定一在阐释这个方针的报告《百花齐放，百家争鸣》中说：

> 要使文学艺术和科学工作得到繁荣的发展，必须采取“百花齐放，百家争鸣”的政策。文艺工作，如果“一花独放”，无论那朵花怎么好，也是不会繁荣的。②

作为一个文学艺术的政治许诺，这恰当地与周恩来1956年1月14日的《关于知识分子问题的报告》对知识分了的重视相榫接。“最充分地动员和发挥知识分子的现有力量，不但是我国目前紧张的建设事业所必需的，而且也是对知识界加以进一步的改造、扩大和提高的前提。”③

这两个报告确实产生了非同小可的影响，如费孝通在《知识分子的早春天气》④ 中说：“去年1月，周总理关于知识分子问题的报告，象春雷般起了惊蛰作用，接着百家争鸣的和风一吹，知识分子的积极因素应时而动了起来。”但是，费孝通同时又将此概括为“早春天气”：“早春天气，未免乍寒还暖，这原是最难将息的时节。”这种普遍的顾虑重重，实质上是害怕“鸣放三部曲：一放；二收；三整”⑤。

为了表明文艺界的态度，也为了鼓励作家的创作热情，1956

① 参见洪子诚：《双百方针》，收入洪子诚、孟繁华主编：《当代文学关键词》，桂林：广西师范大学出版社，2002年；另见孟繁华、程光炜著：《中国当代文学发展史》，北京：人民文学出版社，2004年，第78～80页。

② 陆定一：《百花齐放，百家争鸣》，《人民日报》，1956年6月13日。

③ 周恩来：《关于知识分子问题的报告》，《人民日报》，1956年1月30日。

④ 费孝通：《知识分子的早春天气》，《人民日报》，1957年3月24日。

⑤ 《李毅在座谈会上的发言》，《人民日报》，1957年5月22日。

年5月《文艺报》刊发社论《百花齐放，百家争鸣》，“在为工农兵和劳动知识分子服务的共同目标下，作家艺术家对题材、主题和艺术形式的选择，有充分的个人自由。”①《文艺报》以创刊几年来的“实绩”奠定了其权威地位，对文艺界来说，该社论达到了“推波助澜”的作用，于是，表面上偏离宏大叙事实质上归依宏大叙事的作品，渐渐多了起来。

但我们不能忽略或无视“双百”方针内含的又一题旨，即对知识分子的改造。“双百”方针本身就是一种斗争，“毛泽东说，百家者，两家而已：资产阶级一家，无产阶级一家”②。20世纪50年代的人们是理解阶级斗争实验的意义的。“双百”方针作为阶级斗争的方略又必然与思想改造勾连在一起，况且文艺界的思想改造在建国后一直没有停止，因此，说“百花时代”的作家仍然心有余悸并不过分。一方面诚如朱光潜所说：“‘百家争鸣’的口号出来了，……老实说，我们在心理上向共产党迈进了一大步。我们喜形于色……”③ 另一方面又有着隐隐的忧虑，这种矛盾自然会渗透到作家的创作中，形成所谓的“巴洛克风格”。④

其实，作家们的隐忧从批判萧也牧那时就开始了，而对萧也牧的批判，又是左翼文学清除小资产阶级影响的第一次当代性批

---

① 《文艺报》1956年5月第十号。

② 朱正：《1957年的夏季：从百家争鸣到两家争鸣》，郑州：河南人民出版社，1998年，第48页。

③ 朱光潜：《从切身的体验谈百家争鸣》，《文艺报》，1957年第1期。

④ 孙先科：《爱情、道德、政治——对“百花”文学中爱情婚姻题材小说“深度模式”的话语分析》，《文艺理论研究》，2004年第1期。

判。洪子诚的《中国当代文学史》[①] 明确地把左翼文学与当代文学衔接起来，我们知道，左翼文学的开端是20世纪20年代后期的革命文学运动，是在国民革命战争失利后，共产党作家运用苏联、日本的无产阶级文学理论发动的一次旨在清算资产阶级、封建阶级作家的“革命性”事件。[②] 可以说，左翼文学运动首开批判作家小资产阶级思想和意识的先河，到40年代初期延安的文艺整风，基本上形成了知识分子思想改造的现代文学传统，毛泽东《在延安文艺座谈会上的讲话》为其提供了改造的理论依据。建国后思想改造在文艺界的流布与《讲话》被高度制度化分不开。“中国的文艺，不正是抛弃了那个徘徊惆怅于个人情感的小圈子么？抛弃了一些知识分子的孤独绝望，一些少爷小姐，莫名其妙的，因恋爱不自由而起的对家庭的不满与烦闷么？……”[③] 丁玲这些话道出了50年代文学场域的真实情形，萧也牧可真有些“离经叛道”。

针对《我们夫妇之间》[④]，陈涌的《萧也牧创作的一些倾向》[⑤] 是批判的导火索，认为作者有一种“不健康倾向”。紧接着由冯雪峰化名“读者李定中”对作者予以定性：“假如作者萧也牧同志真的也是一个小资产阶级分子，那么，他还是一个最坏

---

① 北京大学出版社，1999年版。

② 参见旷新年：《1928：革命文学》（第二部分），济南：山东教育出版社，1998年，第43～87页。又见林伟民：《中国左翼文学思潮》第一编、第三编第五章，上海：华东师范大学出版社，2005年。

③ 丁玲：《跨到新的时代来——谈知识分子的旧兴趣与工农兵文艺》，《文艺报》第二卷第11期，1950年8月25日。

④ 发表于《人民文学》第1卷第3期。

⑤ 《人民日报》，1951年6月18日。

的小资产阶级分子!”并说作者对女主人公的态度“从头到尾都是在玩弄她”。最后警告萧也牧，要“脱胎换骨地抛弃你的玩世主义的倾向”[①]。不仅如此，我们还会看到今天感觉奇怪当时却很正常的庸俗社会学论断:“难道在日常生活中的共产党员便是这样灰色的吗?”[②] 丁玲的文章更是“耸人听闻”，她说萧也牧的作品流露出的不好的趣味“正在复活”，“使人在文艺界嗅出一种坏味道来”[③]。

这次规模不大不小的“操练”，以及不久后开展的整风运动，对作家真的是一次严重的警告，怎么写爱情、婚姻成了一件难以着手的事情，害怕“动辄得咎”。因此，我们认为《文艺报》随后刊发的关于苏联文学中的家庭、婚姻问题的文章是有目的的。“真挚的爱情是一种深刻的，持久的，有着明确方向的感情，因此它不但不会妨碍双方从事的社会事业，而且会更加鼓舞自己和对方前进的勇气。而庸俗的缺乏对于社会事业共同信念的爱情，结果必然既毁了自己的事业，也毁坏了爱情。”[④] 这里强调的“方向”，是列宁提出的“持久的，巩固的夫妻关系”，是“无产阶级的爱情婚姻这个社会主义原则”[⑤]。无产阶级的爱

---

① 李定中:《反对玩弄人民的态度，反对新的低级趣味》，《文艺报》第四卷第5期，1951年6月25日。

② 叶秀夫:《萧也牧的作品怎样违反了生活的真实》，《文艺报》第四卷第7期，1951年7月25日。

③ 丁玲:《作为一种倾向来看——给萧也牧同志的一封信》，《文艺报》第四卷第8期，1951年8月1日。

④ 谢云:《苏联文艺作品中关于爱情的描写》，《文艺报》1953年第六号，1953年3月30日。

⑤ И·拉祖丁:《苏联文学中的家庭与婚姻》，《文艺报》1952年第三号，1952年2月10日。

情不是花前月下、浅吟低唱，不是在个人小天地里犹豫、徘徊，要在社会主义劳动中、在革命的信念中产生且巩固。

两年后，路翎的《洼地上的“战役”》[①] 受到更严厉的“围剿”，这篇内含了一个“跨国”爱情故事的小说，引起了更大的波澜，1955年，路翎又作为“胡风分子”被制裁，令作家们大为震惊。20世纪50年代初发生在朝鲜国土的中美战争，本身就是一个复杂的、关乎国家与民族的问题，路翎几篇描述朝鲜战场的小说，无疑对此作出了可贵的探索，但路翎却被看作了“异端”。“孤立地描写个人内心的世界，是不可能表现出志愿军战士的伟大思想和坚强的信念的。沉湎在个人意识里面，是产生不出集体主义和爱国主义思想来的。”[②] 作者描写的爱情“对人们的灵魂起一种腐蚀的作用”[③]。类似的故意的“曲解”，令路翎在他的反驳中说出了“文字魔术”、“强词夺理”这样暗含激愤的话语。[④] 究竟是谁把作品中的爱情看作“男女私情”，谁的灵魂是“龌龊”的？我们今天已经无须再作说明了。但路翎已陷入“孤掌难鸣”的境地，“路翎的反批评，已在读者中引起广泛的义愤。”[⑤] 对路翎的“群起而攻”，“事实上宣告了作为个人的思

---

① 发表于《人民文学》1954年3月号。

② 侯金镜：《评路翎的三篇小说》，《文艺报》1954年第十三号，1954年6月30日。

③ 常琳：《对〈洼地上的“战役”〉的几点意见》，《文艺报》1955年第1、2期（合刊），1955年1月30号。

④ 路翎：《为什么会有这样的批评？——关于对〈洼地上的“战役”〉等小说的批评》，《文艺报》1955年第一、二期合刊，1955年第三号（1955年2月15日），1955年第四号（1955年2月28日）。

⑤ 《驳路翎的反批评——来稿综合》，《文艺报》1955年五月号，1955年5月15日。

想感情和心理体验的丰富性和复杂性，在共和国初期就已经被排除于文学表现的领域之外。”①

在我们对50年代文学场域并不全面的描述中，已经感知到作家的精神是紧绷的，文学创作作为一种高难度的艺术生产，被各种各样的力量所牵制，对于相当一部分人来说，一直都处于“如履薄冰”的状态。在这样的环境里，“百花文学”以集体的形式亮相文坛，无论怎么说，都是难能可贵的。

“百花文学”展现了什么样的爱情？

我们一点也不怀疑“百花文学”的作者对民族、革命以及社会主义制度的热情，正是这种热情促使他们真切地、艺术地描绘革命时代与和平时代，今天我们仍然要为他们感动，然而也体会到“忠而获咎”的悲哀。

让我们从人物入手进入“百花文学”，我们会看到其中的女性与当时普遍流行的男性化的、缺乏个体情感的“铁姑娘”不同，她们多少可以称得上是丰满的、融人的自然性与社会性于一体的形象。不过，创造这样的形象，也显示出创作者面临着一个无法消除的悖论：既不愿意按流行模式写作又不能真正冲决模式，因而小说中的女性只能不断地清理、抛弃自己的自然属性（女儿性），不断添加自己的社会性因子，最终变得“无性”和“无情”。女性人物由柔弱到坚强的叙事逻辑，成为50年代宏大叙事“有意义”的添加。通过复杂的心理斗争，最终达到对宏

① 孟繁华、程光炜：《中国当代文学发展史》，北京：人民文学出版社，2004年，第74页。

大叙事“心悦诚服”的归依。那么，在这种相同的逻辑之流里，女性以及她们的爱情究竟遇到什么问题而未能进行到底，在这个问题上，我们认为作品显示了深刻的意义。

新中国的《宪法》、《婚姻法》[①] 规定男女平等、男女均有自由选择伴侣的权利，但 50 年代“时代不同了，男女都一样”的实际情况是这样的：“在这样一种制度下，女性似乎和她的角色一起安顿于一个不同以往的公正的社会体系。但这里有一个问题，女性不再是家长、丈夫、儿子等男性的从属，甚至不再是任何具体个人的从属，但‘从属’本身似乎并未消失。”[②] 女性“变得”从属于集体了，成为集体的女性。“女人并不是生就的，而宁可说是逐渐形成的。”[③] 50 年代社会上虽然出现大量的女性，但社会仍然按照男性的意志运转，那个集体的意志只能是男性集体的意志。女性身处的便是由这种抽象的男性集体建构起来的象征世界。男性制造着性别、阶级、革命的神话，并为女性创造了新的道德谱系。《美丽》[④] 中的季玉洁、《爱情》[⑤] 中的叶碧珍爱情的丧失，就是源于这种道德谱系的威压。

《爱情》中叶碧珍对周丁山的爱情比小贞对周丁山的爱情更具有爱的性质。叶碧珍的矜持使她错失相爱的“良机”，这是少

---

① 《中华人民共和国婚姻法》1950 年颁布，《中华人民共和国宪法》1954 年颁布。

② 孟悦、戴锦华：《浮出历史地表》，郑州：河南人民出版社，1989 年，第 30 页。

③ 西蒙娜·德·波伏娃：《第二性》，北京：中国书籍出版社，1998 年，第 309 页。

④ 丰村：《美丽》，《人民文学》，1957 年 7 月号。

⑤ 李威仑：《爱情》，《人民文学》，1956 年 9 月号。

女害羞心理的结果。而周丁山负伤后就接到了叶碧珍的道歉与示爱信，但他很快又移情于小贞了。这正如《美丽》中季玉洁面对的首长男人一样，他说："我们爱，我们爱吧！你不爱我么?"能够说出这样的话的人，你能对他期望什么？他自然会同另外一个"爱"他的女同志结婚。男人想的是女人爱他，女人想的却是她爱男人。问题不仅于此，两个女性在她们各自的生活空间里实际上发生了人格的分裂，季玉洁说："我爱秘书长，他会知道我的爱情。"叶碧珍呢，"亲爱的姑娘，你在期待什么，渴望什么呵？你的心为什么跳得这么急，这么响呵?"不管对方对爱情是否痴情，她们确实拥有蒲苇一般的深情，设若不是时时感觉到"道德"的警示，她们很可能"从一而终"地爱着，建立一个貌似幸福的家庭。在这里我们反而觉得那个"道德"阴差阳错地使她们避免了这一"歧途"，虽然她们不会从这个角度考虑"道德"问题。而一旦她们依据男性的道德观念思考自身的爱情，马上就陷入痛苦的境地，陷入莎菲式情感与理智的冲突。历史上，男女两性的人格因生活、生产方式的不同呈现出明显的差异，女性历史地具有依附性,[①] 所以在个人与集体产生纠葛时，去己从众往往是她们理性的选择。当她们认为爱的对象是因地位、身份而不是心灵成为问题的时候，她们便不能再向对方敞开爱的心胸，那么，当她们感到孤独、寂寞、痛楚的时候，也便会发生心理学意义上的"心理转移"，成为一个工作狂，为"道德"所赞许。

① 参见李小江：《女性/性别的学术问题》，济南：山东人民出版社，2005 年，第 29 页。

相对于女性被动、内敛的姿态，男性则显得主动多了。《在悬崖上》[①] 有一句话道出了女性被物化的状况，“半路上贪恋一株新异的花草”，这株“花草”的相貌和风度极佳，已令男主人公“乐不思蜀”。关于女性的身体，“每一种文明都要对女性的身体提出一个统一的模式”，[②] 赞同什么样的身体（包括着衣）反对什么样的身体，背后潜藏着意识形态的密码。《在悬崖上》“从人的出身命名、穿衣戴帽、肤色表情，到生活的做派无一不以阶级与意识形态立场予以分门别类地‘着色’”[③]。加丽亚成为一个典型的追求享乐的资产阶级女性，看她的打扮，“浅灰色的裙子，米黄色的毛线衣”，这种衣着被“社会化”成轻浮的表征，包含着女性是祸水的传统中国的文化伦理意识。着衣“关乎道德的评判以及妇女身上所承受的社会压力”[④]。在咄咄逼人的目光下，加丽亚还能追求自己的个性自由，不能不令人感叹。不能说加丽亚不爱或不会爱上“我”，只能说这段爱情尚未成熟，还处在相互吸引的阶段。可以肯定的是，加丽亚如果不改变或改造自己的阶级做派，就不可能获得“真正的”爱情。但话说回来，加丽亚也不需要那种“真正的”爱情。可“我”需要，而且有些急功近利，这说明“我”的爱情纯度掺杂了异质成分，一种愈来愈明显的垄断和占有的心态和顾此失彼的顾虑重重的矛

---

① 邓友梅：《在悬崖上》，《文学月刊》，1956 年 9 月号。

② 王政、杜芳琴主编：《社会性别研究选译》，北京：三联书店，1998 年，第 111 页。

③ 孙先科：《爱情、道德、政治——对“百花”文学中爱情婚姻题材小说“深度模式”的话语分析》，《文艺理论研究》，2004 年第 1 期。

④ 乔安妮·恩特维斯特尔：《时髦的身体：时尚、衣着和现代社会理论》，桂林：广西师范大学出版社，2005 年，第 18 页。

盾。把妻子和加丽亚放在同一个天平上称量、比较，本身就是不尊重女性的心理，这种心理在任何时代都可以说是不道德的。在北海公园，“我”对加丽亚说：“我假如没有新的爱情来补偿，马上会疯的。”把爱情作为补偿，早已经偏离了爱情的轨道。正因为“我”根本不能产生爱情意义上的爱，才那么容易“奥伏赫变”。只有把加丽亚当作腐朽的资产阶级代言人，才显示出“悬崖勒马”的深意。而其中只有加丽亚最悲哀，被男性道德的话语霸权淹没在了红色的海洋里。

为了阐述“百花文学”存在的爱情叙事，我们有必要从哲学的角度查看一下爱的本质。今道友信说：“在人们的生活中，有着各种各样的体验。……而有的体验则是所有的人都必须要经历的。哲学上把这种体验叫做原体验。爱正是这种原体验。”①所谓原体验，还应该理解成是人作为人的体验，然后是人作为社会成员的人的体验，爱的产生不以阶级种族等社会因素为前提，但爱产生后有可能会受到它们的干扰，这里有个先后的问题。爱还具有“给予”的性质：“在人们相爱的过程中，彼此之间所给予的价值高于他们的个体或客体价值。当每个参与者得到别人给予的价值，同时也给予他人以价值时，就存在着爱的这种相互关系。”② 爱首先是付出，然后才是获取，从中得到爱的感觉：“爱是由个人所知觉到的自我与对象之间的关系所激起的希求获得合

---

① 今道友信：《关于爱和美的哲学思考》，北京：三联书店，1998 年，第 1 页。

② 欧文·辛格：《爱的本性（第一卷）——从柏拉图到路德》，昆明：云南人民出版社，1992 年，第 4 页。

一的愉快情感。”[1] 在这种情感的培育下，爱产生了真正的作用，费尔巴哈说：“爱就是成为一个人。”[2] 在我们摘引这些论断的时候，我们会比照出上述爱情是残缺的亦真亦假的爱情，虽然残缺的地方、程度不一，结果却是惊人的一致，即都没有通过爱使自己“成为一个人”。这些爱情实验，也反证出“持久的、巩固的夫妻关系”这种“无产阶级的爱情婚姻”的神话性质。

令人欣慰的是，《红豆》[3] 多少从原体验的意义上展开了爱情的欢悦和痛楚。红豆又名相思子、相思豆，它与相思结缘在文学中首推王维的《相思》,[4] 诗云：“红豆生南国，春来发几枝？愿君多采撷，此物最相思。”温庭筠《新添声杨柳枝词》云：“井底点灯深烛伊，共郎长行莫围棋。玲珑骰子安红豆，入骨相思知不知？”相思彻骨，直教人魂萦梦牵。宗璞的《红豆》在爱情上不仅传递了爱的缠绵悱恻，而且也抒写了爱的“入骨相思”。欢愉是短暂的，相思却是绵长的。

江玫几乎同时认识两个她生命中至关重要的人：萧素和齐虹，萧素作为阶级、革命、民族的替身实施对江玫感情的引导，齐虹则以艺术、爱、美的实体打动着江玫少女的心房。我们重视的是爱情产生的时候，江玫本能地抵御着萧素，开启了一个本该属于她的世界。在这个世界里，江玫和齐虹具有了巴赫金所说的

---

① 余凤高：《在现实和文学中的爱》，南昌：百花洲文艺出版社，2002 年，第 4 页。

② 转引自瓦西列夫：《情爱论·引言》，北京：三联书店，1997 年，第 4 页。

③ 宗璞：《红豆》，《人民文学》，1957 年 7 月号。

④ 李晖：《唐诗“红豆”考》，《北方论丛》，1998 年第 1 期。又见王立、刘卫英：《红豆：女性情爱文学的文化心理透视》，北京：人民文学出版社，2002 年，第 100 ~ 102 页。

对话性，无论赞同还是反对都在一个平台上展开；同时我们也看到了萧素的强势话语对江玫居高临下的规训。正因为爱的真挚才让江玫五内俱焚般地与齐虹分手。然而，分开的只是彼此不能再亲密接触的身体，只是已经不合时宜的卿卿我我，那份仿佛天然地吸引着江玫的感情仍然千丝万缕地缠绕着她。红豆本有的相思之意开始浮出水面，六年如一日，江玫何曾忘记过齐虹？“江玫知道这里面有多少欢乐和悲哀。她拿起这两粒红豆，往事像一层烟雾从心上升起，泪水遮住了眼睛……”真是“怕黄昏忽地又黄昏，不销魂怎地不销魂”①。“时间没有给它们留下一点痕迹。”爱的信物还在，爱的人已杳不可知。这绵绵相思大概成为50年代的绝唱了吧。

一种游戏有一种游戏的活动规则，因为游戏必定“按照固定的规则并以某种有序的方式活动在它自己的时空范围内”②。爱情也是一种游戏，50年代爱情的游戏规则诚如上言，被无可辩驳地纳入道德、阶级、革命的意识形态康庄大道。虽然意识形态打开一个诱人的缺口，但并非意味着规则已然失效，“百花文学”作者在触及“小资产阶级情感”的同时，分明也感知到意识形态的威严，于是，他们以自己的作品形象地证明50年代爱情的游戏规则：不允许发生纯粹爱情意义上的爱情。

---

① 王实甫：［中吕］《十二月过尧民歌·别情》，转引自王立、刘卫英：《红豆：女性情爱文学的文化心理透视》，北京：人民文学出版社，2002年，第110页。

② 胡伊青加：《人：游戏者——对文化中游戏因素的研究》，贵阳：贵州人民出版社，1998年，第13页。

对“百花文学”有什么样的质询?

有研究者把1949年以后的文学称作“共和国文学”①，这是比较符合实际的，凸显了文学的国家性质。1949年后的社会主义国家制度是在超越资本主义国家制度的设想下构造出来的，属于前述丁玲所讲的“新的时代”。这种对资本主义超越的社会学构想，当然与政党意识形态对马克思主义的接受和理解有关。马克思在19世纪作出的对资本主义的严厉批判，关于资本主义剥削的性质以及腐朽、没落的论断，深深影响着毛泽东与共产党设计民族国家的政治思维，建国后毛泽东经常谈论的话题之一就是警惕资本主义、资产阶级与小资产阶级，密切注意阶级斗争的动向，资本主义成为社会主义获得身份确认的“他者”。

共和国文学自然也需要一个证明自身合法性的“他者”，通过指认一部分文学充满消极的小资情调，从而起到巩固社会主义现实主义文学积极性的目的，这样，“劳动+奖章”② 式的爱情描写逐渐成为众多作家首选的创作模式，塑造着并影响着列宁式的社会主义爱情。然而爱情的空洞化却越来越严重，“怪不得有些读者和观众说，现代文艺作品（指建国后的，作者按）中的爱情描写，大致可以分为下列几类：见面就谈发明创造式的爱情，扭扭捏捏、一笑就走式的爱情，‘我问你一个问题：你爱我不?’式的爱情，由于工作需要而屡误佳期式的爱情，三过家门

① 参见杨匡汉、孟繁华主编：《共和国文学50年》之《绪论 关于共和国文学》，北京：中国社会科学出版社，1999年。

② 杨匡汉、孟繁华主编：《共和国文学50年》，第9页。

而不入式的爱情……”[①]“百花文学”爱情叙事的突围意义在这里最能显示出来。诚然，突围是一种有限度的突围，但它的限度正好说明探索的是社会主义爱情的丰富性和复杂性，那些丰富的痛苦恰恰昭示出社会主义巨大的感召力。话说回来，50 年代的社会神经敏感到捕风捉影的地步，哪里会顾及其中的赤诚呢？我们听到的只能是异口同声的斥责。然而吊诡的是，庸俗社会学批评也确实触及一些作品中深藏的尴尬，只是我们需要剥离批评者的“别有用心”，才能正视那些尴尬的问题。

在一次针对《红豆》召开的座谈会上，[②] 谢冕出于爱护心理认为小说的缺陷在开头和结尾，“流露出浓重的物在人亡，睹物伤情的惆怅情绪”，经他诊断，“如果把作品的开头和结尾不健康的情感描写去掉，加上一些积极健康的描写（如让主人公把红豆掷出窗外等等），作品就没有什么问题了”。这说明谢冕并没有掌握社会主义现实主义批评法则，显得像小说中的江玫一样不谙世事。围绕谢冕的观点，他的同学展开了激烈的论争。张少康认为江玫主要的问题在于，当她思想立场变化时，没有厌恶齐虹和他的爱情，“江玫一方面是步步走向革命，另一方面对齐虹的爱情却始终如旧”。“这就表明江玫一点没有改变，仍然充满着资产阶级的思想感情。”且不管他出于什么目的，我们不能不认可爱情贯穿作品始终的判断，虽然爱情在轻盈地流动的时候碰上巨浪改变了方向。在这个前提下朱一清提出的问题确实耐人寻味：“如果解放后齐虹回来了，江玫会怎么办呢？……”在经过

① 秋耘：《谈“爱情”》，《人民文学》，1956 年 7 月号。

② 《“红豆”的问题在哪里？——一个座谈会记录摘要》，《人民文学》1958 年 9 月号。

“反右”运动洗礼的1958年，作者宗璞只能沉默不语。如果允许我们设想，江玫的态度必定取决于齐虹的归国身份，如果他竟能厌倦“丑恶”的资本主义制度，以尽忠心的思想回到祖国参与热火朝天的社会主义建设，那么江玫很有可能与他破镜重圆，但假如出现这样的情况，他们也不会如童话的结尾那样“从此以后过着幸福的生活”。然而，事实上齐虹可能不会发生如此巨大的改变，沉湎于“科学和艺术”的他根本不会对政治抱有什么兴趣，齐虹归来，带给江玫的肯定是更多的尴尬和痛苦。

意识形态把“百花文学”当作颠覆社会主义的危险力量委实不正确，僵硬的教条化的批评甚至有些居心叵测地曲解其无意识的启蒙思想，“百花文学”很有些鲁迅式“揭出病苦，引起疗救的注意”的意味，我们在“干预生活”的作品中很容易获得确认，在爱情叙事中，作者也不自觉地达到了这样的效果。1958年，张天翼如此看《美丽》中的季玉洁：“她是不是由思想问题而引起一种精神上的变态，有了类似迫害狂那样的毛病?”① 这是一个有些超前的发问，张天翼当时并没有意识到他提出的是关于社会主义“异化”的问题，而作者也不会承认，其实是不知道他已经进入了制度与意识形态的内部。众所周知，社会主义的“异化”问题要迟至20年以后才能小心翼翼地讨论。

季玉洁精神的“异化”、自我克制甚至到了精神受虐的地步，当时就有人指出：“我们共产主义者们，比任何人都更珍贵爱情的价值，我们不需要这样的‘殉道者’。”② 季玉洁还是一个

---

① 张天翼：《读“美丽”》，《人民文学》，1958年5月号。

② 谭家健：《并不美丽——读“美丽”有感》，《人民文学》，1957年9月号。

有意识的“殉道者”，爱情两次向她招手她都不敢接受，但她心里其实又渴望，这种自觉的自我压制形象地说明，意识形态与道德体系已经微观地深入到个体的精神世界，透过红色云雾你能体会到灰色的无奈。斯大林说过，一个真正的作家，“决不会到‘后院’去东翻西找”,[①] “百花文学”的作者，不正是闯到50年代社会主义的“后院”里来了吗?

这些叙述爱情矛盾的作品，如果借用克莱夫·贝尔说的“有意味的形式”，就能体现出形式的意识形态色彩。无论作品的叙述视角、叙述者身份的偷梁换柱，还是叙事结构、叙述手法以及意味深长的结尾，都被作者安排得看似天衣无缝，但其实又漏洞百出。季大姐说：“一个事业上的胜利者，在生活上会是败北的么?”“你看着，玉洁会是幸福的。她怎么会不幸福呢?”作者其实把两件不相干的事情强行扭转到因果律的范畴中，通过抽空幸福的所指继续行使话语霸权，可以设想，季玉洁会获得婚姻，但与爱情也许就绝缘了。《爱情》中的叶碧珍克制住感情以后，周丁山说：“谁能相信，像你这样的姑娘，会不幸福呢?”作者貌似巧妙实则笨拙地运用“转喻”的修辞策略，同样把叶碧珍引导出了爱情海，走上不归路……

尽管“百花文学”爱情叙事充满生硬的矛盾、能指与所指的错位，尽管发表后遭遇深文周纳、指鹿为马、似是而非的批评，尽管我们需要进行二度还原才能揭开其庐山真面目，但这些却给我们提供了丰富的阐释空间，为我们提供了进入、认识

---

① 倪蕊琴主编：《论中苏文学发展进程》，上海：华东师范大学出版社，1991年，第341页。

50 年代文学的重要途径。毫不夸张地说，不深入了解“百花时代”的文学，也就不可能真正了解 50 年代文学，包括它的前前后后。

参考文献

1. 叔本华：《作为意志与表象的世界》，商务印书馆，1982 年。

2. 叔本华：《叔本华论说文集》，商务印书馆，1999 年。

3. 尼采：《尼采文集·查拉斯图拉如是说》，海南国际新闻出版中心，1996 年。

4. 尼采：《尼采文集·权力意志》，海南国际新闻出版中心，1996 年。

5. 尼采：《尼采文集·悲剧的诞生》，海南国际新闻出版中心，1996 年。

6. 海德格尔：《存在与时间》，三联书店，1987 年。

7. 莫里斯·梅洛·庞蒂：《知觉现象学》，商务印书馆，2001 年。

8. 理查德·沃林：《海德格尔的弟子：阿伦特、勒维特、约纳斯和马尔库塞》，江苏教育出版社，2005 年。

9. 本尼迪克特·安德森：《想象的共同体——民族主义的起源与散布》，上海世纪出版集团、上海人民出版社，2005 年。

10. 米歇尔·福柯：《规训与惩罚：监狱的诞生》，三联书店，1999 年。

11. 米歇尔·福柯：《疯癫与文明：理性时代的疯癫史》，三联书店，1999 年。

12. 米歇尔·福柯：《性经验史》，上海世纪出版集团、上海人民出版社，2002 年。

13. 霭理士：《性心理学》，商务印书馆，1997 年。

14. 阿伦·布洛克：《西方人文主义传统》，三联书店，1997 年。

15. 加林：《意大利人文主义》，三联书店，1998 年。

16. 亨利·柏格森：《创造进化论》，商务印书馆，2004 年。

17. 柏格森：《时间与自由意志》，商务印书馆，1958 年。

18. 波德莱尔：《1846 年的沙龙：波德莱尔美学论文选》，广西师范大学出版社，2002 年。

19. 汉娜·阿伦特：《精神生活·意志》，江苏教育出版社，2006 年。

20. 费迪南·费尔曼：《生命哲学》，华夏出版社，2000 年。

21. 卡尔·洛维特：《世界历史与救赎历史：历史哲学的神学前提》，三联书店，2002 年。

22. E. M. 温德尔：《女性主义神学景观》，三联书店，1995 年。

23. 刘小枫选编：《舍勒选集》（上、下），三联书店，1999 年。

24. 埃里克·H·埃里克森：《同一性：青少年与危机》，浙江教育出版社，1998 年。

25. 查尔斯·泰勒：《自我的根源：现代认同的形成》，译林出版社，2001 年。

26. 理查德·麦尔文·黑尔：《道德语言》，商务印书馆，1999 年。

27. 戴维·罗斯著，菲利普·斯特拉顿·莱克编：《正当与善》，上海译文出版社，2008 年。

28. 于尔根·哈贝马斯：《现代性的哲学话语》，译林出版社，2004 年。

29. 马克斯·韦伯：《新教伦理与资本主义精神》，三联书店，1987 年。

30. 西美尔：《金钱、性别、现代生活风格》，学林出版社，2000 年。

31. 本雅明：《发达资本主义时期的抒情诗人》，三联书店，1989 年。

32. 丹尼尔·贝尔：《资本主义文化矛盾》，三联书店，1989 年。

33. 詹明信：《晚期资本主义的文化逻辑：詹明信批评理论文选》，三联书店，1997 年。

34. 安贝托·艾柯等著，斯特凡·柯里尼编：《诠释与过度诠释》，三联书店，2005 年第 2 版。

35. 詹姆斯·施密特编：《启蒙运动与现代性——18 世纪与 20 世纪的对话》，上海人民出版社，2005 年。

36. 马泰·卡林内斯库：《现代性的五副面孔：现代主义、先锋派、颓废、媚俗、后现代主义》，商务印书馆，2002 年。

37. 周宪主编：《文化现代性精粹读本》，中国人民大学出版社，2006 年。

38. 杨春时、俞兆平主编：《现代性与20世纪中国文学思潮》，广西师范大学出版社，2005年。

39. 安托瓦纳·贡巴尼翁：《现代性的五个悖论》，商务印书馆，2005年。

40. 彼得·奥斯本：《时间的政治——现代性与先锋》，商务印书馆，2004年。

41. 雷蒙德·威廉斯：《现代主义的政治——反对新国教派》，商务印书馆，2002年。

42. 邓正来、J. C. 亚历山大编：《国家与市民社会》，中央编译出版社，2002年。

43. 包亚明主编：《现代性与空间的生产》，上海教育出版社，2003年。

44. 艾恺：《世界范围内的反现代化思潮——论文化守成主义》，贵州人民出版社，1991年。

45. 解志熙：《美的偏至——中国现代唯美—颓废主义文学思潮研究》，上海文艺出版社，1997年。

46. 李欧梵：《现代性的追求》，北京三联书店，2000年。

47. 李欧梵：《上海摩登——一种新都市文化在中国》，北京大学出版社，2002年。

48. 谭正璧：《中国女性文学史话》，百花文艺出版社，1984年。

49. 黄人影编：《当代中国女作家论》，上海光华书局，1933年。

50. 孟悦、戴锦华：《浮出历史地表——现代妇女文学研究》，河南人民出版社，1989年。

51. 刘思谦：《“娜拉”言说——中国现代女作家心路纪程》，上海文艺出版社，1993 年；河南大学出版社，2007 年。

52. 刘思谦：《女人的船和岸》，河北教育出版社，2002 年。

53. 刘思谦、郭力、杨珺：《女性生命的潮汐——二十世纪九十年代女性散文研究》，河南大学出版社，2005 年。

54. 刘慧英：《走出男权传统的樊篱：文学中男权意识的批判》，三联书店，1996 年。

55. 李玲：《中国现代文学的性别意识》，人民文学出版社，2002 年。

56. 王绯：《空前之迹——1851—1930：中国妇女思想和文学发展史论》，商务印书馆，2004 年。

57. 常彬：《中国女性文学话语流变 1898—1949》，人民出版社，2007 年。

58. 寿静心：《女性文学的革命——中国当代女性主义文学研究》，中国社会科学出版社，2007 年。

59. 刘剑梅：《革命与情爱——二十世纪中国小说史中的女性身体与主体重述》，上海三联书店，2009 年。

60. 周蕾：《妇女与中国现代性——西方与东方之间的阅读政治》，上海三联书店，2008 年。

61. 李有亮：《给男人命名——20 世纪女性文学中男权批判意识的流变》，社会科学文献出版社，2005 年。

62. 王萌：《禁锢的灵魂与挣扎的慧心——晚明至民国女性创作主体意识研究》，河南大学出版社，2009 年。

63. 薛海燕：《近代女性文学研究》，中国社会科学出版社，2004 年。

64. 刘传霞：《被建构的女性——中国现代文学社会性别研究》，齐鲁书社，2007 年。

65. 姚玳玫：《想像女性——海派小说（1892—1949）的叙事》，中国社会科学出版社，2004 年。

66. 张衍芸：《春花秋叶——中国五四女作家》，人民文学出版社，2002 年。

67. 乔以钢：《多彩的旋律——中国女性文学主题研究》，南开大学出版社，2003 年。

68. 李晓红：《女性的声音——民国时期上海知识女性与大众传媒》，学林出版社，2008 年。

69. 何黎萍：《西方浪潮影响下的民国妇女权利》，九州出版社，2009 年。

70. 余华林：《女性的“重塑”——民国城市妇女婚姻问题研究》，商务印书馆，2009 年。

71. 夏晓红：《晚清社会与文化》，湖北教育出版社，2001 年。

72. 夏晓红：《晚清女性与近代中国》，北京大学出版社，2004 年。

73. 徐敏：《女性主义的中国道路：五四女性思潮中的周作人女性思想》，中国社会科学出版社，2006 年。

74. 任芬主编：《中国妇女运动史》，北方妇女儿童出版社，1989 年。

75. 计荣主编：《中国妇女运动史》，湖南出版社，1992 年。

76. 林吉玲：《二十世纪中国女性发展史论》，山东人民出版社，2001 年。

77. 中华全国妇女联合会妇女运动研究室编：《五四时期妇女问题文选》，三联书店，1981 年。

78. 卡伦·霍尔奈：《女性心理学》，上海文艺出版社，2000 年。

79. 卡罗尔·帕特曼：《性契约》，社会科学文献出版社，2004 年。

80. 西蒙娜·德·波伏娃：《第二性》，中国书籍出版社，1998 年。

81. 凯特·米利特：《性政治》，江苏人民出版社，2000 年。

82. 杰梅茵·格里尔：《女太监》，百花文艺出版社，2002 年。

83. 杰梅茵·格里尔：《完整的女人》，百花文艺出版社，2002 年。

84. 李银河主编：《妇女：最漫长的革命》，三联书店，1997 年。

85. 李银河：《同性恋亚文化》，今日中国出版社，1998 年。

86. 李银河：《女性主义》，山东人民出版社，2005 年。

87. 约瑟芬·多诺万：《女权主义的知识分子传统》，江苏人民出版社，2003 年。

88. 里安·艾斯勒：《圣杯与剑——我们的历史，我们的未来》，社会科学文献出版社，1993 年。

89. 闵家胤主编：《阳刚与阴柔的变奏——两性关系和社会模式》，中国社会科学出版社，1995 年。

90. 杜芳琴：《女性观念的衍变》，河南人民出版社，1988 年。

91. 苏珊·S·兰瑟：《虚构的权威——女性作家与叙述声音》，北京大学出版社，2002 年。

92. 王政、杜芳琴主编：《社会性别研究选译》，三联书店，1998 年。

93. 张京媛主编：《当代女性主义文学批评》，北京大学出版社，1992 年。

94. 鲍晓兰主编：《西方女性主义研究评介》，三联书店，1995 年。

95. 康正果：《女权主义与文学》，中国社会科学出版社，1994 年。

96. 康正果：《身体与情欲》，上海文艺出版社，2001 年。

97. 佩吉麦克拉肯：《女权主义理论读本》，广西师范大学出版社，2007 年。

98. 柏棣主编：《西方女性主义文学理论》，广西师范大学出版社，2007 年。

99. 林树明：《多维视野中的女性主义文学批评》，中国社会科学出版社，2004 年。

100. 陈晓兰：《女性主义批评与文学诠释》，敦煌文艺出版社，1999 年。

101. 张岩冰：《女权主义文论》，山东教育出版社，1998 年。

102. 周乐诗：《笔尖的舞蹈——女性文学和女性批评策略》，上海外语教育出版社，2006 年。

103. 叶舒宪主编：《性别诗学》，社会科学文献出版社，1999 年。

104. 马林诺夫斯基：《两性社会学》中国民间文艺出版社，1986年。

105. 李小江：《女性/性别的学术问题》，山东人民出版社，2005年。

106. 王吉鹏、马琳、赵欣编著：《百年中国女性文学批评》，吉林人民出版社，2001年。

107. 李小江：《夏娃的探索——妇女研究论稿》，河南人民出版社，1988年。

108. 潘绥铭：《神秘的圣火——性的社会史》，河南人民出版社，1988年。

109. 康正果：《风骚与艳情——中国古典诗词的女性研究》，河南人民出版社，1988年。

110. 邓红梅：《女性词史》，山东教育出版社，2000年。

111. 吴存存：《明清社会性爱风气》，人民文学出版社，2000年。

112. 赵丽明：《女书与女书文化》，新华出版社，1995年。

113. 张福清编注：《女诫——女性的枷锁》，中央民族大学出版社，1996年。

114. 林丹娅：《当代中国女性文学史论》，厦门大学出版社，1995年。

115. 赵树琴：《寻找夏娃——中国当代女性文学透视》，湖南师范大学出版社，2001年。

116. 王宇：《性别表述与现代认同——索解20世纪后半叶中国的叙事文本》，三联书店，2006年。

117. 黄金麟：《历史、身体、国家：近代中国的身体形成

(1895—1937)》，新星出版社，2006年。

118. 乔安妮·恩特维斯特尔：《时髦的身体：时尚、衣着和现代社会理论》，广西师范大学出版社，2005年。

119. 汪民安主编：《身体的文化政治学》，河南大学出版社，2004年。

120. 布莱恩·特纳：《身体与社会》，春风文艺出版社，2000年。

121. 安德鲁·斯特拉桑：《身体思想》，春风文艺出版社，1999年。

122. 米歇尔·福柯：《临床医学的诞生》，译林出版社，2001年。

123. 苏珊·桑塔格：《疾病的隐喻》，上海译文出版社，2003年。

124. 黄自立编：《中医百家医论荟萃》，重庆出版社，1988年。

125. 陈邦贤：《中国医学史》，商务印书馆，1998年影印版。

126. 赵璞珊：《中国古代医学》，中华书局，1997年。

127. 廖育群：《岐黄医道》，辽宁教育出版社，1991年。

128. 杨念群：《再造“病人”——中西医冲突下的空间政治(1832—1985)》，中国人民大学出版社，2006年。

129. 余凤高：《呻吟声中的思索——人类疾病的文化背景》，山东画报出版社，1999年。

130. 余凤高：《在现实和文学中的爱》，百花洲文艺出版社，2002年。

131. 欧文辛格：《爱的本性（第一卷）——从柏拉图到路德》，云南人民出版社，1992 年。

132. 弗·索洛维约夫等：《关于厄洛斯的思索》，辽宁教育出版社，1998 年。

133. 今道友信：《关于爱和美的哲学思考》，三联书店，1997 年。

134. 瓦西列夫：《情爱论》，三联书店，1997 年。

135. 朱熹集注，陈戍国点校：《四书集注》，岳麓书社，1987 年。

136. 刘俊田、林松、禹克坤译注：《四书全译》，贵州人民出版社，1988 年。

137. 程俊英、蒋元见译：《白话诗经》，岳麓书社，1995 年。

138. 徐澍、张新旭译注：《易经》，安徽人民出版社，1992 年。

139. 陈戍国点校：《周礼·仪礼·礼记》，岳麓书社，1989 年。

140. 陈澔：《礼记集说》，中国书店，1994 年。

141. 张觉译注：《韩非子全译》，贵州人民出版社，1992 年。

142. 董仲舒撰，凌曙注：《春秋繁露》，中华书局，1991 年。

143. 刘向：《古列女传》，中华书局，1985 年。

144. 黎靖德编，王星贤点校：《朱子语类》，中华书局，1986 年。

145. 程颢、程颐：《二程遗书》，上海古籍出版社，2000年。

146. 沈德符：《万历野获编》，中华书局，1959年。

147. 姚灵犀编：《采菲录》，上海书店出版社，1998年。

148. 高洪兴：《缠足史》，上海文艺出版社，1995年。

149. 费孝通：《乡土中国　生育制度》，北京大学出版社，1998年。

150. 史革新主编：《中国文化通史·晚清卷》，中共中央党校出版社，2000年。

151. 黄兴涛主编：《中国文化通史·民国卷》，中共中央党校出版社，2000年。

152. 费正清、刘广京编：《剑桥中国晚清史1800—1911》（上、下卷），中国社会科学出版社，1985年。

153. 费正清主编：《剑桥中华民国史》第一部，上海人民出版社，1991年。

154. 费正清主编：《剑桥中华民国史》第二部，上海人民出版社，1992年。

155. 郭廷以：《近代中国史纲》（上、下），中国社会科学出版社，1999年。

155. 祝瑞开主编：《中国婚姻家庭史》，学林出版社，1999年。

157. 陈东原：《中国妇女生活史》，商务印书馆，1998年影印版。

158. 丁耘、陈新主编：《思想史研究（第一卷）思想史的元问题》，广西师范大学出版社，2005年。

159. A. O. 洛夫乔伊：《观念史论集》，江苏教育出版社，2005年。

160. 约翰·伯瑞：《进步的观念》，上海三联书店，2005年。

161. 李泽厚：《中国思想史论》（上、中、下），安徽文艺出版社，1999年。

162. 葛兆光：《中国思想史·导论·思想史的写法》，复旦大学出版社，2001年。

163. 葛兆光：《中国思想史·第一卷·七世纪前中国的知识、思想与信仰世界》，复旦大学出版社，2001年。

164. 葛兆光：《中国思想史·第二卷·七世纪至十九世纪中国的知识、思想与信仰》，复旦大学出版社，2001年。

165. 汪晖：《现代中国思想的兴起》，三联书店，2004年。

166. 许纪霖主编：《二十世纪中国思想史论》，东方出版中心，2000年。

167. 郭湛波：《近五十年中国思想史》，上海古籍出版社，2005年。

168. 熊月之：《中国近代民主思想史》（修订本），上海社会科学院出版社，2002年。

169. 郭延礼：《中西文化碰撞与近代文学》，山东教育出版社，1999年。

170. 郭延礼：《近代西学与中国文学》，百花洲文艺出版社，2000年。

171. 刘纳：《嬗变——辛亥革命时期至五四时期的中国文学》，中国社会科学出版社，1998年。

172. 杨联芬：《晚清至五四：中国文学现代性的发生》，北京大学出版社，2003 年。

173. 钟叔河：《走向世界：近代中国知识分子考察西方的历史》，中华书局，2000 年。

174. 邹振环：《影响中国近代社会的一百种译作》，中国对外翻译出版公司，1996 年。

175. 孙隆基：《中国文化的深层结构》，广西师范大学出版社，2004 年。

176. 林毓生：《中国传统的创造性转化》，三联书店，1988 年。

177. 高旭东：《五四文学与中国文学传统》，山东大学出版社，2000 年。

178. 蔡元培等著：《中国新文学大系导论集》，上海良友图书公司，1940 年。

179. 柄谷行人：《日本现代文学的起源》，三联书店，2003 年。

180. 吴俊编译：《东洋文论——日本现代中国文学论》，浙江人民出版社，1998 年。

181. 李怡：《日本体验与中国现代文学的发生》，北京大学出版社，2009 年。

182. 林祁：《风骨与物哀——二十世纪中日女性叙述比较》，陕西人民教育出版社，2002 年。

183. 王向远：《王向远著作集（第三卷）日本文学汉译史》，宁夏人民出版社，2007 年。

184. 王向远：《王向远著作集（第五卷）中日现代文学比较

论》，宁夏人民出版社，2007 年。

185. 方长安：《选择·接受·转化——晚清至 20 世纪 30 年代初中国文学流变与日本文学关系》，武汉大学出版社，2003 年。

186. 肖霞：《浪漫主义：日本之桥与“五四”文学》，山东大学出版社，2003 年。

187. 蓝棣之：《现代文学经典：症候式分析》，清华大学出版社，1998 年。

188. 唐小兵：《英雄与凡人的时代——解读 20 世纪》，上海文艺出版社，2001 年。

189. 刘禾：《跨语际实践——文学，民族文化与被译介的现代性（中国，1900—1937）》，三联书店，2002 年。

190. 卡尔·瑞贝卡：《世界大舞台：十九、二十世纪之交中国的民族主义》，三联书店，2008 年。

191. 夏志清：《中国现代小说史》，复旦大学出版社，2005 年。

192. 魏朝勇：《民国时期文学的政治想象》，华夏出版社，2005 年。

193. 陈建华：《革命的现代性——中国革命话语考论》，上海古籍出版社，2000 年。

194. 陈建华：《革命与形式——茅盾早期小说的现代性展开（1927—1930）》，复旦大学出版社，2007 年。

195. 王斑：《历史的崇高形象——二十世纪中国的美学与政治》，三联书店，2008 年。

196. 安敏成：《现实主义的限制：革命时代的中国小说》，

江苏人民出版社，2001 年。

197. 张新颖：《20 世纪上半期中国文学的现代意识》，三联书店，2001 年。

198. 郑家建：《中国文学现代性的起源语境》，三联书店，2002 年。

199. 陈晓兰：《文学中的巴黎与上海——以左拉和茅盾为例》，广西师范大学出版社，2006 年。

200. 陈万雄：《五四新文化的源流》，三联书店，1997 年。

201. 余虹：《革命·审美·解构——20 世纪中国文学理论的现代性与后现代性》，广西师范大学出版社，2001 年。

202. 李今：《海派小说与现代都市文化》，安徽教育出版社，2000 年。

203. 肖同庆：《世纪末思潮与中国现代文学》，安徽教育出版社，2000 年。

204. 舒芜：《回归五四》，辽宁教育出版社，1999 年。

205. 成海鹰、成芳：《唯意志论哲学在中国》，首都师范大学出版社，2002 年。

206. 王中江：《进化主义在中国》，首都师范大学出版社，2002 年。

后　记

从发表第一篇学术文章起，一路蹒跚，至今已十余年了。期间学术方向经过一个较大的调整，逐渐转向与两性生活相关的领域。当年与刘思谦教授师徒二人共同感受民国时期那些女作家的人生和文学，时间在她的客厅里慢慢地走过，但我却愚钝，并未达到如痴如醉般沉浸于那些曾经十分鲜艳的历史场景的地步，虽然她那本《“娜拉”言说》早已被我翻得不成样子了。但这于我的学术发展确实起到了重要的作用，日后一点一点向这个领域靠近的时候，当年每周一次的探求给了我继续下去的勇气。

曾经有三四年时间，浏览与女性生活有关的古代典籍和现代著作，发现女性的问题实则并不单是女性自身的问题，也是男性的问题。近代以来，中国女性的思想、精神和日常生活发生了巨大的变化，这当然是可喜的事情，也是历史进步的表现，但是，却常常让人感觉到女性思想解放的未完成性，仅仅用现代的东西做包装其实难以掩饰内在的不足。我甚至感觉到精神和思想变革的成效对于一个群体来说并不大，远远滞后于飞速发展的物质生活。这其实在生活中不仅会给女性带来负面的影响，也会破坏两性关系的正常发展。这种认识指引我去关注女性的精神和思想，而在翻检那些历史图景的时候，发现女性解放其实是被人为放大了的，有时竟感觉无话可说。

但我还是在这个领域稍稍停留了，锱铢积累的，有了些小感想，集合起这本小书，也算是对自己庸碌的人生作一个点缀。

本书的大部分内容，曾经先行在刊物上发表，请让我在这里表达我的谢意：感谢《妇女研究论丛》的曲雯女士、《外国文学研究》的邹建军先生、《中州学刊》的袁凯声先生、《海南师范大学学报》的毕光明先生，以及首都师范大学的荒林女士和清华大学的解志熙先生等，衷心感谢他们对我的指导与帮助。刘思谦教授年事已高，本不便劳作，却还在百忙之中抽出时间热情作序，为小书增色不少，感激之情怎样表达都不为过。暨南大学出版社的杜小陆先生为出版事宜不辞辛劳，也是我要一并感谢的。

由于个人才疏学浅，认识有限，书中所论定有不周全之处，欢迎师长、同仁不吝赐教。

毕新伟

2010 年 5 月 7 日